LA
MORALE PAR L'ÉTAT

LA MORALE PAR L'ÉTAT

PAR

ANDRÉ MARCERON

Professeur de philosophie au Collège de Libourne.

PARIS
LIBRAIRIE FÉLIX ALCAN
MAISONS FÉLIX ALCAN ET GUILLAUMIN RÉUNIES
108, BOULEVARD SAINT-GERMAIN, 108
—
1912
Tous droits de traduction et de reproduction réservés.

PRÉFACE

Cet ouvrage a été présenté, sous forme de mémoire, au concours ouvert par l'Académie des Sciences Morales et Politiques pour le prix Bordin sur le sujet suivant : « De la place qui doit appartenir à la morale aux divers degrés de l'enseignement public; examen critique des méthodes. » Il a obtenu en 1911 une mention honorable.

Nous sommes d'autant plus sensible à cette distinction, que les hardiesses et peut-être les étrangetés de notre travail pouvaient devenir une raison de l'écarter du concours. La largeur de vues du rapporteur de la commission et celle de la haute Assemblée les ont conduits à ne tenir compte que de notre bonne intention. Nous remercions sincèrement l'Académie pour cette récompense qui vient s'ajouter à celles dont elle nous a précédemment honoré, en 1906 et en 1909.

Nous publions notre mémoire tel qu'il a été soumis à son appréciation. Nous avons simplement un peu modifié la rédaction de l'Introduction, sans rien changer au fond; et nous avons ajouté dans le corps de l'ouvrage quelques indications que l'anonymat imposé aux concours académiques nous avait interdit d'y faire figurer. Nous l'avons complété par deux annexes (V et VI). La première est la reproduction d'un article paru antérieurement. La seconde est une étude sur l'enseignement de la morale dans certains États étrangers. La partie principale de cette étude est consacrée à l'éducation morale en Suisse, sur laquelle l'octroi d'une mission par le ministre de l'Instruction publique pendant les vacances de 1911 nous a permis de faire une enquête personnelle.

La mise au concours par l'Académie des Sciences Morales du sujet que traite ce livre n'a été que la cause occasionnelle de sa composition. Des raisons d'ordre privé et professionnel l'expliqueraient mieux. De ces dernières il ne serait pas malaisé de trouver l'écho dans certains passages de notre œuvre. Ils dissimulent mal l'effroi qui nous prît, à notre début dans le professorat, en découvrant la grandeur de la tâche éducative qui nous était imposée par l'enseignement de la philosophie et de la morale, et en nous y sentant si peu préparé. Ils trahissent aussi l'angoisse qui nous vint de notre impuissance à trouver, en tant que fonctionnaire de l'État, des principes fermes d'éducation morale, ou de notre répugnance à nous appuyer sur un programme officiel que nous constations chaque jour si peu approprié au but de l'enseignement national et aux élèves qui le reçoivent.

Quant aux raisons d'ordre privé, ce n'est pas ici qu'il faut en chercher la trace. Elles se laissent deviner dans un travail d'un autre genre, plus accessible au grand public, un roman que nous avons fait paraître en juillet 1911, sous le titre : *Une Âme laïque* (Sansot, éditeur, Paris). La critique ne paraît pas présentement en avoir dégagé la portée pédagogique.

ANDRÉ MARCERON.

Décembre 1911.

LA MORALE PAR L'ÉTAT

INTRODUCTION

Il n'est pas besoin de justifier par de longues considérations l'utilité du présent travail. Jamais, en effet, une question ne présenta, comme celle dont il traite, un pareil intérêt pratique, au double point de vue universel et national.

Et d'abord elle intéresse l'humanité tout entière. Elle l'intéresse d'une façon permanente. L' « institution » des enfants a été, en effet, de tous temps un des principaux soucis des philosophies, des religions et des États. Et l' « éducation morale » n'est pas la partie la moins importante de cette « institution ». Car les hommes de demain seront au point de vue moral (du moins quelques-uns l'accordent) ce que l'éducation les aura faits. Il est à craindre par suite que si cette éducation n'est pas bien dirigée, au lieu d'être des continuateurs de l'œuvre entreprise, ils deviennent des révolutionnaires, au sens précis du mot, qu'au lieu de consolider le groupement particulier dont ils font partie, ils travaillent consciemment ou non à le détruire. Du moment donc que la continuité d'une société donnée est intéressée au « dressage » subi par ses futurs membres actifs, on comprend qu'elle se préoccupe de la nature et de l'objet de l'éducation morale qui les « dressera ». — On comprend aussi qu'elle s'inquiète de savoir à qui incombe la tâche de faire cette éducation morale. Plusieurs institutions y prétendent : l'État lui-même, la famille, les organisations religieuses. La lutte d'ailleurs est établie, dans le fait, entre elles. Elle est marquée par des avantages acquis de jour en jour par l'État. Un grand courant en effet semble entraîner les sociétés : l'État tend de plus en plus à restreindre, en matière pédagogique plus particulièrement, le rôle du groupement domestique et s'oppose également à l'extension du rôle des collectivités religieuses. Triomphera-t-il ; est-il souhaitable qu'il triomphe dans cette lutte ? tel est l'angoissant problème.

Or, la lutte est particulièrement vive chez nous, Français, et c'est ce qui fait l'intérêt national de la question. Pour des causes qu'il n'y a pas lieu d'exposer, l'État a été amené à prendre la direction de l'enseignement. Il devait s'attendre de ce chef à rencontrer deux hostilités : celle de l'Église catholique à laquelle cette direction appartenait en fait auparavant, et celle des pères de famille qui, dans l'institution de l'obligation scolaire et de la laïcité, pouvaient voir une atteinte portée à leurs droits ou un dédain de leurs croyances. Il a subi la peine de son aventure. Ces hostilités se sont déclarées. Elles ont porté principalement sur l'enseignement historique et sur l'enseignement moral. Le roman, le théâtre, les revues, la presse quotidienne s'y sont intéressés. Les Chambres ont consacré et perdu de nombreuses séances en 1909 et en 1910 à discuter les droits de l'État en matière pédagogique. Aucun degré de l'enseignement public n'a d'ailleurs été épargné : l'école primaire a subi les plus rudes assauts, cela va sans dire, puisqu'elle est par définition « l'école sans Dieu ». Mais l'enseignement secondaire a eu sa part. Il faut se souvenir du discours que M. Maurice Barrès prononça au cours de l'année 1909, à la Chambre des Députés, à propos du suicide d'un élève de lycée, et où il reprochait avec véhémence à l'Université la faiblesse de l'éducation morale qu'elle distribue et ses tendances même. Il y avait là plus qu'une thèse individuelle, mais l'expression des idées d'un parti politique et la manifestation d'un état d'âme collectif. Quant à l'enseignement supérieur, un peu de réflexion suffit pour discerner à travers les attaques lancées contre la Sorbonne non seulement une arrière-pensée politique, mais le sentiment d'un danger qu'elle fait soi-disant courir à des tendances morales.

En somme, pour employer une expresion vulgaire, le débat est « dans l'air ». Il n'est pas dans notre pensée de considérer le sujet par son caractère politique, de faire œuvre de polémique et de décerner des éloges ou des blâmes aux divers partis. Ce serait le rabaisser. Car les arguments par lesquels une opinion se soutient en politique ne sont pas du même ordre que ceux des philosophes, et ils n'ont pas un caractère suffisant d'impartialité sereine.

Toutefois nous ne pourrons pas nous abstraire entièrement du murmure confus fait autour de la question. Malgré nous, nous serions amenés à écouter, à recueillir les voix diverses qui se sont fait entendre. Il vaut mieux dès lors le faire de bonne grâce. D'autant plus que nous ne cesserons d'être préoccupés de la solution « nationale » du problème. Car, puisqu'il se pose chez nous avec force, c'est pour nous qu'il importe avant tout de le résoudre. La généralité serait ici une faute ou une lacune. Nous le voulons bien : il n'y a de science que du général, et l' « Homme », par exemple, est l'objet qu'étudie le savant ; mais l'art médical, comme disaient les Anciens, soigne Callias. Or il s'agit de soigner « notre Callias » qui est bien malade. De lui nous devons d'accord nous occuper. L'enseignement public, à propos duquel il y a lieu de chercher la place qui doit appartenir à la morale, est l'enseignement de l'État français. De même les méthodes à appliquer vaudront pour la France. Nous tenterions d'en déterminer d'universelles que notre tentative serait peut-être vouée à l'échec. Le dernier Congrès d'Éducation morale tenu à Londres en 1909 a bien mis en évidence les raisons de cette crainte. La race anglo-saxonne et les demi-latins catholiques que nous sommes se sont heurtés et ne se sont pas compris. Il faut renoncer pour le moment à l'espoir de formuler une pédagogie morale universelle ou simplement commune aux États les plus civilisés. — La raison en est simple.

La nature et le but de l'effort pédagogique en général et par suite de l'éducation morale sont d'un temps et d'un pays. Ils sont conditionnés par le moment et le lieu et les mœurs. Et l'illusion serait grande de croire à la possibilité d'une détermination valable à jamais et pour tous les peuples de procédés éducatifs. Il est vrai qu'il est toujours possible d'imaginer le moule idéal et universel dans lequel tous les esprits présents et futurs devraient être coulés. Mais c'est là bâtir dans les nuages. La pédagogie est un art qui doit être pratique ou qui ne sera pas. — Mais si nous limitons ainsi le champ d'application de nos spéculations, nous ne nous interdisons pas de les appuyer sur des vues générales et de les fonder en raison. Callias est homme; et il ne serait pas possible de le soigner si on ne tenait pas compte de son caractère général d'homme. Et de même notre Démocratie est un État organisé. Il en résulte que nous aurons d'abord à élucider quelques questions relatives au rôle de l'État en matière d'enseignement et que les réponses vaudront pour les autres démocraties.

Tel est le point de vue auquel nous nous plaçons pour entreprendre ce travail. Aussi comprendra-t-on facilement la double division que nous allons y introduire : déterminer en premier lieu si et dans quelle mesure l'État doit enseigner la morale, et ceci aux divers degrés des institutions scolaires, et en second lieu chercher par quels moyens cet enseignement doit se distribuer.

PREMIÈRE PARTIE

LA PLACE DE LA MORALE AUX DIVERS DEGRÉS DE L'ENSEIGNEMENT PUBLIC

CHAPITRE PREMIER

L'ÉTAT ET L'ÉDUCATION MORALE

I. La nature de l'éducation morale. — II. La nécessité de l'éducation morale. — III. L'éducation morale par l'État.

I. — LA NATURE DE L'ÉDUCATION MORALE.

Avant d'entrer dans les discussions que soulève la question de l'enseignement de la morale, il importe de préciser en quelques mots la signification de cette expression : éducation morale, car elle n'est point aussi nette que l'habitude de son emploi tendrait à nous le faire croire.

Pour les uns, elle constituerait un pléonasme, le premier mot étant l'équivalent des deux autres. L'éducation est dans ce cas opposée à l'instruction. Celle-ci est considérée comme ayant pour fin de former l'intelligence, celle-là la volonté. Ou bien encore la première forme l'individu, la seconde l'être social. C'est, entre autres, l'opinion de Brunetière qui, dans un article qui eut quelque retentissement, s'est appliqué à creuser un fossé entre l'éducation et l'instruction (1). L'objet de l'éducation, affirme t-il, à travers toutes les réponses des pédagogues, à travers tous les engouements passagers en cette matière, peut recevoir la définition suivante : c'est une contrainte opérée sur l'individu en vue d'un gain pour la communauté, gain à venir généralement. « Nous pouvons dire avec assurance que l'objet fixe de l'éducation est de substituer en tout homme le pouvoir agissant des « mobiles sociaux » à l'impulsion native et toujours énergique des « mobiles individuels ». La patrie et la société ont le droit de nous « élever » ou plutôt elles y sont obligées, puisqu'elles ne peuvent subsister qu'à cette condition. » — On voit par suite quelle différence existe entre l'éducation et l'instruction. L'instruction en effet n'a plus rien d'éducatif, car on ne se soucie même plus en la donnant d'orner l'esprit et de le polir en vue des relations sociales (ce qui serait en définitive indirectement éducatif) ; et elle est, franchement ou honteusement, utilitaire. On étudie le latin pour passer des examens, et les sciences pour triompher dans la lutte pour la vie. L'instruction *arme* dès lors l'individu, alors que l'éducation l'*assimile* ; l'instruction développe l'esprit d'individualisme, l'éducation va en sens contraire.

Il n'est pas question pour l'instant de contester ou d'approuver ces affirmations puisqu'il ne s'agit que d'une définition de mots. Nous avons simplement à faire remarquer qu'une autre définition est possible, qu'elle est admise en fait, et que nous l'acceptons volontiers. Suivant elle, éducation et instruction ne se distinguent pas ou plutôt ne s'opposent pas. C'est seulement par déviation que leurs résultats sont aussi contraires que le prétendait l'écrivain dont nous venons de parler. Ainsi comprise, l'édu-

(1) Brunetière, Éducation et Instruction. *Revue des Deux-Mondes*, 15 février 1895.

cation est un genre dont l'instruction est une des espèces. L'éducation alors consiste *principalement dans l'ensemble des efforts conscients entrepris par des individus ou des groupements sociaux en vue de la formation des enfants ; et subsidiairement dans les actes qui, sans présenter le caractère raisonné, étant, comme l'on dit, instinctifs ou habituels, concourent cependant au même résultat.* Ainsi, en se référant à cette dernière catégorie d'actes, dit-on d'un enfant qu'il reçoit une mauvaise éducation parce que ses parents lui donnent de mauvais exemples. — Quant aux diverses espèces de l'éducation, elles se déterminent d'après le but vers lequel on s'applique ou d'après le résultat obtenu. Il y a, à ce titre, une éducation physique qui prépare le corps de l'enfant à sa conservation directe ; une éducation professionnelle qui le met en mesure de pourvoir à ses besoins plus lointains ; une éducation domestique qui n'est pas généralement donnée et qui théoriquement lui ferait connaître les conditions nécessaires pour fonder une famille et en assurer la direction, et enfin une éducation psychologique dont l'objet est de former l'esprit. Cette dernière à son tour comprend plusieurs subdivisions. Elle est intellectuelle quand elle porte sur les opérations de la pensée (éducation des sens, de la mémoire, de l'imagination, du jugement, etc.), esthétique, et enfin morale quand elle apprend l'enfant à diriger sa conduite conformément à des « mœurs », c'est-à-dire à des modes d'agir apparaissant comme obligatoires.

Nous aurons donc rencontré une bonne définition de l'éducation morale en disant *qu'elle est constituée par les actes, individuels ou collectifs, volontaires ou non, dont le but ou le résultat est de former l'enfant de la dernière façon que nous venons d'indiquer.*

Cette définition convient, pensons-nous, à tout le défini, c'est-à-dire à toutes les sortes d'éducation morale, car nous laissons à dessein de côté la question de savoir si le caractère obligatoire des actes que l'éducation morale apprend l'enfant à accomplir est de nature sociale ou de toute autre nature. — Mais, dira-t-on, cette définition ne s'applique pas à l'éducation dont l'objet est de conduire l'enfant à la pratique d'actes charitables, puisque ces derniers, ainsi qu'on l'accorde généralement, manquent du caractère obligatoire considéré comme essentiel. Cette objection ne nous paraît pas juste. Car d'abord, en admettant que le caractère obligatoire de pareils actes dans un milieu social fasse défaut, il pourrait arriver que pour certaines consciences d'éducateurs ils apparussent imposés. Cela suffit pour les faire rentrer dans notre définition. Mais on pourrait même soutenir que dans nos sociétés la pratique de la charité, à défaut d'actes charitables énumérés avec précision, se présente comme obligatoire. Une éducation qui comprendrait des efforts pour développer chez l'enfant une tendance à la charité rentrerait donc dans l'éducation morale telle que nous l'avons définie. Cela d'ailleurs ne préjuge en rien la question de savoir si l'éducation de la charité doit se faire dans les institutions d'enseignement public.

Mais notre définition ne convient-elle qu'au défini ? n'est-elle pas trop large ? Ici, nous nous trouvons aux prises avec une objection que rencontre aussi M. Durkheim dans son livre sur la *Division du travail social* (1). Préoccupé dans son Introduction de chercher une définition du fait moral basée sur l'observation, il arrive à une première conclusion : que le fait moral consiste dans une règle de conduite sanctionnée. Or, remarque-t-il, si l'on s'en tient à cette définition, tout le droit rentre dans la morale. Mais il ajoute aussitôt que les sanctions qui accompagnent la violation de règles juridiques diffèrent de celles qu'entraîne l'inobservation de règles morales. Celles-ci sont diffuses, c'est-à-dire appliquées par chacun et par tout le monde ; celles-là organisées, c'est-à-dire appliquées par des corps définis et constitués. En sorte que l'on doit appeler morales les seules règles de conduite à la violation desquelles sont attachées des sanctions répressives diffuses. — Sommes-nous amenés à faire la même restriction et à déclarer par

(1) DURKEIM, *Division du travail social*, 1re édition, Introduction, pp. 25 et suiv. (F. Alcan).

suite que l'objet de l'éducation morale est d'apprendre l'enfant à diriger sa conduite conformément à des règles, à l'exclusion de celles qui sont accompagnées de sanctions expresses ou légales? Une telle restriction ne nous paraît pas s'imposer. Le mode ou le degré de la sanction attachée à une règle n'en change pas la nature. En quoi l'organisation de la sanction et l'introduction de la réflexion entre la faute et l'application de la peine modifieraient-elles les caractères essentiels de la règle? Dieu, dans les systèmes religieux, ne punit pas à l'aveugle et tout de suite. Dit-on pour cela que les religions n'ont pas de morale? D'ailleurs, comme le remarque lui-même M. Durkheim (1), aucun moraliste n'a jamais mis délibérément le droit en dehors de la morale, la démarcation entre les deux domaines étant en fait impossible. Ajoutons que dans l'enseignement, au moins dans nos écoles primaires, la fusion existe puisque l'instruction civique est étroitement rattachée à l'instruction morale et qu'on parle des « devoirs » du citoyen établis par nos lois à côté des « devoirs » de l'homme.

(1) « Nous croyons en effet ces deux domaines trop intimement unis pour pouvoir être radicalement séparés. Il se produit entre eux des échanges continuels ; tantôt ce sont des règles morales qui deviennent juridiques ; et tantôt des règles juridiques qui deviennent morales. Très souvent le droit ne saurait être détaché des mœurs qui en sont le substrat ni les mœurs du droit qui les réalise et les détermine. Aussi n'est-il guère de moralistes qui aient poussé la logique jusqu'à mettre tout le droit en dehors de la morale. La plupart reconnaissent un caractère moral aux prescriptions juridiques les plus générales et les plus essentielles. Mais il est difficile qu'une telle sélection ne soit pas arbitraire. Car on n'a aucun critère qui permette de la faire méthodiquement. Comment graduer les règles du droit d'après leur importance et leur généralité relatives, de manière à pouvoir fixer le moment à partir duquel toute moralité s'évanouit ? » (DURKHEIM, *Division du travail social*, 1ʳᵉ édit., Introduction, pp. 25-26.)

II. — La nécessité de l'éducation morale.

Telle étant la nature de l'éducation morale, sa nécessité ne semble pas pouvoir être contestée. C'est un fait d'observation que l'enfant qui grandit sans être soumis à l'influence d'une pareille éducation se trouve fatalement tôt ou tard en opposition avec le groupe social dans lequel il vit. La moralité à pratiquer n'est pas « instinctive ». Elle s'acquiert. Car elle suppose des connaissances et des habitudes, la connaissance des règles de conduite obligatoires et l'habitude de les observer. Alors même qu'on admettrait un penchant inné soit à l'espèce humaine et dans tout homme de toujours, soit à l'individu par hérédité, on ne peut point soutenir sans quelque extravagance que cette conscience morale instinctive entre en jeu dans tous les cas particuliers et s'applique à chacun d'eux avec une inflexible sagesse. Admettons même l'existence de dispositions naturelles au bien, la bonté foncière de l'état de nature. Toujours est-il qu'une action pédagogique apparaît comme nécessaire. Elle doit se produire, bien qu'elle ne consiste pas dans une contrainte, et que seulement elle se préoccupe d'éveiller chez l'enfant ces dispositions, de faire passer ces tendances à l'acte.

Aussi n'insisterions-nous pas sur cette question si elle n'avait été, il n'y a pas très longtemps, en France, l'objet d'une solution inattendue. Nous voulons parler du vote du Congrès des Amicales d'Instituteurs tenu à Nancy en 1909. L'importante Fédération s'était occupée de définir la nature et l'orientation générale des études primaires. Elle s'est trouvée en présence de deux propositions, l'une portant « que l'école élémentaire a pour objet essentiel de pourvoir l'enfant des habitudes, des sentiments, des qualités d'esprit et de volonté, des connaissances pratiques qui lui permettront de remplir plus tard, dans la société, ses devoirs d'honnête homme, de bon citoyen et de bon Français » ; — l'autre, « que l'enseignement primaire a la mission de munir l'enfant des moyens de travail et des connaissances utiles à la généralité des hommes dans la généralité des cas ». — La seconde proposition a été adoptée. — Elle ne revêt son vrai caractère que si on la considère moins dans ce qu'elle affirme que dans ce qu'elle nie, et sur ces négations son auteur qui est M. Dufrenne s'est expliqué suffisamment. Les programmes nouveaux, a-t-il dit à peu près, doivent aspirer à faire des producteurs; ils comprendront par suite des leçons de choses, des travaux manuels. Ils se borneront à mettre l'enfant en présence des faits et des objets concrets. Qu'on ne nous parle plus de pourvoir l'enfant d'habitudes et de sentiments ! Cela serait une tyrannie de la part des parents et des maîtres. Il faut laisser l'enfant se créer librement à lui-même sa personnalité. Le rôle du maître est de libérer ses élèves de toutes les habitudes, de tous les sentiments qui ne sont pas spontanés. Les maîtres, non plus que les parents, n'ont le droit d'intervenir dans le développement de l'individu. Vouloir lui inculquer des habitudes et des sentiments que vous jugez bons, c'est attenter à sa liberté; c'est lui imposer *vos* habitudes et *vos* sentiments. Il faut désormais se borner à mettre l'enfant en contact avec les choses. Il sentira ce qu'il voudra ! Ce langage confirmait d'ailleurs la thèse contenue dans un livre du même auteur (*Cours de pédagogie nouvelle*), où il déniait à la famille et à l'école le droit de *moraliser*, d'enseigner les devoirs de l'honnête homme pour cette raison que nous ne savons pas encore ce que c'est que l'honnête homme. Et à l'objection : Que deviendra alors la morale ? Que deviendra la société ? il répondait : « Elles deviendront ce qu'elles pourront (1) ».

On n'est pas plus talon rouge, et on ne peut pas traiter avec plus de mépris l'effort tenace et persévérant de toutes les générations humaines qui ont travaillé pour l'éducation morale des jeunes, puisqu'on en déclare inutile la continuation. Mais un pareil mépris cache une erreur doublée

(1) Cf. sur ce point COMPAYRÉ, Le Congrès des Amicales d'Instituteurs, dans *l'Éducateur moderne*, 15 octobre 1909.

d'une naïveté. L'erreur consiste à oublier que le meilleur moyen d'avoir de bons producteurs, d'habiles ouvriers, des citoyens utiles au groupe précisément par leurs capacités de travail est encore d'avoir fait leur éducation morale. Car ce n'est pas seulement du travail qu'il faut à la société, mais du travail consciencieusement fait. Et de faire son œuvre avec soin, avec conscience, voilà qui est le fruit d'une éducation bien menée. Au simple point de vue économique, la société a donc avantage à la « moralisation » de l'enfant. Car un enfant moralisé sera comme un autre un « producteur », et avec plus de chances qu'un autre un producteur « honnête ». — Mais la naïveté recélée dans la thèse que nous combattons n'est pas moins grande que son erreur. C'est être naïf en effet de vouloir rejeter l'éducation morale, parce qu'elle est une contrainte vis-à-vis de l'enfant et que « les maîtres, non plus que les parents n'ont pas le droit d'intervenir dans le développement de l'individu ». Comme si la contrainte n'était pas un procédé pédagogique nécessaire et utile ! Comme si, avec des idées pures, on pouvait élever les enfants ! Poussée jusqu'au bout d'ailleurs, cette théorie conduirait à dénier toute légitimité à l'effort éducatif, quel que soit son objet, qu'il s'adresse aux fonctions physiques ou intellectuelles. Car ces dernières, comme les tendances morales, ne se développent que par une série d'influences qui pèsent sur l'enfant. Toute éducation est, en un sens, une violence ou du moins s'en accompagne; elle constitue essentiellement sinon une déformation, au moins une « formation ». Et l'adjonction d'une « forme » à une « puissance » indéterminée, comme aurait dit Aristote, est un mouvement contraint (βιά).

La théorie apparaît cependant moins surprenante si on réfléchit qu'elle est due à un engouement pour certaines doctrines ou plutôt qu'elle est le fruit de cet amour de la logique qui nous pousse quelquefois, nous Français, à tirer les conséquences extrêmes de principes posés par les théoriciens. Rabelais, Rousseau, les Constituants, Spencer, et même Tolstoï ont passé par là. Au premier on a emprunté la thèse qu'il faut de toutes les manières favoriser la libre croissance de l'enfant au point de vue physique et intellectuel, faisant confiance à son ardeur, à l'action et à son avidité de savoir. Au second, sa méthode de l'éducation négative ou inactive, et sa croyance, qui rejoint celle de Rabelais, à la bonté originelle de l'être laissé à ses instincts, et son dédain de l'éducation spéculative, des cours faits par le maître, et son affirmation que l'esprit progresse naturellement par le simple contact des choses. Spencer a apporté à son tour sa théorie de la discipline des sanctions naturelles. Laissons l'enfant livré à lui seul ; l'expérience du plaisir et de la douleur sera suffisante pour lui apprendre à faire le départ entre les activités utiles et celles qui sont nuisibles. « Qu'il se débrouille ! » ; la vie est une aventure, et aussi une marche en avant ; tant pis pour qui tombe ! Tolstoï a fourni le frémissement qui agite les âmes scrupuleuses des maîtres lorsqu'elles se penchent sur l'âme naissante de l'élève et qu'elles s'interrogent sur leur responsabilité. — Liez cette mixture pédagogique avec la déclaration solennelle de la Constituante que les hommes naissent libres et égaux en droits, par conséquent que l'enfant, à son arrivée dans le monde, est une « personne » avec qui il faut compter, un sujet de droits qu'il faut respecter, que les relations avec lui ne sauraient être que contractuelles ou quasi contractuelles, c'est-à-dire qu'il faut le traiter comme une « personne » voudrait être traitée, que toute contrainte vicie de telles relations.... et vous aurez l'essentiel de la théorie que nous combattons.

Nous n'entrerons point dans la discussion des principes, et nous pensons qu'il est inutile de montrer l'étrangeté de leur association. Plaçons-nous simplement au point de vue des faits. Or, sous cet angle, l'éducation morale présente d'abord un caractère d'utilité incontestable. Car elle a pour résultat de faciliter l'adaptation de l'individu à la société. Sans elle, l'adaptation a même bien des chances de ne pas se faire. Le criminel est précisément la plupart du temps celui qui a été soustrait de bonne heure à la double influence de l'École et de la Famille, qui s'est créé, selon le désir de M. Dufrenne, librement lui-même sa personnalité. Mais nous ne poussons pas encore en France l'individualisme jusqu'à présenter cet anarchisme comme idéal et ne pas nous effrayer des conséquences qu'il entraînerait. Il est donc bien évident que le groupe social a intérêt pour vivre à éduquer ses jeunes membres.

Ajoutons qu'il ne peut pas, alors même qu'il le voudrait, se débarrasser de cette tâche pédagogique. L'éducation morale est chose nécessaire, non pas uniquement au sens utilitaire, mais aussi au sens le plus fort du mot, c'est-à-dire qu'elle est fatale. Cela est encore un fait. Dans chaque groupe il se crée des façons générales de penser, de sentir et d'agir. L'individu adulte, adolescent ou enfant peut, il est vrai, s'y soustraire, les oublier, les méconnaître, et les transgresser. Mais quand il se conduit ainsi, la société réagit instinctivement et applique au protestataire, à l'individu, tout son appareil de sanctions répressives soit organisées, soit diffuses. Or, cette réaction sociale, alors même, et c'est d'ailleurs le plus souvent ce qui arrive, qu'elle ne serait pas produite en vue d'une moralisation du délinquant ou de ses imitateurs futurs, est indirectement, et toujours, pédagogique. Car elle a la force d'une contrainte, l'individu se sent dominé, et obligé à se soumettre. Les actions auxquelles conduit cette soumission ne sont pas morales, dira-t-on, puisqu'elles ont comme mobile le sentiment d'une contrainte collective ou la crainte des sanctions sociales. Nous n'en savons rien ; mais nous savons qu'en tout cas ces actions sont conformes aux actions considérées comme morales dans un milieu donné. Et rendre l'homme capable d'accomplir de telles actions est, au moins en partie, le but de l'éducation morale, comme on peut le comprendre si l'on se rappelle la définition que nous en avons donnée.

Mais l'utilité et la fatalité d'un fait social pourraient ne pas sembler à quelques-uns une justification suffisante. Et l'on aurait en effet le droit de protester, si l'éducation morale ne présentait pas le caractère d'une règle de moralité, caractère qui seul permet à une pratique sociale de faire valoir ses droits à se perpétuer. Or la pratique de l'éducation non seulement correspond à une fin utile et est une condition essentielle d'existence pour une société, mais encore apparaît avec les traits du fait moral, du moins avec les traits extérieurs et valables objectivement pour le sociologue. D'abord elle est un fait normal, puisqu'elle se retrouve dans toutes les sociétés à toutes les phases de leur évolution, ce qui n'a rien d'étonnant puisque, comme nous l'avons vu, elle est une nécessité pour leur persistance. En outre elle tend à se formuler en règle impérative. La maxime : Élevons bien nos enfants, fait partie des règles de conduite qu'une société considère comme obligatoires. Et enfin — autre façon d'ailleurs d'exprimer la même idée — à cette règle de conduite ou plutôt à son inobservation sont attachées des sanctions répressives. Les unes sont établies par la loi et prononcées par des corps organisés, telles la déchéance de la paternité vis-à-vis des parents dont la façon de vivre trahit un désir non équivoque de se désintéresser de cette éducation morale. Les autres sont diffuses; et l'on peut s'en apercevoir par le blâme qu'inflige l'opinion publique aux parents qui sont trop inférieurs dans cette tâche, et dans l'insistance avec laquelle elle réclame que l'État s'occupe de l'éducation des enfants quand la famille est impuissante ou inhabile à l'assurer, ou qu'elle refuse de le faire. L'opinion commune n'admet pas qu'on laisse inéduqués les aveugles, les anormaux, les enfants remis à l'Assistance Publique, etc.

En somme, l'éducation morale doit être donnée dans toute société. Et il faut ici prendre le mot doit dans tous ses sens et dire que l'intérêt, la force des choses et la morale le lui commandent.

III. — L'ÉDUCATION MORALE PAR L'ÉTAT.

Reste à savoir quel est l'organe qui doit assumer cette charge. Nous disons charge avec intention. C'est en effet une rude entreprise, et nous verrons plus loin combien elle réclame de délicatesse dans le détail et de persistance dans l'effort. Peut-être y avait-il dans la théorie que nous venons d'examiner le désir inexprimé de débarrasser l'enseignement public de cette tâche, fût-ce au prix d'un recours à des principes contestables. Quoi qu'il en soit, la question est de savoir si l'État doit être chargé de l'éducation morale.

Que l'État en soit seul chargé, personne ne se risque à l'admettre. On peut réclamer le monopole de l'enseignement, mais on ne réclame pas pour l'État le monopole de l'éducation totale. Personne ne se sent l'audace de recommencer le rêve de Platon, personne n'estime possible dans les conditions actuelles de l'existence de limiter la famille au rôle procréateur et de lui interdire de donner à l'enfant une orientation morale, de supprimer pour l'individu la liberté d'exprimer sa pensée ou du moins de faire prendre à l'expression de cette dernière une tournure pédagogique. Personne ne songe sincèrement à empêcher les Églises de catéchiser, et si quelques-uns, il est vrai, affichent leur désir « d'écraser l'infâme », ils se rendent bien compte que leur effort seul n'aboutira point à l'anéantissement de leur ennemi.

Mais beaucoup contestent à l'État le droit de se charger d'une partie de l'éducation morale. Car non seulement, disent-ils, elle est dangereuse si elle est en contradiction avec l'éducation familiale ou religieuse et inutile si elle ne s'y oppose pas, mais encore le fait même que l'État l'entreprend est une atteinte aux droits séculaires de la famille et de l'Église, atteinte que la tradition et la justice interdisent.

Peut-être est-il trop tard, observerons-nous, pour invoquer la tradition, car précisément une prescription est en train de s'opérer au profit de l'État, puisque depuis nombre d'années ses programmes d'enseignement prévoient de la morale, et ces programmes sont appliqués. En sorte que l'argument ne prouve rien en faveur de l'une ou de l'autre thèse.

Gagne-t-on davantage à invoquer la justice ? Comment d'abord peut-on dire qu'il est injuste que l'État donne une partie de l'éducation morale et affirmer que la famille seule devrait s'en charger ? C'est apparemment qu'on se fait une certaine idée de la nature de la famille, qu'on attache à cette nature certaines propriétés, qu'on lui reconnaît des pouvoirs particuliers d'agir. Car les droits d'une personne ou d'une institution sont ceux, pourrait-on dire en transformant une parole célèbre sans trop en altérer le sens, qui découlent de sa nature. Est-il donc dans la nature de la famille qu'elle soit éducatrice ? On ne le conteste point. Mais est-il aussi de la nature de l'État qu'il soit éducateur ? Ceci est nié par la théorie libérale qui veut réduire au minimum les fonctions de l'État pour ne lui laisser qu'un rôle de défense extérieure, de police et de justice. Si par conséquent on admet cette dernière théorie, il est en effet injuste que l'État se charge de cette fonction supplémentaire. — Mais, comme bien des théories, elle ne tient pas compte des faits. Elle construit la nature idéale de la famille et de l'État et, considérant ces « essences » comme immuables, en tire leurs lois, c'est-à-dire leurs droits respectifs. C'est le point de vue cartésien transporté en politique. C'est aussi celui de Montesquieu. Il n'est pas le nôtre. Quand on s'en tient aux faits, l'existence ne découle pas de l'essence, mais l'essence, c'est l'existence à travers le devenir. La « nature » de la famille, c'est la famille telle qu'elle se développe ou se restreint historiquement. Et de même pour l'État. Or, nous apercevons tout de suite que leur nature est précisément de s'opposer parce que l'un a une tendance à se substituer progressivement à l'autre. Cette opposition apparaît depuis la transformation des clans en sociétés à base de clans. Et c'est une étrange et longue guerre qui s'est poursuivie et se poursuit encore entre les deux institutions. Au début, le groupement domestique présente un triple caractère : politique, économique et religieux. Il est un groupe politique parce qu'il forme une société militaire luttant contre d'autres groupes semblables, et aussi parce que, en lui, se forme une organisation analogue aux institutions monarchiques ou despotiques, et enfin parce que les premières organisations politiques sont formées par les réunions des chefs de famille. La famille constitue également un groupe économique en ce sens que la propriété y est indivisée et que le même genre de travail est accompli par tous les membres. Enfin la société domestique joue un rôle religieux comme tout groupement un peu nombreux (et c'est le cas de la famille dans l'antiquité si on admet qu'elle ne se restreint pas à la société conjugale). Elle joue même seule un rôle religieux puisqu'elle est le seul groupement permanent constitué. — Or, ce triple rôle, sous l'influence de causes diverses, a diminué de plus en plus. Les religions de la cité, puis les grandes religions universelles ont peu à peu fait disparaître les cultes particuliers à chaque famille. Le développement économique des sociétés a, de son côté, détruit la division familiale du travail qui ne subsiste guère que chez quelques populations agricoles. — L'État enfin — et c'est ce qui nous importe surtout — ne cesse de porter des coups. Il a combattu, quand il a pris la forme de la cité, les dieux de la famille; il a réduit, pour sa part, le rôle économique de cette dernière dans la mesure où il a entrepris des travaux d'utilité commune. Mais plus encore il a amoindri son rôle politique. Il a assumé la tâche de la défense du groupe total, et celle même de la défense des éléments constitutifs du groupe. Il est intervenu au sein de l'organisation familiale, réglementant les modes de constitution de la société conjugale, limitant les droits du mari, déterminant les bornes de l'autorité paternelle. Et enfin, par suite d'influences dont l'examen nous entraînerait trop loin, au fédéralisme domestique de la cité, s'est substituée l'organisation quasi contractuelle et interindividuelle de la nation moderne. En sorte que la famille n'est plus la cellule sociale. C'est l'individu, pris à un certain âge, et de sexe mâle, qui est, de nos jours, l'unité politique (1). Voilà les

(1) Ceci est très important, car, à la rigueur, lorsque l'État ou la cité était autrefois un groupement de chefs de famille, il y avait un illogisme, sinon une impossibilité de fait, dans la lutte du

faits. Ils ont conduit l'État entre autres choses à se faire instituteur. Ils le poussent de nos jours également à se faire éducateur.

Toutefois suffit-il de constater ce fait ou de dégager cette tendance pour en apporter la justification? L'État a-t-il le droit de donner l'éducation morale, précisément parce que de nos jours il la donne ou s'efforce de la donner? Notre réponse ne saurait être qu'affirmative, et l'on en conviendra avec nous si l'on a bien compris le sens des pages précédentes. La même évolution qui a étendu les pouvoirs de l'État et restreint ceux de la famille est une force contre laquelle on ne peut rien. L'État par l'acquisition progressive de ces pouvoirs se réalise, et ses droits sont ces pouvoirs mêmes. Ils ne découlent donc pas de sa nature, puisque aussi bien elle n'est pas antérieure à son existence et qu'elle se fait à travers cette existence même. Mais ils sont pour que *cette nature soit*. — On sera peut-être surpris de cet argument, et, à considérer quelques-unes de nos expressions, on pourrait croire que nous « justifions » le fait, purement et simplement. Non, nous justifions seulement le fait qui est conforme au devenir normal. On part d'ailleurs d'une conception analogue lorsqu'on parle des droits de l'enfant. Car ce n'est pas l'enfant, tout le monde le reconnaît, pris comme nature immuable donnée une fois pour toutes, qui a des droits, c'est l'enfant en tant qu'il devient personne raisonnable, et dans la mesure où il le devient. Ses droits sont liés aux pouvoirs qu'il acquiert chaque jour. Pour dire le fond de notre pensée, c'est l'effort normal de l'être pour se développer normalement et non l'être lui-même qui fonde ses droits. Ainsi

groupe contre ses membres. Mais l'illogisme n'existe plus, dès lors que l'État se fonde sur un quasi-contrat interindividuel. — Nous dirions donc à nos adversaires si nous voulions leur donner des armes contre nous : Pour dénier à l'État tout droit d'éducation, il vous faut changer violemment les bases de l'État moderne, le constituer par un consortium de groupements domestiques. Car dans ce cas l'association serait inconséquente si elle allait contre les droits de ses membres. — Mais nous attendrons que leur effort ait réussi.

il serait contraire au devenir normal de l'État de remettre aux soins de la famille la défense du groupement domestique. Mais il est conforme à ce même devenir, et donc à ses droits, qu'il distribue en partie l'éducation morale alors que la famille s'en chargeait seule autrefois. Nous disons que c'est là un devenir normal, car l'État n'a pas été amené à assumer le rôle d'éducateur par une décision arbitraire des gouvernants, mais par les mêmes causes qui lui ont peu à peu fait arracher au groupement domestique ses pouvoirs. La famille déchue de son ancienne importance est devenue impuissante à remplir entièrement cette charge. Il est juste qu'elle passe en partie à l'État.

Mais ce droit lui est contesté d'un autre côté par des institutions qui ont joué dans l'histoire un rôle assez important pour que leurs prétentions soient prises au sérieux. Les Églises, et spécialement l'Église Chrétienne Catholique, réclament pour elles seules le privilège de donner l'éducation morale. Parmi les arguments apportés à l'appui de cette thèse il en est un, souvent invoqué et que nous laisserons de côté. Liant partie avec la famille, l'Église voit une violation des droits de cette dernière dans le rôle d'éducateur que s'attribue l'État. Mais ce n'est qu'un artifice de polémique pour la politique française. Car derrière la revendication des droits du père de famille, ce sont les siens qu'elle affirme violés et qu'elle réclame. Au fond, l'Église fait bon marché de l'autorité paternelle. Celle-ci n'est admise qu'en tant qu'elle est une délégation de la Divinité et qu'elle se soumet aux prescriptions religieuses. C'est dire qu'elle est entièrement subordonnée à l'Église et qu'il n'y a pas de droits contre elle. — Voyons donc l'Église et l'État aux prises, chacun pour son propre compte. Ici nous ne pouvons plus nous servir du même argument que nous avons employé pour justifier le droit de l'État vis-à-vis de la famille. Car l'essence de l'Église n'est pas la lutte contre l'État, malgré l'apparence contraire. La lutte actuelle provient de ce que l'Église en France se trouve dans une situation particulière. Le gouvernement de l'État français ayant pendant longtemps fortifié sa puissance avec la collaboration de l'autorité morale et matérielle de l'Église, il est difficile à cette dernière de se résigner à la perte de ce rôle d'auxiliaire, sinon de dominatrice. Mais ce n'est là qu'une phase passagère et anormale des relations des deux institutions. Car l'Église catholique est, et disons mieux, toutes les religions des peuples civilisés le sont, « catholique », au sens profond du mot, c'est-à-dire universelle. L'État, au contraire, est une organisation nationale. Celui-ci répond à des sentiments qui apparaissent chez les habitants d'une région déterminée. Il exprime, si l'on peut dire, des conditions géographiques et économiques d'existence. Celles-là répondent à des sentiments plus généraux. C'est à l'homme et non plus à l'habitant d'un pays qu'elles s'adressent. Elles sont vraiment la « société du genre humain », et A. Comte l'avait bien senti qui voulait donner à sa religion de l'Humanité une organisation analogue à celle du catholicisme. Aussi leur idéal est-il toujours en avance sur le temps, et peut-être même utopique. La société religieuse, du moins pour nos religions modernes, est une société d'esprits, plus qu'une société d'hommes. Mais il sera bien difficile de détacher l'homme de son milieu régional et national pour en faire un citoyen du monde, ou même d'un autre monde. Aussi ne faut-il pas s'étonner si pour beaucoup de personnes soucieuses de réalisations, la religion de la patrie est la seule qu'elles se permettent. Car elles ont un idéal qui vit; l'autre est simplement possible.

Ces considérations permettent de comprendre qu'il n'y a pas, comme dans le cas de la famille, opposition fondamentale entre les Églises et l'État. Ce ne sont pas des institutions du même ordre. Et si, au fond, l'Église ne peut véritablement s'établir qu'à la condition de voir disparaître les États, cela prouve simplement que leur nature n'est pas de se combattre, puisque la première n'est qu'une extension des autres. Le vieillard n'est pas un ennemi de l'adulte. L'Église peut, sans se contredire, rendre à César ce qui appartient à César, car ce qui appartient à César ne saurait d'aucune façon appartenir à elle. L'État ne viole donc pas les droits de l'Église en donnant l'éducation morale. L'un et l'autre ne poursuivent pas le même but.

Ajoutons enfin que non seulement l'État a le droit de la donner, mais qu'il y est forcé, à tel point qu'il faudrait bouleverser tout notre système d'enseignement pour lui permettre de s'en dispenser.

Et d'abord l'État distribue l'instruction à la majeure partie des enfants de ce pays. Or, de ce fait, il donne, par ses fonctionnaires, alors même qu'il ne le voudrait pas, une certaine éducation morale. Nous verrons plus loin si l'éducation par l'instruction est la seule possible et la seule à adopter; et nous pouvons assurer par avance d'une réponse négative. Mais il n'en est pas moins incontestable qu'instruire, c'est éduquer au moins en partie.

De plus, il est une formation morale qui s'opère par la mise en rapport de l'enfant avec un maître qui influe sur lui par l'exemple et l'autorité; — et aussi par la mise en contact de l'enfant avec les camarades de classe ou d'école. En sorte que, même si l'État se désintéressait de l'éducation morale volontairement donnée, il ne pourrait cependant ne pas tenir compte de cette double série d'influences. Et il serait fatalement amené à les réglementer.

En outre, en France, le système de l'internat existe. Dans l'enseignement primaire supérieur et dans l'enseignement secondaire, l'État remplace la famille qui dès lors n'a plus suffisamment de contact avec l'enfant pour exercer sur lui de l'influence ou pour assurer la persistance de l'influence exercée sur lui pendant les premières années. Donc l'État est amené par cette institution de l'internat à éduquer les enfants. Qui empêche, dira-t-on, qu'il laisse ce soin à l'Église, par exemple, qui s'en chargerait volontiers? Nous examinerons plus tard la question de savoir si les pasteurs des Églises sont les plus aptes à donner l'éducation morale de l'État et si ce dernier aurait par conséquent intérêt à leur déléguer cette fonction. Ils n'agiraient en tout cas que comme mandataires de la puissance civile, ce qui n'aurait rien de contradictoire avec les observations présentées tout à l'heure. Mais il faut faire remarquer que l'internat recrute quelques enfants parmi les membres de familles libres penseuses, c'est-à-dire non adhérentes à une des deux ou trois religions confessionnelles répandues en France. Or ces familles n'admettraient point, si du moins leur refus d'adhésion est nettement formulé et si leurs actes répondent à leurs théories, que l'État donne par lui-même, ou par personnes interposées, une éducation contraire aux principes qu'elles professent.

CHAPITRE II

LES BASES NÉCESSAIRES DE L'ÉDUCATION MORALE DONNÉE PAR L'ÉTAT

I. Introduction. — II. Faut-il donner à l'éducation morale une base religieuse ? — III. Faut-il donner à l'éducation morale une base philosophique ? — IV. Faut-il donner à l'éducation morale une base scientifique ? — V. Les bases sociales et juridiques de l'éducation morale donnée par l'État.

I. — Introduction.

Il ne suffit pas de montrer que la société doit se préoccuper de l'éducation morale et que l'État est un des organes qui ont le droit, et, particulièrement dans la société française, qui se trouvent dans la nécessité de la donner. Il faut encore rechercher les bases sur lesquelles reposera cette éducation.

Nous l'avons définie, si on veut bien se le rappeler, un ensemble d'actes destinés à apprendre à l'enfant à diriger sa conduite conformément à des modes d'agir apparaissant comme obligatoires. Il y a lieu par conséquent de déterminer quels sont ces modes ? Mais où s'adresser pour les connaître ? Qui fournira à l'État le catalogue des devoirs ? De plus ce catalogue comprend un préambule dont le but est de justifier les diverses obligations qu'il mentionne. Autrement dit, une morale pratique se rattache à un système de morale théorique. Or ces systèmes sont nombreux. Lequel adoptera l'État ?

II. — Faut-il donner a l'éducation morale une base religieuse ?

Adopterons-nous les systèmes à base religieuse ? Nous avons montré dans le chapitre précédent les différences de nature entre l'État et les Églises. Les mêmes principes ne peuvent servir aux deux institutions. Les liens politiques ne sont pas du même ordre que les liens religieux. Il en est du moins ainsi aujourd'hui. Autrefois le clan, la tribu, la cité sont des groupements à la fois politiques et religieux. Et si l'État entreprend l'éducation morale, il est alors convenable qu'il la base sur la religion du groupement, et il est explicable qu'il se sente menacé lorsqu'un esprit trop indépendant veut lui donner une autre base. Et c'est là le sens profond de la condamnation de Socrate ou du moins de la réunion dans une même formule des deux chefs d'accusation sur lesquels il fut condamné. Il corrompait les jeunes gens parce qu'il ne croyait pas aux dieux de la cité et parce que sa morale n'avait pas comme fondement la religion athénienne. Il avait laïcisé quelques siècles trop tôt l'éducation morale. — Nos grandes religions modernes permettent indirectement à l'État de le faire. Elles ont « individualisé » le sentiment religieux en voulant le débarrasser de tout élément « national ». Aussi un État qui accepterait une religion universelle disparaîtrait forcément tôt ou tard, car son principe, selon le langage de Montesquieu, serait alors contraire à sa nature. Il ne servirait de rien d'objecter qu'en fait certains États ont une religion officielle. Car ou bien la religion officielle reste internationale, et l'existence de l'État se trouve à chaque instant mise en péril, ou bien, et c'est ce qui arrive le plus souvent, la religion internationale se « nationalise » et devient une religion particulière à un pays. L'Angleterre en est l'exemple le plus typique. Remarquons d'ailleurs que ces États sont précisément ceux qui ne donnent pas l'éducation morale par eux-mêmes et qui en délèguent le soin à l'Église à laquelle ils adhèrent. Si donc on admet que l'État ne doit pas se délivrer de cette charge, il faut convenir qu'il n'a pas à lier partie avec un système religieux déterminé.

La situation spéciale de l'État français lui en fait d'ailleurs une nécessité. La diversité des croyances religieuses, l'abstention dans laquelle se tiennent beaucoup d'habitants de ce pays relativement aux pratiques cultuelles réclamées par une religion, tout cela a amené l'État à se séparer des Églises et à les considérer simplement comme des groupements d'individus créés par des affinités intellectuelles ou par la recherche d'un but spirituel commun. Et, même sous le régime du Concordat, la séparation, peut-on dire, existait en ce sens que les Églises étaient sinon subordonnées à l'État, du moins différentes de lui. Traiter avec elles, c'était déjà les mettre à part. C'était laïciser l'État par avance.

Mais n'insistons pas sur ce point qui peut être considéré comme acquis. L'enseignement de la morale par l'État ne doit pas se rattacher à un enseignement d'une morale confessionnelle. C'est tout au plus si l'État peut dans les établissements, ou en dehors d'eux, laisser aux prêtres des diverses religions la faculté de distribuer aux enfants cet enseignement qui ne saurait être, pour lui, que complémentaire d'une éducation morale neutre et laïque.

III. — Faut-il donner a l'éducation morale une base philosophique ?

Où chercher dès lors la base de cet enseignement public ? Dans un système métaphysique ? Disons-le tout de suite : un tel fondement ne paraît d'aucune façon convenir à un enseignement d'État.

D'abord la plupart des systèmes métaphysiques sont

indirectement des justifications d'une doctrine religieuse. Il s'y avoue ou s'y devine un effort rationnel destiné à prouver les principaux articles d'une foi. Mais autant vaut alors produire franchement la croyance, et fonder sur elle la morale que l'on veut enseigner. Il y a je ne sais quelle sorte de lâcheté honteuse à ne pas proclamer ouvertement des principes dont on ne semble pas pouvoir se passer. Notre enseignement public porte aujourd'hui la peine d'une dissimulation de ce genre dont il s'est rendu longtemps coupable. Le spiritualisme cousinien qui a si longtemps servi de base n'est qu'un christianisme qui n'ose pas s'avouer tel. Il en contient les principaux articles : l'existence d'une Divinité, l'action de cette dernière sur le monde, la liberté de l'homme, l'obligation de la soumission à la loi morale, les sanctions après la mort. C'est la doctrine catholique, moins le Nouveau et l'Ancien Testament. Mais par le fait même qu'il se déguisait il devait fatalement mécontenter presque tout le monde : et les tenants des doctrines auxquelles il ne faisait que des emprunts incomplets, et les adversaires de ces dernières qui lui reprochaient sa timidité et parfois son hypocrisie.

En outre, de l'aveu de tous, les systèmes métaphysiques, alors même qu'ils n'auraient pas une arrière-pensée d'apologétique rationnelle, sont des produits de l'imagination philosophique, des hypothèses sur les questions non résolues par les sciences. Or, les hypothèses n'ont pas de valeur au point de vue collectif. Car ce sont des manifestations de la pensée individuelle. Elles ont deux façons, les hypothèses, de perdre leur caractère d'individualité. D'abord, lorsqu'elles sont prouvées, et elles deviennent des lois scientifiques. D'un autre côté quand, s'étant répandues sans qu'une preuve expérimentale soit intervenue, elles sont admises par la majorité et jouent ou tendent à jouer un rôle analogue à celui des croyances religieuses. Mais de ces hypothèses qui n'en sont plus, nous n'avons pas pour le moment à nous préoccuper, car, pour les unes, nous avons déjà écarté le fondement confessionnel de la morale de l'État, et pour les autres, nous examinerons plus loin la valeur du fondement scientifique. — Considérons simplement les systèmes métaphysiques dans leur première phase, comme effort de l'imagination individuelle. Une telle particularité doit leur enlever toute chance de recevoir le patronage d'un État. Comment une pareille institution pourrait-elle adopter le système kantien plutôt que la théorie des monades ou la métaphysique bergsonnienne ? Il faudrait décider que l'un est plus vrai que l'autre. Mais peut-on parler de la vérité d'un système métaphysique ? Les expressions jurent d'être accouplées. Les métaphysiques peuvent être des anticipations de la vérité. Elles ne sont jamais vraies. Entendons bien cela. Il faut débarrasser le mot vérité de sa vieille signification dogmatique. La vérité définie l'adéquation de l'esprit et de la réalité est une définition vide et contradictoire. Car une réalité pensée ne serait plus la réalité, et le sentiment de l'adéquation ne pourrait pas naître, puisqu'il serait impossible de comparer une réalité non pensée avec une réalité qui l'est, mais qui n'est plus la réalité. Par vérité, il y a lieu d'entendre deux choses : d'abord l'accord de la pensée avec elle-même qui, partant de données préalables, en tire ce qu'elles contenaient implicitement, et en ce sens il est vrai que les cordes tracées à une égale distance du centre d'une circonférence sont égales, car je tire cette affirmation de la définition de la ligne, de l'angle, du cercle, etc. Or, ces données préalables sont ou bien des façons générales de penser acceptées par tous, ou bien des constatations sensibles faites par tous, et c'est là le second sens du mot vérité : l'accord de tous les esprits. On peut même dire que ce second sens est essentiel puisque la vérité logique réclame comme fondement une vérité sociale. L'erreur du fou, c'est son désaccord avec la collectivité. Il semble, à énoncer de pareilles affirmations, que l'on soit entraîné à faire de l'adhésion collective variable par essence la mesure de la vérité. Il n'y aurait donc pas de vérités éternelles. Mais avons-nous prétendu qu'il n'y a pas de vérités éternelles ? Il y en a dans la mesure où il y a des conventions nécessairement faites et des accords d'expérience forcés.

Ces courtes réflexions sur la notion de vérité s'imposaient pour permettre de comprendre combien on aurait tort de parler de la vérité des systèmes métaphysiques, puisqu'ils ne sont ni objets d'expérience sensible ni conventions unanimes. Ce sont simplement combinaisons de concepts, et le respect qui leur est dû est celui dont on gratifie les musiciens, les peintres, les sculpteurs, les poètes ; eux combinent des images. On pourrait même prétendre que le respect ne leur est pas dû quand ils sont dangereux pour l'État social. C'est Platon qui a le mieux absous les Athéniens de la mort de Socrate, en chassant certains poètes de sa « République ». Et Domitien avait quelque raison, étant homme de gouvernement, de bannir les philosophes de Rome. Mesures inutiles d'ailleurs, car si les hommes sont arrêtés à la frontière, ou si la ciguë supprime l'existence, les idées rentrent toutes seules et ne meurent généralement pas. En tout cas, si l'on peut dire des systèmes métaphysiques, comme des manifestations artistiques, qu'ils sont utiles ou dangereux, on ne peut pas les taxer de vérité ou de fausseté.

Et d'ailleurs, à qui incomberait-il de faire adopter par l'État une doctrine philosophique ? Il faudrait donc instituer des conciles de la foi laïque, des assemblées chargées de dire le vrai ? Mais, objectera-t-on, cela n'aurait rien d'extraordinaire. Des institutions comme l'Église ont bien recours à des conciles, et chaque jour nous voyons des Congrès, c'est-à-dire des assemblées d'hommes compétents sur une question déterminée dégager un credo collectif. Mais d'abord le rôle des conciles de l'Église est limité. Ils ne fixent pas, ou plutôt, puisque l'infaillibilité pontificale les a rendus inutiles, ils ne fixaient pas le dogme, mais ils l'interprétaient, l'adaptaient aux conditions changeantes de l'existence des peuples. Or, pour l'État, ce serait le dogme lui-même qu'il conviendrait d'établir. Quant à nos Congrès modernes, il est rare que leurs discussions aboutissent à des affirmations unanimement acceptées. Et quand le cas se présente, l'affirmation proclamée ne bénéficie pas du caractère qu'aurait celle d'une affirmation administrative. Ce serait donc une chose entièrement nouvelle que ces assemblées chargées de délibérer sur l'excellence d'un système métaphysique susceptible de servir de base à la morale nationale.

Mais, dira-t-on, qu'est-il besoin de pareils conciles? Le choix d'un credo métaphysique n'est pas l'affaire du « prince » ou du souverain, mais du « gouvernement ». C'est une attribution du pouvoir exécutif. Par ses organes dont la fonction est de s'occuper de l'éducation nationale, il lui appartient de fixer le vrai, c'est-à-dire au fond les programmes d'enseignement moral. Et cela ne s'est-il pas toujours fait depuis que l'Université est nationalisée? — Il est vrai. Mais les inconvénients n'ont pas tardé à apparaître. Le spiritualisme officiel qui a si longtemps régné, comme nous l'avons dit précédemment, a toujours trouvé des révoltés ou des adversaires parmi les fonctionnaires du corps de l'instruction publique. D'où une attitude hypocrite de la part de ces derniers s'ils voulaient conserver leur situation, ou des luttes pénibles dans lesquelles la victime seule était sympathique, puisqu'elle succombait armée du droit de la liberté de conscience qu'on lui avait reconnue quand elle n'était pas encore ennemie. — C'est qu'une affirmation administrative apparaît toujours comme une affirmation d'autorité. C'est la prescription d'un homme ou de quelques-uns. Mais pour des esprits libres une telle affirmation n'a pas de valeur. Elle ne pourrait en avoir que si elle se rattachait à une décision de la puissance souveraine. Or, nous avons vu l'impossibilité pour l'État de prendre de pareilles décisions. Car une métaphysique d'État ainsi proclamée deviendrait tout de suite une religion.

L'État ne pourrait-il pas alors, sans faire sienne une doctrine, laisser à ses fonctionnaires éducateurs la liberté de choisir celle qu'il leur plairait de prendre comme base de leur enseignement moral? Nous pensons que cette solution présenterait les plus énormes inconvénients. Car d'abord la multiplicité des métaphysiques entraînerait une multiplicité des systèmes moraux, et dès lors que deviendrait l'unité nationale! Comment! avec le prestige que donne la fonction pédagogique déléguée par l'État, l'un enseignerait le vol, et l'autre la probité, l'un la communauté des biens et l'autre le respect de la propriété, celui-ci l'énergie audacieuse et qui fait fi des plaintes des faibles, celui-là la résignation et la pitié, le nietzschéen la morale du surhomme, le tolstoïsant la morale des esclaves ! Et le jour où un de ces philosophes qui préféreraient voir périr l'humanité plutôt qu'un principe se serait, dans toute l'ardeur de sa jeunesse et de sa naïveté, enthousiasmé du pessimisme de Schopenhauer, et prêcherait non pas seulement le suicide de l'espèce et le célibat impénitent, comme l'a fait le maître, mais aussi, comme il est dans la logique de la doctrine, le suicide individuel, l'État n'interviendrait-il pas ? Mais au nom de qui interviendrait-il ? Après avoir proclamé la liberté du choix métaphysique du professeur, de quel principe s'autoriserait-il pour le frapper ? Il le punira pour sa morale, dira-t-on, et non pour sa métaphysique. Mais encore une fois pour quelle raison ? Simplement sans doute parce que la morale à laquelle il aboutit contredit une certaine morale, basée sur une métaphysique latente qu'on n'avoue pas, ou qu'on avance seulement dans les cas où elle apparaît menacée. Pourquoi alors ce manque de franchise ? Pourquoi proclamer la liberté de penser, et à voix basse lui donner des restrictions qui la détruisent ? Pourquoi dire qu'on laisse le choix de la route et exiger qu'on suive tel chemin ? Pourquoi ne pas dire tout haut le chemin qu'il faut suivre, le point d'où il faut partir, et celui où il faut arriver ? Tout compte fait, si l'on était obligé de choisir, il vaudrait mieux un dogme d'État qui s'affiche qu'un système gouvernemental qui se cache.

En somme, il est impossible de fonder l'enseignement de la morale par l'État sur un système de métaphysique, que l'adoption en soit collective ou seulement individuelle. Ceci écarte bon nombre de systèmes moraux traditionnels, du moins ceux qui reconnaissent franchement leurs attaches métaphysiques. Ceci les écarte tous, dirons-nous tout à l'heure.

IV. — Faut-il donner a l'éducation morale une base scientifique ?

Il est des systèmes de morale qui prétendent se passer de métaphysique, la constatation de certains faits ou les vérités scientifiques leur suffisant. Si leur prétention paraissait justifiée, peut-être l'État serait-il en droit d'adopter l'un d'entre eux. Examinons-la.

Parmi les morales à base de faits, il en est qui se contentent d'une observation psychologique très générale. Elles dégagent la nature de la fin poursuivie par la généralité des individus, et ce fait une fois dégagé, elles érigent la poursuite de la fin en devoir. Les morales eudémonistes ne font pas autre chose. Le bonheur, disent leurs partisans, est poursuivi en fait, directement ou indirectement par chaque homme : il est donc la fin morale. A peu près même attitude chez les solidaristes : c'est le fait de la solidarité, de l'interdépendance mutuelle des hommes et des avantages reçus qui crée le devoir de travailler à maintenir et à développer cette solidarité. — Mais à d'autres systèmes de pareilles constatations paraissent bien hâtives. D'après eux, il faut une confiance en soi un peu naïve pour se croire en mesure de découvrir si vite le mobile de toutes les actions humaines et en tirer une règle générale valable pour toute l'humanité. Comme si une telle découverte pouvait se faire tout d'un coup ! La nature humaine n'est pas une et identique à travers le temps. Il n'y a pas une nature humaine, mais des hommes qui vivent non isolément, qui sont groupés en sociétés, qui ont des lois, des usages, des mœurs, qui ont en un mot une morale. Or, par l'étude patiente et minutieuse de ces mœurs, par une investigation conduite selon la méthode des savants qui étudient les phénomènes de la nature, il serait possible de dégager les lois qui régissent les transformations de ces mœurs. Et, de même que la loi découverte en physique ou en chimie se prolonge en application pratique, de même les lois sociologiques pourraient donner naissance à un art moral, très précis, tenant compte des réalités, des conditions diverses d'existence d'un peuple, ou même des rapports d'un individu déterminé avec un peuple.

Telle est, dans ses grandes lignes, le système auquel la double autorité de MM. Durkheim et Lévy-Brühl a donné son appui. On sera surpris peut-être de nous le voir rapprocher des morales que les manuels de philosophie exposent généralement sous le nom d'utilitaires. Mais sans vouloir affirmer que les doctrines sociologiques dont nous parlons ont en fin de compte des préoccupations analogues à celles des utilitaires, nous les associons à leurs théories, car le même effort est tenté dans les deux cas : celui d'asseoir une morale sur l'expérience. La loi induite est une rapide et vaste généralisation de l'expérience pour Épicure, S. Mill et même Spencer. Elle doit être, pour l'auteur de *la Division du travail social*, et pour celui de *la Morale et la Science des mœurs*, le fruit de toute une série de recherches patiemment accumulées, commencées seulement à notre époque, terminées dans un lointain avenir. Mais dans les deux cas la prétention est identique ! C'est le fait qui doit servir à fonder la loi morale, c'est de la conduite pratiquée que se tirera la conduite à suivre.

Or, si nous parvenons à montrer qu'un pareil système est logé à la même enseigne que les morales à base philosophique, qu'il contient, inavoués mais forcément présents, des postulats métaphysiques, des affirmations par conséquent individuelles et destinées à le rester jusqu'au moment où, propagées, elles se transforment en croyances religieuses, s'il en est ainsi, nous aurons par là même montré son inaptitude à servir de base à l'enseignement donné par l'État, du moins par un État à fondement contractuel ou quasi contractuel, comme notre démocratie française. Car, répétons-le, ce caractère lui interdit de faire sienne aussi bien les théories d'un penseur qu'une doctrine religieuse.

Et cette démonstration est possible. Il n'est pas besoin pour cela de tirer parti d'un argument qui a été adressé par exemple à S. Mill touchant son affirmation qu'en fait le but des actions humaines est le bonheur. Peut-être en effet la théorie du philosophe anglais manque-t-elle sur ce point de solidité, et pour notre part nous pensons bien que le plaisir, conséquence de l'activité normale, n'est pas la fin de l'acte et que nos tendances fondamentales vont vers l'objet et non vers le plaisir. Mais là pour nous n'est pas la question. Car si S. Mill a trop rapidement généralisé et s'est trompé par sa hâte à affirmer, on pourrait admettre qu'à la suite de recherches longues et plus complexes, la fin des actes humains puisse être dégagée et qu'une formule compréhensive puisse alors en être donnée.

Nous ne gagnerions pas davantage à objecter que l'état d'incomplétude et d'inachèvement des sciences sociales interdit l'établissement immédiat d'un art moral positif. Cette objection non seulement est inutile, mais encore n'est pas victorieuse. Car on a fort bien répondu que si l'établissement d'un pareil art n'était pas encore possible sous sa forme définitive, l'effort pour en tracer l'esquisse était méritoire, et qu'au surplus, en attendant, la situation du moraliste ne serait pas plus mauvaise que celle de l'hygiéniste ou du médecin. Que fait le médecin en présence d'une maladie qu'il ne connaît pas scientifiquement, dont il ignore les causes ou pour lesquelles la science n'a pas trouvé les remèdes appropriés ? Il la soigne empiriquement, c'est-à-dire comme la soignaient ses devanciers. Mais, quoiqu'il soit obligé de se résigner à ce mode d'opérer, l'art médical n'est pas forcément destiné à ne pas se fonder sur les sciences physiologiques. Ainsi en est-il pour le sociologue. Il est possible qu'on recherche encore pendant longtemps les causes de l'augmentation de la criminalité juvénile ou qu'on n'arrive pas à trouver le remède scientifique qui la fasse radicalement disparaître, pas plus que les médecins n'ont trouvé encore celui du rhumatisme, de la tuberculose ou de telle autre maladie. C'est fâcheux, mais on se contentera de traiter cette maladie sociale par le remède très vieux, très anciennement préconisé, sinon appliqué, de l'instruction de l'enfance.

Ce n'est donc pas sur ce point que portera notre attaque, mais sur le suivant. Le sociologue qui a l'ambition de tirer de ses recherches scientifiques des applications pratiques affirme ceci : J'ai établi que tel fait social avait ses causes. Maintenant que je le sais je pourrais les reproduire et amener le fait que j'ai étudié, ou les supprimer, ou diriger leur action. La science positive des mœurs va donc me permettre de faire disparaître les institutions mauvaises et de favoriser les bonnes. — Mais quelles sont donc, lui demandera-t-on, les institutions bonnes ou mauvaises? Sur quoi fondez-vous à ce sujet vos appréciations de valeur? Vous avez donc un idéal? Et c'est ce qui vous permet de décider de la qualité d'une institution et d'une coutume? Car enfin la science des mœurs nous dit qu'une coutume existe, qu'une institution est en vigueur et que son apparition est amenée par diverses causes. Mais elle ne nous dit point si elle vaut d'être conservée ou abandonnée. Il faut donc que vous ajoutiez à votre connaissance une affirmation qui n'est pas amenée par la science.

Nous le reconnaissons, disent les sociologues. Mais le postulat que nous réclamons est si conforme à la nature des choses, si normal qu'il ne peut souffrir de difficulté qu'on nous l'accorde. Il est analogue à celui du médecin ou plutôt du malade : c'est que la vie, la vie normale s'entend, est bonne, que l'état de santé sociale, comme celui de santé physique, est désirable, et qu'étant obtenu il doit être conservé, et qu'étant perdu il est avantageusement retrouvé (1). Voilà le seul postulat réclamé. Il suffit d'ad-

---

(1) ... « On verra (dans ce livre de *la Division du travail social*) que la science peut nous aider à trouver le sens dans lequel nous devons orienter notre conduite, à déterminer l'idéal vers lequel nous tendons confusément... Tout d'abord il y a un état de santé morale que la science peut déterminer avec compétence et comme il n'est nulle part intégralement réalisé, c'est déjà un idéal que de chercher à s'en rapprocher. De plus les conditions de cet état changent parce que les sociétés se transforment, et les problèmes pratiques les plus graves que nous ayons à trancher consistent précisément à le déterminer à nouveau en fonction des changements qui se sont accomplis dans le milieu. Or, la science en nous

mettre que nous devons vouloir vivre. Et, remarque M. Durkheim, la science semble autoriser cette affirmation en nous faisant constater que la généralité des hommes préfèrent la vie à la mort.

Évidemment, le système se tient si le postulat est accordé. Mais d'abord on pourrait contester que la science invite à le formuler. Il est possible en effet, si l'on se fait une certaine conception de la vie, de dire que l'aspiration du vivant en général, et par suite de l'homme, est la mort. La tendance au changement est aussi fondamentale que la tendance à persévérer dans l'être. Et la mort n'est-elle pas une satisfaction de cette tendance au changement. Et puis sans s'inquiéter de savoir si la science l'autorise, ne peut-on pas observer que si, en fait, la majorité des vivants l'accepte, théoriquement il n'en reste pas moins contestable? Que peut-on dire à celui qui n'en veut pas? à celui qui

fournissant la loi des variations par lesquelles il a déjà passé nous permet d'anticiper celles qui sont en train de se produire et que réclame le nouvel ordre de choses. Si nous savons dans quel sens évolue le droit de propriété à mesure que les sociétés deviennent plus volumineuses et plus denses, et si quelque nouvel accroissement de volume et de densité rend nécessaire de nouvelles modifications, nous pourrons les prévoir, et les prévoyant, les vouloir d'avance. Enfin, en comparant le type normal avec lui-même, opération strictement scientifique, nous pourrons trouver qu'il n'est pas tout entier d'accord avec lui-même, qu'il contient des contradictions, c'est-à-dire des imperfections et chercher à les éliminer ou à les redresser; voilà un nouvel objectif que la science offre à la volonté. — Mais, dira-t-on, si la science prévoit elle ne commande pas. — Il est vrai; elle nous dit seulement ce qui est nécessaire à la vie. Mais comment ne pas voir que, à supposer *que l'homme veuille vivre*, une opération très simple transforme immédiatement les lois qu'elle établit en règles impératives de conduite. Sans doute, elle change alors en art; mais le passage de l'un à l'autre se fait sans solution de continuité. *Reste à savoir si nous devons vouloir vivre*. Même sur cette question ultime, la science, croyons-nous, n'est pas muette... » (DURKEIM, *la Division du travail social*, 1ʳᵉ édition, pp. 3-5.) — Et plus loin (*op. cit.*, p. 269) : « Le seul fait expérimental qui démontre que la vie est généralement bonne, c'est que la très grande généralité des hommes la préfère à la mort... »

prétendrait que la vie n'est pas désirable ? que la mort est préférable ? Qu'il n'est pas logique avec soi-même s'il ne se suicide pas ? Mais le désaccord de la pratique et de la théorie n'interdit pas l'affirmation de la théorie. Or c'est le fait de l'affirmation et non la valeur de cette dernière qui importe en l'espèce. Et de plus cette affirmation ne se produit-elle pas tous les jours ? Ceux qui se suicident ne nient-ils pas que la vie vaille la peine d'être vécue ? La religion des bouddhistes même ne repose-t-elle pas sur cette idée ? N'y a-t-il pas enfin quelques systèmes pessimistes qui s'y attachent ? Théories de fantaisistes ou de malades, dira-t-on ! Peut-être. Mais elles se sont produites.

Et cela suffit pour montrer que nous sommes bien en présence d'un postulat ou d'une croyance de nature métaphysique puisque son contraire n'apparaît pas inconcevable. Reconnaissons que le système de M. Durkheim réclame le postulat minimum et qu'il semble le plus naturel d'accorder. Peut-être même constitue-t-il pour qui veut faire des réformes sociales l'attitude qu'il convient de prendre. Mais c'est une chose que la politique, et c'en est une autre que l'éducation nationale. La politique est affaire individuelle. L'individu, en tant que souverain, peut faire intervenir des considérations philosophiques et des croyances pour justifier son vote ou son opinion sur une réforme. Il peut avoir sa morale et y subordonner ses décisions. Mais s'il appartient au « souverain » de philosopher, ce n'est pas affaire de « gouvernement » (1).

(1) Nous ne nous arrêterons pas à l'objection suivante qui pourrait nous être adressée. La science des mœurs est inapte à servir de base à un enseignement moral national. Mais pourquoi ne pas faire appel à la science tout court ? Est-ce qu'elle ne donne pas un système de morale assuré ? — Qu'il soit assuré, c'est bien contestable, la science conduisant en effet et à une morale solidariste et à une morale nietzschéenne. — Et de plus, elle ne conduit à un système que si des considérations métaphysiques interviennent. Elle constate des faits et dégage des lois nécessaires. Mais c'est le métaphysicien qui dit que cette nécessité est bonne et qu'il faut la suivre ou qu'elle est mauvaise et qu'il faut la combattre. Mais d'où tirent-ils cette affirmation ? Comment arriver, en se tenant dans le domaine

V. — Les bases sociales et juridiques de l'éducation morale.

On comprend les difficultés du problème à travers lesquelles nous nous débattons. Nous sommes obligés d'écarter comme contraires à la nature de l'État tous les systèmes, que leur inspiration soit religieuse, ou métaphysique, ou prétendûment scientifique.

Ce qu'il nous faut, c'est trouver un ensemble de règles telles qu'elles ne réclament pour être acceptées aucune intervention d'affirmation individuelle par nature, telles également qu'elles ne contiennent aucune hypothèse devenue opinion collective et considérée comme valable pour le genre humain. Où trouver un groupe de règles qui réponde à de pareilles conditions ?

Nous n'avons pas à chercher très longtemps. Il est en effet des règles de conduite qui sont présentées comme obligatoires dans un État et qui n'ont besoin d'aucune justification philosophique ou religieuse. Leur existence est la raison de leur obligation. Il est de leur nature qu'elles soient obéies. Elles seules sont les vrais impératifs catégoriques. Elles commandent sans avoir besoin de se justifier. Ce sont les lois de l'État. Elles peuvent bien devoir leur origine au souci du pouvoir souverain de se rattacher à une philosophie ou à une religion; mais du moment qu'elles sont, et quelle que soit leur origine, elles sont impératives sans postulat. Quand la loi de l'État commande le respect de la vie humaine, il n'y a point lieu de se demander en vertu de quelle philosophie cette loi doit être respectée, et si c'est parce que l'on croit à la dignité de l'être raisonnable ou parce qu'un Dieu l'a ordonné. Il faut obéir à la loi parce que et puisqu'elle est la loi. Elle est,

du fait, à prouver que l'homme *doit* vouloir une *loi qu'il n'a pas faite* ?

répétons-le ; donc elle est obligatoire par le seul fait de son existence.

Que l'on comprenne bien. Nous ne voulons pas dire que toutes les lois d'un État sont justes ; nous ne faisons pas non plus cette affirmation énorme que lorsqu'une société a établi une loi, elle va infailliblement vers son bien. Non ; il y a pour nous des lois injustes et des lois dangereuses ; mais c'est au nom de sa philosophie propre que l'auteur de ces lignes juge de la nocivité ou de l'injustice d'une loi ; c'est au nom de sa métaphysique qu'il s'autorise de faire effort pour la modifier. — Mais il ne s'agit pas de décider dans quelles conditions un système de lois politiques peut être considéré comme acceptable pour une philosophie déterminée. Il s'agit simplement de se rendre compte que le caractère obligatoire est de la nature même de la loi politique, et qu'un tel caractère découle de la notion même de l'État à base contractuelle ou quasi contractuelle. A tel point qu'on pourrait définir la loi — et que cette définition suffit, sans qu'il y ait à se préoccuper du contenu même de la loi : une règle de conduite que la volonté générale a déclarée obligatoire et a sanctionnée. En somme, lorsqu'on énonce cette affirmation : Les lois politiques doivent être obéies par les membres de l'État, on fait un jugement analytique. On fait au contraire un jugement synthétique quand on prétend par exemple : que l'homme doit vouloir vivre. Car la volonté de vivre (nous ne disons pas l'instinct) n'est pas impliquée dans le concept de l'homme ; il faut l'y ajouter, l'y réunir par une synthèse dont le fondement ne saurait être qu'une croyance individuelle ou qu'une doctrine religieuse. Rien de pareil pour la loi politique. Comme elle est le résultat de la volonté générale, son obéissance est impliquée dans son établissement.

Voilà donc un système de normes doué d'un caractère particulièrement remarquable. En les prenant comme base d'enseignement, l'État n'a besoin de recourir à aucune métaphysique, ni à aucune religion, ni à aucune science de la nature et de la société. Il échappe ainsi à toutes les accusations que l'individu, la famille ou les Églises pourraient adresser si un autre fondement était choisi. En se posant, les lois politiques s'imposent; et de plus elles s'imposent à tous les membres de l'État, ne concernant ni un groupe plus restreint, ni une collectivité plus étendue. — Mais, dira-t-on, êtes-vous bien sûr d'écarter tout postulat? Car enfin quelqu'un ne peut-il pas affirmer : qu'il *ne faut pas obéir aux lois politiques*? — Si. Cette affirmation peut se produire. Toutes les fantaisies peuvent se produire. Mais cette fantaisie, nous sommes sûrs qu'elle est une erreur, puisque l'attribut de la proposition est contradictoire avec le sujet. A moins, ce qui est le cas le plus fréquent, que cette affirmation signifie : Il faut modifier les lois existantes. Et nous acceptons alors fort bien que cette affirmation se produise. Car en disant que la loi politique était obligatoire dans son essence pour les membres de l'État, nous n'avons pas prétendu qu'elle était éternelle. Ce n'est point elle qui est nécessaire, fatale, et elle aurait pu ne pas être, et elle peut ne plus être, mais ce qui est nécessaire, c'est qu'étant, elle soit obéie. Son apparition est contingente, mais son observation est nécessaire.

Il faut s'attendre à une autre objection. Vous commettez, dira-t-on, une confusion grossière entre le droit et la morale. Comment pouvez-vous affirmer qu'une éducation fondée sur les lois positives est une éducation morale? C'est de votre part une misérable faute de langage. — Mais pour détruire cette objection, il suffit de fixer la signification de l'expression : règle de conduite morale. M. Durkheim en donne une définition que nous reprenons sans y introduire les restrictions qu'il y met. Une règle de conduite, dit-il, est morale quand elle est sanctionnée(1). Il songe, il est vrai, seulement aux sanctions de nature sociale. Pour notre compte nous acceptons fort bien que l'on fasse une part aux sanctions individuelles. Est donc moral pour nous une règle de conduite lorsqu'elle est sanctionnée socialement ou lorsqu'elle est sanctionnée individuellement, c'est-à-dire dans ce dernier cas lorsque sa violation est ac-

---

(1) DURKHEIM, *Division du travail social*, 1re éd., pp. 23-24.

compagnée chez l'individu d'un sentiment particulier qui est le remords et son accomplissement d'un sentiment de satisfaction. Mais nous voyons tout de suite que les règles juridiques présentent la condition qui fait des règles de conduite des règles de moralité. Elles sont suivies de sanctions, soit de sanctions répressives, soit, plus rarement, car elles défendent plutôt qu'elles ordonnent, de sanctions laudatives.

Il est vrai que les mœurs ou coutumes sont également accompagnées de sanctions répressives et laudatives. On pourrait donc nous demander si l'État ne devrait pas prendre comme base de son enseignement moral cette moralité diffuse de l'opinion publique, les coutumes régnantes, les préceptes de conduite généralement acceptés en fait dans le pays. Dans un article trop peu remarqué, M. Lalande s'était rangé à cet avis. Il est possible, écrivait-il (1), de trouver des principes universels de l'éducation morale, des principes sur lesquels tout le monde s'entend. Tous apprécient notamment le développement de la personnalité morale chez l'individu, c'est-à-dire l'aptitude à donner des raisons de ses actes, l'esprit de sociabilité, le courage, la sincérité, la droiture, la pratique de la tolérance, celle de la justice, les actes de dévouement, tous croient au progrès, etc... Voilà toute une catégorie de notions morales qui peuvent être inculquées à l'enfant tout petit, et dans toutes les familles par les moyens maternels de suggestion et de contrainte. Et voici une autre série de qualités ou de formes de la conduite moins incontestées, mais qui en fait sont reconnues comme morales par la majorité de l'opinion commune : le sentiment du droit, le respect de la loi, la participation de tout citoyen à la vie politique, l'esprit d'égalité, la résistance au mal physique, le respect du régime actuel de la propriété, les devoirs envers la famille et envers la patrie.

Remarquons tout de suite que dans le catalogue des

---

(1) LALANDE, Les principes universels de l'éducation morale., Revue de métaphysique et de morale, 1901, pp. 237-249.)

devoirs présentés par M. Lalande, il en est certainement que nous acceptons comme susceptibles d'être enseignés par l'État puisqu'ils constituent des devoirs légaux. Mais ce n'est pas en tant que tels que M. Lalande voudrait les faire servir de principes à l'éducation morale, c'est en tant qu'affirmations de l'opinion commune ou de la majorité. Or, pour nous, il est doublement dangereux de donner une telle base à l'éducation morale nationale. Car d'abord cette base n'est pas solide par nature. L'opinion d'une majorité, et même l'opinion commune à tous les membres d'un groupe, n'a pas cette force contraignante dont est dotée la loi, de par son institution. Elle est précisément une affirmation de la conscience commune manquant de cette force qui entraîne sa transformation en loi. Car là est la terminaison normale des opinions fortes. L'opinion est ; la loi est voulue ; et elle est voulue, dès que l'opinion est forte. La loi sort des mœurs, a-t-on remarqué depuis longtemps. Elle n'est pas une institution arbitraire des philosophes ou des politiques. Et cela est particulièrement vrai pour la loi pénale. La peine n'est pas originairement établie pour réformer ou amender le coupable, ou pour intimider les futurs délinquants ; elle est la régularisation, l'application par un corps constitué de la sanction diffuse qui est infligée par le groupe lorsqu'un acte froisse ses opinions fortes et définies. Or, cette sanction expresse a sur celle-ci une supériorité énorme : elle est régulière, elle est attendue, elle est normale et solide, disons mieux, elle est rationnelle. Si donc on veut donner un fondement qui ne soit pas flottant par nature ou qui ne le soit que d'une façon relativement minime, il faut préférer la morale expresse à la morale diffuse.

Ajoutons — et c'est la seconde raison que nous annoncions — qu'il est particulièrement délicat de dégager cette morale diffuse. Il y faut une certaine subtilité ; et le moraliste — au sens ancien du mot, — le moraliste à la façon de La Bruyère est toujours un littérateur, c'est-à-dire plus ou moins un artiste. Il est dès lors à craindre que dans l'établissement des programmes d'éducation l'intervention du rédacteur ou de la commission de rédaction joue un rôle plus grand qu'il ne le faudrait pour un enseignement des fondements duquel nous voudrions bannir toute contribution individuelle. Il est facile de dire quelle est la loi puisque son établissement est toujours un acte solennel dont il y a des traces. Mais il l'est moins de dire où est l'opinion de tous ou du plus grand nombre. Car elle ne se dégage et ne se précise nettement qu'au moment même où elle s'exprime en forme de loi. Tout ce que l'on peut faire, c'est de noter — et encore y faut-il quelque prudence et quelque défiance de soi-même — les principaux courants qui entraînent la société actuelle au point de vue moral. Considérons par exemple la société française. Les idées morales directrices ne forment pas un tout absolument cohérent. Elles apparaissent dériver de deux inspirations différentes ; l'une est la religion chrétienne, l'autre est la pensée philosophique grecque accommodée au caractère français et modifiée dans une certaine mesure par les conditions physiques d'existence de notre peuple et par les transformations de notre vie sous l'influence des découvertes modernes. Ceux qui ont reçu une éducation chrétienne, ou plutôt — car qui, dans notre société française actuelle, n'a pas reçu sur quelques points une éducation chrétienne ? — chacun de nous à certains moments de son existence subordonne son action à quatre ou cinq idées fondamentales qui constituent l'essentiel de la doctrine chrétienne (1) : la méchanceté de la nature humaine, c'est-à-dire de ses instincts, l'obligation de « faire son salut », et de le faire par la souffrance qui est justement le signe d'un arrêt ou d'un trouble dans le fonctionnement de la vie instinctive ; la supériorité de la foi, de l'amour, du cœur sur l'intelligence et la connaissance, l'impossibilité pour l'homme de réaliser son idéal s'il est livré à ses propres forces et s'il ne bénéficie pas de la grâce de Dieu, l'inutilité de l'activité pratique, d'ordre domestique, professionnel ou politique, l'inter-

---

(1) Cf. DARLU, La morale chrétienne et la conscience contemporaine, dans *Questions de morale*, F. Alcan, 1900.

vention de la Providence dans la vie terrestre pour donner aux coupables « de grandes et de terribles leçons », enfin la distribution de récompenses et de châtiments après la mort par la Divinité. — Mais à côté de ces idées d'autres jouent également un rôle : la bonté de la nature humaine, d'abord de la nature instinctive, puis de l'intelligence et de la raison, l'éminente dignité de l'individu en tant que et parce que personne vivante et raisonnable, l'égalité de tous au point de vue des droits sans distinction de naissance, de fortune, de situation sociale et de sexe, l'aptitude de la justice à régler tous les rapports entre les hommes, enfin la marche de l'humanité, par ses propres forces, vers un état idéal, autrement dit le progrès intellectuel et moral réalisable sur la terre et se réalisant de jour en jour. — Or, de ces deux courants, lequel est le plus fort, lequel domine dans la société française ? On serait, croyons-nous, bien en peine de l'affirmer. Peut-être d'ailleurs s'entremêlent-ils, au risque de quelque confusion, et tel qui affirme l'existence de droits naturels et imprescriptibles de l'homme ne craint pas de supputer l'intervention providentielle de la Divinité dans le monde. Cette morale diffuse est donc singulièrement confuse et même contradictoire. Ce n'est pas elle qui peut servir de fonds à un enseignement qui doit être clair et conséquent.

Nous croyons avoir suffisamment répondu à qui nous dirait : « Si vous cherchez des règles de conduite sanctionnées comme base de votre enseignement national, que ne prenez-vous les coutumes et les mœurs du pays ? » Mais nous ne pensons pas encore avoir cause gagnée, car la proposition dont nous avons entrepris la justification apparaîtra sans doute assez inattendue (1). Aussi devons-nous parer à d'autres accusations.

(1) Au moment où nous composions ce travail, il nous a été donné de lire un ouvrage plein d'excellentes remarques, paru en 1909, de M. Albert Leclère, sous le titre suivant : *l'Éducation morale rationnelle*. L'auteur a donné à un de ses chapitres la rubrique suivante : *L'enseignement juridique comme forme propre de l'éducation morale de l'État*, chap. IX, pp. 129-143. En apparence

Nous courons en effet un premier risque : c'est de nous voir faire le reproche de vouloir réduire l'éducation morale à l'enseignement du droit. Or, interprétée ainsi, notre thèse apparaît empreinte d'un caractère d'énormité qui la rendrait inacceptable. Mais ce serait dénaturer entièrement notre pensée. Nous n'avons point du tout l'intention d'avancer que l'instruction juridique fait l'homme moral.

Ce que nous reconnaîtrions et prouverions volontiers, si cela se rattachait à notre sujet, c'est qu'une éducation complète de l'enfant, au degré primaire, secondaire ou supérieur, ne saurait se concevoir sans qu'une place soit donnée à l'enseignement du Droit. Il est lamentable que les programmes des écoles primaires et ceux des lycées soient encombrés de tant de matières, non pas inutiles certes, mais d'une utilité à longue échéance et qu'à peu

---

il semble que notre théorie rejoigne la sienne. Mais ce n'est là que l'apparence. Car M. Leclère, très préoccupé de laisser la tâche de l'éducation morale à la famille, à l'école indépendante de l'État, ou aux différentes religions, est incliné à diminuer le rôle de l'État. Ce ne serait point notre tendance. De plus l'idée dernière de M. Leclère est que l'éducation de l'homme comprend une éducation juridique. « Une éducation vraiment synthétique contient celle de l'homme juridique aussi bien que celle de « l'homme économique » ou de l'homme moral ; elle prépare d'autant plus effectivement cette dernière que la législation est en somme comme un catéchisme, et fort détaillé, de morale négative, et comme un dictionnaire, assez riche, de casuistique en des matières, où, livré à lui-même, un homme s'égarerait souvent, quelle que soit l'intensité de sa culture générale... » (P. 142.) — Or si, nous aussi, nous pensons que l'éducation tout entière comporte une éducation juridique, nous n'entendons pas dans notre travail démontrer qu'il est utile et nécessaire de donner une éducation juridique et qu'à l'État seul il convient de la donner, car on peut fort bien admettre que l'éducation juridique soit donnée par des établissements privés d'éducation. Nous voulons dire, pour notre compte, que lorsque l'État entreprend l'éducation morale des enfants, il doit prendre comme fondement de celle-ci la morale implicitement contenue dans le système des lois de l'État. Et nous ajoutons : non seulement il le doit, mais il ne doit prendre, en tant qu'État, que ce fondement. On s'apercevra encore mieux de notre pensée en lisant s e(;) lications qui vont suivre.

près rien n'y soit prévu touchant l'étude des règles de conduite de la vie civile. Dans la classe de 3° B de l'enseignement secondaire, il était fait un cours, très sommaire d'ailleurs, de droit usuel. Il a été supprimé en octobre 1909. Et pourtant, quoique bien incomplet, il présentait de l'utilité. Et loin de disparaître, il aurait dû être augmenté, et introduit dans l'enseignement primaire. Les citoyens actuels ne savent rien en matière judiciaire. Ignorants des lois récentes comme des lois anciennes, ils sont incapables de déterminer l'étendue de leurs droits et de leurs devoirs au point de vue politique et civique. Cependant ils sont censés, de par la loi, ne pas ignorer la loi ! — Mais nous n'avons pas à déterminer dans le présent travail quelles sont les principales parties de l'éducation ni à justifier nos affirmations sur cette question. Il s'agit simplement de la nature et de la base de l'éducation morale. Or nous prétendons bien que l'éducation morale, celle de l'État, doit s'appuyer sur la loi. Mais ce n'est pas comme si nous disions que l'éducation morale consiste dans l'enseignement de la loi. Car d'abord nous n'avons pas examiné encore si l'enseignement en général est une méthode d'éducation, et la seule méthode d'éducation, et spécialement si l'enseignement de la loi serait la seule méthode d'éducation morale. Il est même à présumer que nous dirons le contraire. Car éduquer ce n'est pas enseigner ou instruire, c'est apprendre à agir, et l'instruction ne suffit pas. — De plus, alors même qu'elle suffirait, l'enseignement propre à assurer l'éducation dont nous parlons porterait autant et peut-être davantage sur les conditions qui permettent de s'en tenir au respect des lois que sur les lois elles-mêmes et leurs dispositions minutieuses. — Donc, d'aucune façon, l'éducation morale ne saurait être réduite à l'enseignement juridique.

Mais voici qu'apparaît un second reproche. « Le respect de la loi ! Là est la formule qui recèle tout le vice du système ! Il donnera des esprits formalistes, des citoyens respectueux de la consigne, obéissant sans examen à cet impératif catégorique transporté de la conscience individuelle à la volonté collective. Il produira en un mot des âmes d'esclaves. Leur vie morale sera faite d'hypocrisie et de sécheresse. Très avertis de leurs droits comme de leurs devoirs, ils appliqueront leurs efforts à observer extérieurement les contraintes sociales, sans porter à ce respect cette flamme intérieure, cet amour de la règle, ce sentiment de l'obligation qui apparaissent comme des conditions essentielles de la moralité. »

La première partie de ce reproche nous touche peu. Car il ne faut pas avoir peur des mots. La loi positive est bien pour nous un impératif catégorique. Elle commande et sans condition doit être obéie. Autant l'impératif catégorique paraissait incompréhensible dans la morale kantienne puisque le philosophe allemand se refusait à en chercher la justification dans un acte de la volonté divine ou à le rattacher à une loi naturelle, autant il est facile de se représenter ce caractère particulier de la loi établie par les hommes. Nous avons essayé de le montrer dans les pages qui précèdent. La loi est ce qui doit être obéi parce qu'elle est la loi, c'est-à-dire une règle de conduite formulée par la volonté générale qui lui donne par cette manifestation une force impérative.

Mais de ce que l'obéissance à la loi n'a pas à être motivée, s'ensuit-il qu'il y ait à craindre des conséquences redoutables touchant le résultat d'une éducation qui la prendrait pour base ? Ferons-nous réellement des hommes à l'attitude hypocrite, observateurs scrupuleux de la lettre de la loi, mais insoucieux ou dédaigneux de son esprit ?

Remarquons-le d'abord. Ce ne serait pas un médiocre avantage d'arriver à former des observateurs même hypocrites de la loi. La vie sociale serait en effet fort simplifiée si les seuls criminels étaient des hypocrites dans leur obéissance, car, à vrai dire, il n'y aurait plus de criminels légaux. La justice sociale n'aurait plus à intervenir, n'ayant pas à sanctionner cette immoralité insaisissable cachée sous le vaste badigeon de la moralité légale. Et ce serait encore préférable à l'état actuel où l'insurrection contre la loi est permanente, et à l'augmentation continuelle de la criminalité.

L'avantage dont nous parlons est d'ailleurs facile à comprendre si l'on considère les professions qui par la nature des occupations qu'elles exigent, de l'éducation reçue par ceux qui les pratiquent, présentent une proportion dans la criminalité relativement moindre. Ainsi la magistrature, le clergé, l'université. Il se peut qu'à cette moralité selon la loi ne corresponde pas toujours une rigoureuse moralité du désir ou de l'action privée. Mais personne n'a jamais songé à dire que la franchise dans le crime serait préférable, *au point de vue social*, à l'obéissance hypocrite de la loi. Après tout, suivant le mot de La Rochefoucauld, c'est un hommage à la vertu que de paraître la pratiquer. Et de même pour la loi. C'est encore lui obéir que de lui désobéir seulement en cachette.

Mais le résultat auquel aboutirait notre système d'éducation morale par l'État ne serait point tel qu'on le craint. Nous n'avons pas encore indiqué les moyens par lesquels nous pensons que les enfants doivent être conduits à l'observation des règles de conduite légales. Or nous montrerons que la meilleure façon d'observer la loi est encore de l'observer avec amour et allégresse, que, dans la décision qui précède l'acte volontaire de l'individu essayant de subordonner véritablement sa conduite aux prescriptions de la loi, entre comme motif le motif de la moralité, de la bonne intention, et pas seulement le motif de la crainte. Et si nous développons chez les enfants cette disposition bienveillante vis-à-vis de la loi, il n'est donc pas à redouter que leur respect de la loi déguise une hypocrisie foncière.

Oui, poursuivra-t-on, mais il est à redouter qu'habitués pour leur compte, et même conduits par des motifs louables à ce respect de la loi, ils ne l'exigent avec ténacité de la part des autres. Nos élèves apprendront à être justes. Mais ils seront aussi âpres à la revendication de leurs droits que dociles à la pratique de leurs devoirs. Ils manqueront en somme de cet esprit de charité qui est le complément indispensable de la justice et qui est d'ailleurs nécessaire à son fonctionnement. Car, comment, en leur apprenant à respecter la loi leur apprendriez-vous à être charitables ?

Nous ne le leur apprendrons pas. Car d'abord l'intérêt de l'État n'apparaît pas en cela pour qu'il entreprenne une éducation de cette nature. Son rôle n'est autre que de faire des esprits conformistes, que de « mettre l'enfant au point ». Il n'a pas à se préoccuper d'élever des révolutionnaires, et les esprits charitables sont des révolutionnaires de la coutume et de la loi. Et puis — et c'est là la véritable raison — nous n'apprendrons pas à être charitables, parce que la charité ne s'apprend pas. Ni l'État, ni le groupe religieux, ni la famille même ne donnent cette éducation. Car c'est là une impossibilité. La charité véritable est précisément invention personnelle, ingéniosité, nouveauté. Elle n'est pas imitation ou habitude due à la contrainte; et comment l'État, la religion ou la famille pourraient-ils apprendre à l'enfant à être charitable par d'autres moyens que l'imitation ou la contrainte ? Non, la charité ne s'apprend pas. Elle est la fleur de la moralité, la poésie du juste. Il y a une merveilleuse profondeur dans cette parole de Leibniz que « la charité est la justice du sage ». Or la sagesse ne s'apprend pas; elle n'est pas matière à éducation; elle n'en est que le résultat (1). Si notre éducation morale est bien conduite, nos justes seront probablement des charitables. Mais nous n'avons pas à nous préoccuper de les faire tels. Au surplus, il faut observer que l'extension du concept de la charité est assez vague, et mal délimitée, et perpétuellement changeante. Il

---

(1) « Libres créations de l'initiative privée, de tels actes ne gardent leur caractère spécifique qu'à condition de n'avoir été sollicités d'aucune manière. Parfois même ils prennent la conscience morale tellement à l'improviste que celle-ci, n'ayant pas à leur appliquer des jugements tout faits, reste hésitante et déconcertée. Sans doute il y a un précepte très général qui promet l'éloge ou la reconnaissance publique à quiconque fait plus que son devoir; mais outre que cette maxime n'a rien d'impératif, la récompense qu'elle annonce n'est attachée à aucune action déterminée ; elle ne fait qu'ouvrir une immense carrière à l'imagination de l'individu qui peut s'y mouvoir en toute liberté... » (DURKHEIM, *Division du travail social*, introd., p. 31.)

n'y a point séparation radicale entre les devoirs de justice, d'une part, et ceux de charité, mais un perpétuel agrandissement des premiers par absorption des seconds et un renouvellement incessant de ceux-ci. Tant il est vrai que si la charité est la justice du sage, au bout de quelque temps, la justice du sage devient la justice de tous. Et il faut un nouveau sage pour concevoir de nouvelles obligations charitables. Il n'est pas étonnant dès lors que nous trouvions parmi les prescriptions de la conduite codifiées bon nombre de règles qui n'ont pas toujours paru obligatoires aux philosophes avec la même force que les règles de justice. Et peut-être aurons-nous la surprise de constater que dans nos lois sont implicitement contenues des prescriptions que quelques systèmes de morale anciens ou attardés et les manuels ou les programmes qui s'en inspirent s'obstinent à ranger parmi les devoirs de charité. Notre situation ne sera donc point aussi défavorable qu'une objection superficielle aurait fait craindre au premier abord.

Prévoyons enfin une dernière objection : Votre enseignement portera uniquement sur la conduite sociale, car la la loi ne régit qu'elle. Ne sera-t-il pas par conséquent incomplet ? L'enfant n'aura aucune notion des règles qui sont traditionnellement appelées devoirs envers soi-même. Il ne sera pas averti de l'immoralité du suicide, il ne sera pas invité à pratiquer la tempérance, la sincérité envers lui-même, à se rendre maître de soi, à combattre la sécheresse de cœur, à développer en lui la délicatesse morale, etc. Ce sont pourtant de « vieilles valeurs » non méprisables, semble-t-il. Or la loi ne les connaît pas.

Il n'entre pas dans notre sujet d'examiner et de décider si la distinction classique entre les devoirs envers soi-même et les devoirs envers les autres est justifiée. Nous n'avons pas en effet à présenter un traité de morale. Mais, cette question mise à part, on ne peut s'empêcher de reconnaître que la moralité dite individuelle apparaît comme une portion de la moralité sociale. Et, au moins en un sens, les devoirs envers soi sont une forme des devoirs envers autrui. Qu'est-

ce que l'énergie, la persévérance sinon une certaine façon
de nous conduire vis-à-vis des autres, c'est-à-dire un certain aspect de notre action sociale ? Qu'est-ce que la délicatesse morale, sinon le respect de la sensibilité d'autrui,
autrement dit l'interdiction à laquelle nous nous soumet-
tons de calomnier nos semblables, de médire d'eux, etc. ?
Par conséquent, en instruisant les enfants sur les devoirs
légaux, nous leur donnerons indirectement la connaissance
de certains devoirs individuels. — Quant aux autres, ils
apparaissent comme des conditions essentielles de notre
moralité sociale. Il en est ainsi du respect de notre propre
existence. Elle est réclamée pour l'accomplissement de nos
devoirs envers autrui. Le père de famille, c'est un truisme
de le dire, est obligé de ne pas attenter à ses jours s'il
veut continuer à élever ses enfants; de même le citoyen,
s'il veut défendre sa patrie contre l'ennemi. De pareils
actes ou abstentions se présentent donc comme des moyens
indispensables pour l'observation des prescriptions légales.
Il est possible qu'ils se justifient comme fins dans un
système de morale philosophique ou religieuse. Mais de
cela nous n'avons pas à nous préoccuper. Il nous suffit
qu'ils soient des moyens et des moyens dont on ne peut
jusqu'à présent se passer. Nous les enseignerons donc toujours sinon comme fins, au moins comme moyens.

Ce n'est pas sans une certaine impression de soulagement
que nous arrivons à la fin de ce chapitre. Car nous sentons
bien, à l'effort que nous avons dû faire pour en établir les
principales articulations, la surprise et la résistance que
notre thèse pourra provoquer ou rencontrer. Elle choque
toutes les habitudes reçues. Elle s'oppose à cette vieille
conception de l'éducateur fonctionnaire chargé par l'État
d'une mission déterminée, mais laissé libre néanmoins de
la modifier, de la dénaturer en la domestiquant à ses théories personnelles. Et pourtant, à la réflexion, l'étonnement
devrait disparaître. D'abord c'est simplement demander
que l'État se soumette lui-même aux obligations qu'il impose aux écoles libres. On sait en effet que les inspecteurs

de l'enseignement primaire ont le droit de s'assurer que les écoles libres ne donnent pas un enseignement contraire aux lois et aux mœurs du pays. Pourquoi l'État ne s'astreindrait-il pas à faire ce qu'il réclame d'elles? On dira qu'il fait davantage, la morale enseignée dans ses écoles étant en avance sur les lois. Mais cette avance est précisément un des mauvais côtés du régime actuel, puisqu'elle est subversive de la loi. — De plus l'existence même de l'État exige l'application de la thèse que nous préconisons. Il est normal en effet qu'un groupement d'individus cherche à assurer sa persistance. Or l'État, étant composé de membres périssables, doit remplacer les membres disparus par de jeunes initiés. L'éducation est une initiation. L'éducation morale est particulièrement l'initiation aux règles de conduite considérées comme obligatoires dans le groupe. Il n'y a dès lors rien d'extraordinaire que l'État, quand il se charge de l'éducation, initie le futur membre du groupe aux principes établis et valables pour le groupe. La famille, l'Église, le groupe professionnel, la caste, la classe sociale conçoivent ainsi l'éducation quand elles s'en chargent et dans la mesure où elles s'en chargent. Le père élève le « fils de famille » en vue du rôle futur du père de famille ; le prêtre élève le chrétien ; le noble, le futur noble. Cela nous donne même l'explication d'un fait que nous avons signalé plus haut : c'est que beaucoup de personnes entendent encore par éducation l'effort qui consiste à donner à l'enfant de « bonnes manières », à lui inculquer les règles de la politesse. Il y a là en effet une curieuse survivance de la conception pédagogique qui a été jadis celle des milieux aristocratiques dans nos États européens. Les règles de politesse ont été les règles de conduite considérées comme obligatoires dans ce milieu fermé qui était la noblesse, et comme obligatoires seulement dans ce milieu. La mère noble, ou le précepteur, délégué à cet effet par les parents, initiait tout naturellement le jeune homme à la connaissance et à la pratique de ces règles. Il ne faut donc pas s'étonner si nous assignons comme tâche à l'État de faire connaître ou d'apprendre à pratiquer les règles de conduite considérées comme morales dans le groupe. Et nous avons vu pourquoi il y avait lieu de choisir parmi ces règles morales les règles juridiques parfaitement claires, qui sont des opinions nettement dégagées et rendues impératives par un acte solennel.

Et quels avantages n'entraînerait pas la substitution d'un pareil système pédagogique national à celui qui est institué actuellement : la fonction éducatrice devenant nettement définie, prenant un caractère collectif, la divergence des enseignements moraux dans la nation disparaissant, la pédagogie morale soustraite aux discussions politiques, aux changements de gouvernement, tels en sont les plus évidents. L'instruction publique est depuis longtemps une affaire de politique gouvernementale, c'est-à-dire qu'elle est liée au fond à la personnalité de tel ou tel ministre. Avec l'application de notre système, l'institution d'un ministère de l'éducation nationale, aussi détaché que possible de la personnalité du ministre, a des chances d'être réalisée. Et il est permis d'espérer écarter toutes les questions irritantes qui ont trop longtemps empêché qu'il soit établi, et qui, encore de nos jours, entraveraient son fonctionnement.

CHAPITRE III

LE PROGRAMME GÉNÉRAL DE L'ÉDUCATION MORALE ET LES PROGRAMMES SPÉCIAUX A CHAQUE DEGRÉ DE L'ENSEIGNEMENT PUBLIC.

I. Le programme général. — II. Les programmes spéciaux.

Puisque, d'après les conclusions du chapitre précédent, l'éducation morale donnée par l'État dans ses établissements d'instruction publique doit avoir pour fondement la loi, il importe de dégager des différentes lois françaises les prescriptions dont l'ensemble constituera le programme de l'éducation en France. La recherche que nous allons entreprendre a deux étapes. En premier lieu, il nous faut établir le programme général dont tous les programmes particuliers découlent, et ensuite ces programmes particuliers eux-mêmes.

I. — Le programme général de l'éducation morale.

L'objet de la loi est de régler la conduite des individus ou des groupements. Nous n'avons à considérer, pour le travail qui nous occupe, que l'ensemble des lois qui ont trait à la conduite individuelle. Or, avant de les étudier et de les classer, il importe de constater que certaines parties de la conduite sont laissées par la loi en dehors de la loi. Autrement dit la loi reconnaît à l'homme des *libertés*. Ce ne sont pas, il est vrai, des libertés absolues, mais conditionnelles. Elles sont limitées par les libertés que les autres hommes possèdent ; et elles s'arrêtent dès qu'un autre homme pourrait par leur exercice être atteint dans l'exercice des siennes propres. Les libertés que la loi reconnaît ainsi implicitement ou de façon expresse à l'individu sont les suivantes :

1° La liberté d'action considérée simplement en tant que déplacement du corps dans l'espace.

2° La liberté d'actions particulières constituées par les actes rituels prescrits par les croyances religieuses ou en découlant ; et corollairement la liberté d'abstention de pareils actes. Cette liberté est, comme on le sait, appelée vulgairement liberté de conscience et de culte.

3° La liberté de choix entre les divers actes ou séries d'actes susceptibles de procurer à l'individu les moyens de subsister ; et corollairement la liberté d'abstention de pareils actes (liberté du travail et d'industrie, et droit de grève). Cette liberté reçoit des restrictions excessivement nombreuses.

4° La liberté des conventions ou contrats par lesquels une personne s'oblige à donner, ou à faire, ou à ne pas faire, et spécialement liberté des conventions commerciales.

5° La liberté de formation des groupements matrimoniaux, au moins en ce qui concerne la personne (sauf quelques restrictions), et corollairement la liberté dans les rapports matrimoniaux et paternels (sauf encore quelques restrictions).

6° La liberté de formation de groupements tels que les associations ou réunions.

7° La liberté d'expression de la pensée par l'écrit, le dessin, la parole et la musique.

8° La liberté d'user et « d'abuser » des choses appropriées conformément aux lois.

Telles sont les portions de la conduite que la loi laisse

en dehors de la réglementation. Il semble à première vue que ce domaine soit très grand. Mais quantité de restrictions ont été apportées à chacune de ces libertés. Restrictions à la liberté d'aller et de venir par toutes les entraves que la police peut y mettre, par l'inviolabilité de la propriété d'autrui, du domicile personnel. Restrictions à la liberté du culte par l'interdiction d'actes rituels non conformes aux coutumes nettement établies ou contrevenant aux lois pénales. Restrictions à la liberté du travail agricole et industriel par l'établissement de monopoles d'État, par l'institution de règlements concernant la durée du travail journalier, le repos hebdomadaire, etc. Restrictions en ce qui concerne la liberté des conventions par l'interdiction de certaines considérées comme immorales par leurs causes, ou par l'interdiction d'actes apparaissant contradictoires avec les conventions mêmes ; comme celle qui s'applique à un commerçant vendeur de son fonds, lequel ne doit pas s'installer à nouveau à proximité de l'acquéreur. Restrictions à la liberté de formations de groupes matrimoniaux multiples et coexistants. Restrictions à la liberté d'association par toutes les formalités dont est entourée la constitution des « sociétés » ou groupements dans lesquels deux ou plusieurs personnes mettent en commun d'une façon permanente leurs connaissances ou leur activité en vue de se partager des bénéfices. Restrictions également par l'obligation de demander l'autorisation en vertu d'une loi pour la constitution d'une congrégation religieuse. Restrictions enfin à la liberté de la presse par la répression des écrits ou des paroles qui portent atteinte à l'intérêt public (par exemple la provocation à l'émeute ou à la désertion en temps de paix et de guerre) ou à l'intérêt privé (par exemple les diffamations ou injures envers les particuliers).

Ce serait donc une erreur de croire et de faire croire que la liberté est la règle et que la réglementation est l'exception. Le contraire est plutôt vrai. Si, théoriquement, la liberté est proclamée, il est bien peu d'actes qui échappent à la loi et ne soient pas susceptibles d'être sanctionnés par elle. Il faudrait d'ailleurs, pour qu'il en fût autrement, que notre conduite ne vînt pas s'insérer dans des groupes plus ou moins étendus et n'interférât pas avec la conduite des membres de ces groupes. Une conduite entièrement libre serait celle qui se déroulerait en dehors de tout milieu social; elle serait à la limite purement individuelle. Mais il serait chimérique d'en concevoir la possibilité. — Une importante conséquence pédagogique découle de cette remarque. C'est que la considération des limites apportées aux libertés proclamées par la loi amènera l'éducateur à accoutumer l'enfant à une idée dont il est regrettable, comme on l'a fait observer plusieurs fois, que l'influence ne se fasse pas sentir dans notre démocratie : à savoir que la liberté est dans la discipline et la conformité à la règle plutôt que dans l'absence de réglementation.

La conduite réglementée par la loi peut se diviser en plusieurs parties. L'homme en effet déroule sa vie au milieu de groupes divers. Ces groupes sont de deux sortes. Les uns sont constitués volontairement par l'homme lui-même. Les autres sont naturels, ou plutôt l'individu les trouve présents dès son entrée dans la vie. Des premiers groupements nous n'avons pas à nous occuper puisque, sauf intervention partielle de l'État, la réglementation est le fait de la volonté individuelle s'accordant avec les volontés particulières dont la réunion constitue les groupements dont nous parlons. « Les conventions y font la loi des parties », dit le Code (art. 1134). Considérons donc simplement ces groupements naturels vis-à-vis desquels notre conduite est déterminée par nos lois. Ce sont en allant du moins étendu au plus étendu : la famille, le groupement professionnel, la patrie ou la nation, et l'humanité. Nous trouvons par conséquent quatre principaux groupes de devoirs que nous dénommerons pour nous conformer à l'usage : devoirs domestiques, devoirs professionnels, devoirs civiques, devoirs envers l'humanité.

Entrons dans le détail.

1. *Devoirs domestiques.* — Les relations des divers membres du groupe domestique, du moins dans notre société

française moderne où ce groupe domestique se réduit de plus en plus au groupe conjugal et aux enfants issus de lui, peuvent être de quatre sortes : relations d'époux à époux, de parents à enfants, d'enfants à parents, d'enfants entre eux.

1° Les devoirs des époux sont : *a*) des devoirs communs : fidélité, secours, assistance (1), et *b*) des devoirs particuliers à chaque sexe. Les devoirs du mari sont : l'obligation de recevoir sa femme dans son domicile, de subvenir à son entretien, et de la protéger (2). Les devoirs de la femme sont : la cohabitation avec le mari et l'obéissance (3), l'obligation de se soumettre, pour l'administration de ses biens, à la gestion de son mari, et de demander une autorisation pour ester en justice (4), une astreinte plus rigoureuse à la fidélité conjugale que celle du mari, puisque son adultère est sanctionné plus durement par la loi (5).

2° Les devoirs des parents vis-à-vis de leurs enfants consistent : 1 : dans l'obligation de les nourrir, de les élever (6) ; 2 : d'éviter vis-à-vis d'eux l'exagération des punitions corporelles, et de s'interdire celles qui pourraient mettre en danger leur existence et leur santé (7) ; 3 : l'obligation de s'abstenir d'actes spéciaux constituant des attentats aux mœurs (8) ; 4 : l'obligation de faire donner à leurs enfants une instruction primaire (9) ; 5 : l'obligation de ne pas user dans toute son étendue de leur droit de propriété et du droit de disposition testamentaire.

3° Les enfants sont soumis : 1 : à l'obligation générale du respect envers leur père et leur mère (10) ; 2 : à l'obligation spéciale jusqu'à la majorité de l'obéissance, obligation

---

(1) Code civil, art. 212.
(2) *Id.*, art. 213, 214.
(3) *Id.*, art. 213, 214.
(4) *Id.*, art. 215.
(5) Code pénal, art. 337-339.
(6) Code civil, art. 203.
(7) Code pénal, art. 319.
(8) *Id.*, art. 335 et suivants.
(9) Loi du 28 mars 1882.
(10) Code civil, art. 371, 372.

sanctionnée par les punitions corporelles qu'a le droit d'infliger le père, et par la punition spéciale de l'internement qu'en vertu des articles 375 et suivants du Code civil le père a le droit de demander ; 3 : à l'obligation de résidence avec leurs parents, sauf consentement de ces derniers, ou sauf abandon de la maison paternelle dans l'intention de s'engager (1) ; 4 : à l'obligation jusqu'à 18 ans de laisser leurs parents jouir des biens qui appartiennent en propre à eux, enfants (2) ; 5 : à l'obligation de fournir des aliments à leurs parents qui sont dans le besoin (3) ; 6 : à l'obligation, tant qu'ils n'ont pas un certain âge, de demander le consentement de leurs parents pour certains actes de la vie civile tels que le mariage.

Quant aux relations des enfants d'une même famille les uns vis-à-vis des autres, la loi ne s'en occupe pas, sauf pour leur interdire de se marier entre eux (4). Puisque la loi n'a pas établi de réglementation sur ce point, ou du moins puisqu'elle l'a très peu fait, ces devoirs ne prendront pas place dans le catalogue des obligations que l'État aura à faire directement connaître aux enfants de l'éducation desquels il a la charge. Une remarque s'impose. Nous ne tardons pas, on le voit, à rencontrer un cas qui semble justifier le grief dont nous avons parlé plus haut, grief pouvant être fait à notre système : celui d'être incomplet. Il semble bien en effet que la lacune soit grave. Aucune place dans notre enseignement moral ne sera faite à ces devoirs traditionnels que l'on trouve enseignés par tous les moralistes, indiqués dans tous les manuels, reçus dans presque toutes les sociétés anciennes, connus dans toutes nos sociétés modernes civilisées. — Oui, la lacune est grave en apparence. Mais il faut être logique avec son système. D'ailleurs la situation est moins désespérée qu'elle ne paraît et cela pour plusieurs raisons : 1° Les devoirs de « fraternité »

---

(1) Code civil, art. 374.
(2) Id., art. 384.
(3) Id., art. 205.
(4) Id., art. 162.

peuvent être enseignés, sinon comme fin, du moins comme moyens capables d'amener l'enfant à l'observation de certaines prescriptions que nous avons rencontrées. La concorde entre frères est obligatoire par exemple, parce que, sans elle, la pratique des devoirs envers les parents est impossible. Se disputer avec son frère est la plupart du temps manquer de respect à ses parents ou du moins leur désobéir. 2° La loi n'est pas entièrement muette sur les rapports des frères entre eux. Car si elle ne réglemente pas la conduite des frères en tant que frères, elle s'occupe d'eux en tant qu'ils sont hommes. Les éducateurs pourront donc montrer à l'enfant que la conduite à tenir, prescrite par la loi vis-à-vis des autres hommes, c'est d'abord vis-à-vis de leurs frères qu'ils doivent l'observer, puisque ceux-ci sont les personnes avec lesquelles ils sont le plus souvent en rapport dans leurs jeunes années. Et ce ne serait pas déjà un si médiocre résultat que d'arriver par ce détour à faire régner la justice au sein de la famille elle-même. 3° Enfin les relations fraternelles sont de celles qui n'ont pas besoin d'être réglementées, parce qu'au sens profond du mot elles sont « naturelles ». On éprouverait quelque surprise à voir inscrites dans la loi l'obligation de manger, l'obligation de satisfaire aux instincts sexuels à partir d'un certain âge, l'obligation d'aimer ses parents (la loi n'impose, on l'a vu, que l'honneur et le respect). Ce sont choses vers quoi la nature porte à peu près infailliblement. Or il est inutile de prescrire à un être d'accomplir des actes que spontanément il exécute. Il en est ainsi, pour la conduite de frères les uns vis-à-vis des autres. La communauté d'existence, la perpétuelle fréquentation engendre presque fatalement le sentiment appelé amour. Il ne faut pas se faire illusion et se laisser tromper par toute la phraséologie dont la littérature a barbouillé les diverses sortes d'amour (amour fraternel, filial, maternel, amour proprement dit). Elles sont toutes identiques dans leur origine qui est la persistance dans l'esprit d'une image ou d'une série d'images se rapportant à une personne. Les mouvements par lesquels chaque sorte d'amour s'exprime sont seuls différents, étant réglés la plupart par les conventions ou les prescriptions sociales. En tout cas, il n'est pas surprenant que l'amour fraternel, puisqu'il apparaît normalement par suite de la vie de famille, n'ait pas besoin d'être prescrit. Un moraliste se croirait-il d'ailleurs autorisé à le prescrire si cette condition de la vie de famille venait précisément à manquer, comme il adviendrait dans le cas de deux frères séparés par une vingtaine d'années, dont l'aîné aurait déjà au moment de la naissance du plus jeune, fondé une nouvelle famille et qui n'auraient jamais vécu côte à côte ?

II. *Devoirs professionnels.* — 1° Mentionnons en premier lieu l'obligation générale du travail pour toute personne qui n'a pas de ressources suffisantes (1). 2° La loi énonce des obligations pour les professions industrielles et commerciales. Elles sont surtout contenues dans la section II du chapitre II du titre II du livre III du Code pénal. C'est entre autres l'interdiction de la fraude et de la tromperie sur la quantité et la qualité de la marchandise vendue. Nous appellerons l'ensemble de ces obligations, bien que l'épithète soit d'une extension trop limitée : le devoir de probité commerciale. 3° La loi enfin énonce certaines obligations relatives à certaines professions que l'on désigne ordinairement sous le nom de professions libérales. Par exemple l'obligation que fait l'article 146 du Code pénal à tout fonctionnaire ou officier public de ne pas, dans la rédaction des actes relevant de son ministère, dénaturer frauduleusement « la substance ou les circonstances » de pareils actes soit en écrivant des conventions autres que celles qui auraient été tracées ou dictées par les parties, soit en constatant comme vrais des faits faux ou comme avoués des faits qui ne l'étaient pas. Telle encore l'obligation du secret professionnel pour le médecin (2), l'avocat, le magistrat, etc.; l'obligation pour le juge de rendre la justice (3), etc. Nous appellerons l'ensemble de ces obligations, bien que l'extension du terme dont nous nous ser-

---

(1) Code pénal, art. 271.
(2) *Id.*, art. 378.
(3) Code civil, art. 4.

vons soit trop vaste : le devoir de probité professionelle.

III. *Devoirs civiques*. — Le nombre de ces obligations est assez considérable. 1º D'abord l'obligation fondamentale : celle d'avoir une nationalité soit celle du pays dans lequel on réside, soit celle d'un pays étranger. 2º L'obligation de ne pas porter les armes contre la France, de s'abstenir de tous crimes et délits tant contre la sûreté intérieure et extérieure de l'État que contre la Constitution (1), obligation pour tout Français. 3º L'obligation pour tout citoyen français du sexe masculin, reconnu apte au service militaire, d'accomplir en temps de paix le dit service et de participer à la défense nationale en temps de guerre (2). 4º L'obligation pour tout citoyen de contribuer à l'entretien de la force publique et aux dépenses de l'administration par le prélèvement d'une partie de ses revenus. 5º L'obligation de se soumettre aux lois de police et de sûreté (3) et l'interdiction de déroger par des conventions particulières aux lois qui intéressent l'ordre public et les bonnes mœurs (4). 6º L'obligation de participer à l'exercice de la fonction juridique, soit comme juge, dans les cas où la loi appelle les citoyens à faire partie des tribunaux, soit comme témoin et dans ce cas d'apporter un témoignage sincère (5).

IV. *Devoirs envers nos semblables*. — Ces devoirs sont appelés ordinairement devoirs de justice. Ils ont comme contre-partie des droits, c'est-à-dire des possibilités d'exigence de certains actes considérées comme appartenant à nos semblables. Ces devoirs sont fort connus, et sur ce point la quasi-unanimité des lois, des mœurs et des morales religieuses ou philosophiques est particulièrement remarquable. Énumérons les principaux : 1º le respect de l'existence d'autrui, d'où l'interdiction de l'assassinat, du meurtre, de l'homicide commis avec le consentement de la victime, du duel. Les exceptions à ce devoir sont la

---

(1) Code pénal, titre I du liv. III.
(2) Loi du 21 mars 1905.
(3) Code civil, art. 3.
(4) *Id.*, art. 6.
(5) Code pénal, art. 236, art. 361 et suivants.

situation du soldat pendant l'état de guerre, les cas dans lesquels un individu exécute une décision de justice prononçant la peine de mort ou un ordre de l'autorité en présence de troubles, dans les conditions prescrites par la loi, le cas de légitime défense; 2° l'interdiction d'actes violents susceptibles de porter atteinte à l'intégrité du corps de la victime non consentante (mutilation) ou de mettre en danger sa santé (coups et blessures); 3° l'interdiction d'actes de nature à mettre obstacle à la liberté d'aller et de venir, sauf certaines exceptions, ou encore à la liberté de conventions (défense de la séquestration et des vœux perpétuels); 4° l'obligation de tenir les engagements que l'on a pris; 5° l'obligation de respecter la pudeur, l'honneur et la réputation d'autrui, c'est-à-dire l'interdiction de l'insulte, de la calomnie et de la médisance publique (1); 6° l'obligation de respecter la propriété d'autrui ou du moins de s'interdire certains actes dont la conséquence réelle ou possible est une diminution ou une destruction de la propriété d'autrui. 7° Ajoutons des obligations envers nos semblables en tant qu'ils ont un certain statut civil ou une situation politique déterminés. Ainsi l'interdiction pour l'individu du sexe mâle de rapports sexuels avec une femme en puissance de mari (2); — l'interdiction des attitudes telles que le refus d'obéissance ou l'insulte à un fonctionnaire dans l'exercice de ses fonctions. — Mais la spécialité de ces obligations nous dispensera de les faire figurer dans un programme général d'enseignement.

V. *Appendice*. — Nous mentionnerons enfin les devoirs imposés par la loi vis-à-vis des animaux domestiques (3).

---

(1) Remarquons que la loi n'impose pas la sincérité en général, mais qu'elle interdit seulement le mensonge dans certains cas. La sincérité vis-à-vis d'autrui ne constituera donc pas un des devoirs enseignés par l'État, si ce n'est pour les cas très précis où la loi l'exige.
(2) Code pénal, art. 339.
(3) Loi du 2 juillet 1850, dite loi Grammont.

Nous pouvons donc dresser la liste suivante :

Introduction. — La conduite non réglementée et les libertés. — La conduite réglementée et les devoirs. Les principales catégories de devoirs.

I. *Morale domestique.* — A. Les devoirs des époux : 1. La fidélité et l'assistance. — 2. Les devoirs particuliers au mari. — 3. Les devoirs particuliers à la femme.

B. Les devoirs des parents vis-à-vis de leurs enfants : 1. L'obligation de l'entretien. — 2. L'interdiction des châtiments corporels exagérés. — 3. L'obligation de faire donner l'instruction primaire. — 4. L'obligation de l'égalité approximative des dispositions testamentaires.

C. Les devoirs des enfants vis-à-vis de leurs parents : 1. L'obligation du respect. — 2. L'obligation de l'obéissance. — 3. L'obligation de la vie familiale. — 4. L'obligation d'accepter la tutelle paternelle. — 5. L'obligation de la pension alimentaire. — 6. L'obligation de la demande de consentement.

II. *Morale professionnelle.* — 1. L'obligation générale du travail. — 2. La probité commerciale. — 3. La probité professionnelle.

III. *Morale civique.* — 1. L'obligation de la nationalité. — 2. L'interdiction d'attaquer la patrie, la sûreté de l'État et la Constitution. — 3. L'obligation de défendre la patrie attaquée et d'accomplir le service militaire. — 4. L'obligation de l'impôt. — 5. Le respect des lois de l'État. — 6. L'obligation d'exercer des fonctions d'ordre public dans certaines circonstances.

IV. *Morale sociale.* — 1. Le respect de l'existence d'autrui. — 2. Le respect de la santé d'autrui. — 3. Le respect de la liberté d'action et de conventions. — 4. Le respect des engagements. — 5. Le respect de l'honneur d'autrui. — 6. Le respect de la propriété d'autrui.

Appendice. — L'interdiction des mauvais traitements envers les animaux.

II. — Les programmes spéciaux a chaque degré d'enseignement.

Ce programme général convient dans presque toute son étendue aux divers degrés de l'enseignement public. Il y a cependant quelques modifications à y apporter pour l'adapter à chacun de ces degrés. Pour déterminer ces modifications, il y a lieu de tenir compte d'un certain nombre de considérations, et entre autres de l'âge des élèves, de leur sexe, du caractère de l'enseignement qu'ils reçoivent et de la fin qu'ils poursuivent en demandant cet enseignement.

Que la division actuelle de notre enseignement en primaire, secondaire et supérieur soit artificielle, qu'elle ne soit pas la meilleure et qu'il faille la modifier, cela est à peu près incontestable. La distribution normale de l'enseignement en France semblerait la suivante : à la base un enseignement primaire, s'adressant à tous, dont l'objet serait d'adapter l'enfant au milieu social qu'est l'humanité et au milieu spécial qu'est la nation française ; un second degré constitué par l'enseignement technique ou professionnel ; à lui se rattacherait l'enseignement dit secondaire qui serait tout simplement considéré comme un enseignement préparatoire à un certain nombre de professions, celles que l'on désigne du nom de professions libérales ; enfin un enseignement dit supérieur dont l'objet serait de compléter la formation professionnelle là où l'enseignement du second degré ne suffirait pas. — Mais nous n'avons pas à indiquer quelle serait dans une telle organisation de l'instruction publique la place de la morale. C'est l'organisation actuelle que nous devons considérer.

Pour l'enseignement primaire élémentaire (1), le pro-

(1) Voir à la fin de l'ouvrage (Annexes I et II) les programmes actuels de morale pour l'enseignement primaire et l'enseignement primaire supérieur.

gramme général convient, à condition bien entendu qu'on reste dans les généralités, la diversité d'origine et de situation sociale des enfants, l'ignorance des professions auxquelles on les destine, tout cela en fait une nécessité absolue. Il n'y a pas lieu par exemple d'insister sur les obligations particulières que la loi fait au commerçant ou au commandant d'un navire ou à un ministre plénipotentiaire. Il est même une partie sur laquelle il ne convient pas de s'étendre, peut-être de mentionner : ce sont les devoirs des parents vis-à-vis de leurs enfants, et les devoirs des époux entre eux. Les premiers ont en effet pour contre-partie les droits des enfants. Or il n'est pas utile d'enseigner trop tôt à l'individu ce qu'il est en droit d'exiger des autres. Le but de l'éducation morale est d'ailleurs de faire prendre conscience de la conduite réglementant des actions que l'on doit accomplir dans les diverses circonstances de la vie ou les diverses situations que l'on occupe, et non de la conduite que les autres ont à tenir vis-à-vis de nous. En outre, il n'est pas bon que les enfants soient de bonne heure amenés à porter des appréciations sur la valeur morale de leurs auteurs. Ils ne s'accoutumeront pas à la pratique des deux devoirs essentiels de respect et d'obéissance vis-à-vis de leurs parents s'ils sont à même de constater que ces derniers manquent à leurs obligations envers eux. Or ils le constateront le cas échéant si on leur a donné le catalogue de ces obligations et si on y a insisté, comme sur les autres questions. — Quant aux devoirs des époux entre eux, nous les écartons du programme, car il serait assez difficile de les faire comprendre aux enfants d'une façon précise. La fidélité conjugale ne peut être pour eux qu'une expression vide de sens, à moins de dénaturer la signification réelle de l'expression et de la rendre synonyme de cohabitation permanente. Parler d'ailleurs aux enfants des devoirs se rattachant aux rapports sexuels serait plein de danger. Nous estimons en effet que s'il y a une éducation à faire, trop négligée dans nos sociétés actuelles et qui est celle du futur fondateur de famille; cette éducation ne doit pas se donner à l'école primaire, mais bien dans des cours d'adultes. Une initiation trop hâtive à la connaissance des fonctions relatives à l'instinct sexuel pourrait en accélérer l'apparition ou en provoquer la perversion.

Quant à l'enseignement secondaire (1), l'âge des élèves et la nature de leurs études font disparaître les raisons que nous aurions de limiter le programme général sur quelques points. Leur âge assez avancé, leur aptitude à fonder une famille autorisent à les entretenir des devoirs des parents vis-à-vis de leurs enfants. A ces pères et à ces mères de demain, il importe de faire connaître que leurs enfants ont droit à la nourriture, à la douceur de traitement, à l'instruction, etc… Il n'y a pas à craindre ici, ou très exceptionnellement, ces drames douloureux de la vie enfantine qui naissent de la contradiction aperçue par l'enfant entre la conduite de ses parents et les règles auxquelles la morale enseignée à l'école voudrait la soumettre. Les élèves de l'enseignement secondaire ont des parents qui, précisément parce qu'ils leur font donner une instruction secondaire, remplissent presque toujours tous leurs devoirs et vont même au delà de ceux qui sont exigés par la loi. — Aucune objection ne peut être élevée non plus contre l'insertion dans le programme des devoirs de fidélité réciproque des époux. Des élèves auxquels on explique *Phèdre* ou auxquels on parle de la *Nouvelle Héloïse* savent tout ce qui est nécessaire pour comprendre cette obligation. — Enfin l'objet actuel de l'enseignement secondaire doit nous amener à réclamer quelques précisions. « L'enseignement secondaire, dit un ouvrage autorisé, ne prépare spécialement à aucune carrière. En un sens il est désintéressé… Pourtant, si l'on descend à la réalité on constate que l'enseignement secondaire, par le baccalauréat qui en est la sanction, a un but pratique, puisque nos règlements font du baccalauréat une condition nécessaire pour toutes les carrières libérales ou administratives, et nos mœurs une utile recommandation pour toutes

(1) Voir à la fin de l'ouvrage (Annexes III et IV) les programmes actuels de morale pour l'enseignement secondaire. On s'apercevra des lacunes qu'ils présentent.

les autres (1). » Ce but étant tel, il en découle la nécessité d'insister avec force et de s'étendre sur les devoirs professionnels qui concernent particulièrement les carrières libérales et les fonctions administratives. Nous introduirions donc dans la partie intitulée : Morale professionnelle, à côté des devoirs relatifs à toutes les professions l'étude des obligations imposées par les lois aux médecins, aux grands industriels, aux rentiers (c'est-à-dire aux possesseurs des grandes fortunes mobilières, car, avec l'organisation actuelle de la propriété, c'est bien une profession), aux avocats, aux ingénieurs, aux divers fonctionnaires tels que les magistrats, les chefs de services administratifs, les professeurs, etc. — De plus, des causes diverses : la plus grande culture intellectuelle, la grande extension des relations personnelles, l'ambition, le désir d'une occupation, l'habileté à parler en public, etc., font que ceux qui ont de telles professions constituent la classe dirigeante du pays au point de vue politique. C'est devenu un lieu commun de constater, en y joignant quelques lamentations, le nombre considérable d'avocats, de médecins, de journalistes, de professeurs parmi les représentants du pays chargés du pouvoir législatif. Or, si souhaitable que paraisse à quelques-uns un changement sur ce point, c'est un fait avec lequel nous devons compter présentement. Il suit

(1) *Répertoire de Droit administratif. Instruction publique, Enseignement secondaire*, par M. Élie Rameu, avec la collaboration de MM. Gautier, de Galembert, Charlot, Ferrand, etc. Paris, Dupont, 1903. — Il conviendrait d'apporter actuellement quelques restrictions à ces affirmations puisque des décrets récents (28 avril 1910) ont admis pour l'inscription dans les Facultés des Lettres, de Sciences et de Droit, et par conséquent d'une façon indirecte pour l'accès aux carrières libérales, des équivalences du baccalauréat dont quelques-unes ne constituent pas des titres ou des grades obtenus après des études secondaires. — Remarquons que les protestations, justifiées ou non, par lesquelles le personnel des lycées et collèges a accueilli ces décrets, montre précisément qu'il s'est senti menacé et que, dans la pensée de beaucoup, l'enseignement secondaire a bien seul pour objet la préparation aux carrières libérales.

de là la nécessité de faire une assez grande place à l'étude des devoirs civiques, et spécialement des citoyens, en tant qu'ils ont le pouvoir législatif, ou qu'ils sont détenteurs d'une parcelle du pouvoir exécutif (ministres, conseillers généraux, conseillers municipaux) ou appelés à rendre la justice (en tant que membres du jury ou des tribunaux élus).

Reste l'enseignement supérieur. Ici la situation est différente. L'enseignement est franchement professionnel et presque entièrement spécialisé. La Faculté de Médecine prépare des médecins, les grandes écoles des ingénieurs, des officiers, l'École Normale supérieure des professeurs. Ce caractère de spécialisation est, il est vrai, moins prononcé pour les Facultés de Sciences, de Lettres, et surtout de Droit. Mais en fait la majeure partie des élèves des deux premières se destine à l'enseignement, et presque tous ceux de la dernière s'inscrivent au barreau. L'éducation morale prendra elle aussi le caractère de la spécialisation. L'éducation générale peut en effet être considérée comme terminée. L'enseignement primaire, et l'enseignement secondaire reçus par l'adolescent, les dix-huit années vécues par lui jusqu'à son inscription dans une faculté ont formé « l'homme ». Il s'agit maintenant de former le travailleur ou le professionnel, tout en le plaçant bien entendu dans un milieu qui encourage et développe les bonnes dispositions qui sont le fruit de l'éducation antérieure. — De plus, c'est tel travailleur qu'il faut former, et non le travailleur en général. Il doit donc y avoir autant d'espèces d'éducation morale que d'Universités ou de grandes Écoles. Ceci revient à réclamer ou à justifier l'introduction d'un programme de législation médicale à étudier par les futurs médecins, de législation pédagogique à étudier par les futurs professeurs, de législation militaire à étudier par les futurs officiers, etc..., comme base de l'éducation morale.

DEUXIÈME PARTIE

LES MÉTHODES D'ÉDUCATION MORALE AUX DIVERS DEGRÉS DE L'ENSEIGNEMENT PUBLIC

CHAPITRE PREMIER

LES CONDITIONS GÉNÉRALES DE L'ÉDUCATION MORALE

I. Les conditions générales de l'action. — II. Les conditions générales de l'éducation de l'action. — III. Les procédés d'éducation morale. — IV. La méthode négative. — V. L'éducation par le dressage. — VI. L'éducation par l'exemple. — VII. L'éducation morale par la contrainte morale. — VIII. L'éducation morale par la motivation de l'acte. — IX. Dans quelle mesure les méthodes étudiées précédemment peuvent-elles servir dans l'éducation morale nationale ? — X. L'éducation morale par l'acquisition de vertus individuelles : formation du caractère et tempérance. Critique. — XI. L'éducation morale par l'acquisition de vertus individuelles (suite) : sagesse et augmentation des connaissances. Critique. — XII. Conclusion.

I. — Les conditions générales de l'action.

Ainsi notre programme d'éducation morale est parfaitement déterminé dans ses dispositions à la fois communes et particulières à chaque degré de l'enseignement public. Nous savons que l'État, entreprenant l'éducation morale des enfants, doit se préoccuper de les amener à agir selon les règles de conduite énoncées en forme de loi et sanctionnées comme telles.

Mais comment les amener à agir ainsi ? Nouvelle question, et non moins importante que la première, et en tous cas plus complexe. Or, afin d'introduire un peu de clarté, il ne sera pas peut-être inutile de dire au préalable quelques mots des conditions de l'action en général et des moyens par lesquels un pédagogue arrive à faire agir un enfant.

Les mouvements du corps humain (et l'action conforme à la loi est en dernière analyse un de ces mouvements) sont de plusieurs sortes. Les uns sont contraints, c'est-à-dire provoqués par l'action d'une force extérieure, telle la projection de notre corps à terre par suite du choc d'un autre corps. D'autres apparaissent comme spontanés, le corps semblant les produire de lui-même, sans aucune excitation périphérique. Toutefois la spécificité de pareils mouvements est contestable. L'absence d'excitation extérieure est apparente, mais rien ne dit qu'elle soit réelle. Ils pourraient être simplement des contractions ou des déplacements traduisant des réactions physico-chimiques qui se produiraient à l'intérieur de l'organisme et qui auraient au fond une cause extérieure excitatrice (1). Ils seraient

---

(1) « On s'est demandé si dans certains cas la cellule, et la question est la même pour les êtres vivants composés de cellules, n'est pas capable de mouvements spontanés, dus à des modifications intérieures de sa substance. Supposons que l'excitabilité de la cellule soit devenue extrême, au point qu'une irritation excessivement faible provoquera un mouvement : on pourra dire, tant l'excitant est faible, que le mouvement est spontané. Et de fait, il y a de nombreux exemples de cellules se mouvant sans cause apparente. — Assurément il y a une cause à ce mouvement ; ce sont ou bien des irritations extérieures très faibles, ou bien même des mouvements moléculaires intimes produisant, par un mécanisme régulier, une série de mouvements qui s'enchaînent. » (RICHET, *Essai de psychologie générale*, p. 8, F. Alcan.)

ainsi apparentés aux mouvements réflexes. Ils n'ont pas d'ailleurs un grand intérêt pour la pédagogie de l'action humaine. Car ils échappent aux moyens d'influence de l'éducateur.

D'autres mouvements succèdent immédiatement, et visiblement la plupart du temps, à une excitation périphérique. Ils sont connus sous le nom de réflexes. S'accomplissant avec une précision rigoureuse et immuable, assurant généralement d'une façon apparente la vie de l'individu ou de l'espèce, ils sont distingués ordinairement, d'après la théorie proposée par M. Richet (1), en réflexes physiologiques et réflexes psychiques. Les réflexes psychiques sont ceux dans lesquels l'excitation atteint seulement la moelle épinière et où l'intelligence n'intervient point. Les réflexes psychiques nécessitent au contraire une certaine connaissance de la nature de l'excitation. « L'excitation périphérique est par elle-même insuffisante ; c'est l'action de l'intelligence sur cette excitation périphérique qui joue le principal rôle, et l'irritant n'a de valeur pour provoquer un réflexe *que s'il est* modifié, transformé et renforcé par une élaboration intellectuelle (2). » Ainsi quand on chatouille un petit enfant et qu'il se met à rire, ce rire est peut-être purement réflexe, mais il devient un réflexe psychique, quand, au lieu de chatouiller cet enfant, on fait mine de le chatouiller, sans le toucher, en se contentant de le menacer du chatouillement. Alors son rire est encore réflexe, mais comme il suppose la notion de ce chatouillement imminent, c'est un réflexe psychique. Le soldat qui, dans une bataille, baisse la tête quand il entend siffler une balle, ne baisserait pas ainsi la tête s'il n'était pas intelligent, c'est-à-dire sachant que le sifflement est dû à un projectile et que ce projectile est dangereux, etc. (d'après Richet, même ouvrage, p. 80). Bien que la distinction soit couramment acceptée, nous pensons qu'elle gagnerait à être précisée,

---

(1) Richet, *Physiologie des muscles et des nerfs*, p. 750. Cf. *Essai de psychologie générale*, pp. 76 et suiv.
(2) *Ibid.*, p. 77.

d'autant plus que le dernier exemple cité n'entre pas rigoureusement dans la catégorie des actes réflexes innés, mais bien des actes habituels. Il vaudrait mieux, croyons-nous, appeler réflexes physiologiques les mouvements provoqués immédiatement par une excitation périphérique, que cette excitation soit consciente ou très peu, ou pas du tout, qu'elle intéresse le cerveau, ou seulement la moelle épinière. Au fond la réaction cérébrale est de même nature que la réflexion médullaire, bien que l'une puisse parfois troubler l'autre. Il vaut mieux réserver le nom de réflexes psychiques aux mouvements analogues aux précédents, mais qui se produisent en l'absence de l'excitation périphérique et qui sont consécutifs à la représentation de cette excitation. Car c'est là le vrai miracle et le profond mystère : qu'une image s'accompagne de la même réaction qu'une sensation, que la pensée de l'excitant soit suivie des mêmes phénomènes que sa présence. Quelle que soit l'explication de cette chose mystérieuse, la distinction entre les deux ordres de faits n'en a pas moins son intérêt. Elle a d'ailleurs une profonde importance au point de vue pédagogique. Car l'existence de pareils réflexes est la condition même qui permet d'avoir foi en l'influence éducatrice lointaine. L'éducateur en effet, si l'on schématise à l'extrême son rôle, est, par sa personne, ses paroles, ou ses procédés, un excitant qui ne peut agir directement sur l'enfant que pendant quelques années. Il n'est pas présent, « senti » toute la vie de l'enfant; mais quand il n'est plus là, il agit encore parce que la pensée de son action équivaut à son action même.

Au-dessus des mouvements réflexes, on indique les mouvements instinctifs. On a accusé à plaisir la distinction de ces deux catégories de mouvements. Et en effet il semble y avoir une différence profonde entre l'occlusion de l'œil par la paupière qui suit l'excitation de la conjonctive et la construction d'un nid par un oiseau. Mais c'est qu'on considère les deux extrêmes : le réflexe le plus simple et l'instinct le plus compliqué. En réalité celui-ci a le double caractère de finalité et de fatalité que nous avons déjà trouvé chez le réflexe. Et ils ne diffèrent que par le nombre, la complication et l'enchaînement des mouvements, et par la relation qui existe apparemment entre la réaction et l'excitation, l'intensité de la réaction étant proportionnelle dans le réflexe à l'excitation et ne l'étant nullement dans le mouvement instinctif. Mais ce ne sont là que des différences de degré. En somme l'organisme animal réagit contre les excitations. Sous cette réaction, nous supposons une puissance, une aptitude, et c'est elle que nous appelons la vie. L'être vivant est, et nous ne pouvons guère en dire plus, celui qui est capable d'actions réflexes. Mais cette puissance générale, le milieu extérieur l'a diversifiée, et nous appelons précisément instinct la capacité de l'animal de réagir réflexivement d'une façon particulière et fixée par l'hérédité à une excitation spéciale. Cette capacité est identique dans ses caractères généraux chez les animaux ayant un organisme semblable, c'est-à-dire chez ceux de même espèce. — Remarquons d'ailleurs que chez l'homme beaucoup d'actes considérés comme de simples réflexes ne sont en réalité que des instincts appauvris ou plus exactement des mouvements instinctifs ébauchés ou accomplis seulement en partie. Ainsi le tremblement en présence d'un danger est un mouvement dit réflexe qui se rattache à l'instinct de conservation. L'acte sexuel est un acte qui fait partie d'une série considérable d'actes dont l'ensemble constitue l'instinct de reproduction. En sorte qu'il ne faudrait pas dire comme on l'affirme généralement : l'homme n'a que peu ou point d'instincts, mais : l'homme n'a presque plus d'instincts; il ne sait plus accomplir la plupart de ces actes sériés et enchaînés qui constituent les instincts animaux. Et d'ailleurs les conditions sociales d'existence ne le lui permettraient plus. Il a seulement une aptitude à ébaucher certains mouvements qui faisaient autrefois partie de la série. Il contracte la figure, serre les poings quand il se trouve en présence d'un objet qui excite sa colère, mais il se contente de simuler l'attaque, de la figurer; il ne l'exécute plus. — Nous ne nous embarrasserons donc pas de cette distinction entre mouvements réflexes et mouvements instinctifs. Chez les animaux, elle n'existe pas essentiellement ; chez l'homme les mouvements instinctifs n'existent plus ou à peine.

Mais voici qui est important. L'homme (et quelques animaux aussi, mais moins facilement) reproduit un mouvement qu'il a vu exécuter ou un son qu'il a entendu. C'est là quelque chose de nouveau, et d'entièrement distinct en apparence du réflexe. Dans le cas du réflexe, la réaction est absolument différente de l'excitation. Un coup sur la jambe provoque le mouvement appelé réflexe rotulien qui n'a rien de commun avec sa cause ; l'excitation de la pupille produit le mouvement de la paupière. Au contraire, dans le cas qui nous occupe, l'excitation a elle-même quelque chose du mouvement à accomplir. C'est le mouvement vu, le son entendu qui est exécuté. Comment rattacher ces mouvements aux actes réflexes ? Nous nous en tirons en disant que l'homme possède l'instinct d'imitation. Mais l'explication n'explique rien. Elle est imprégnée de cet esprit « métaphysique » qu'Auguste Comte reprochait à l'humanité et dont il souhaitait la disparition. Car on n'a rien dit quand on a affirmé que l'homme imite parce qu'il a le pouvoir d'imiter. Il faudrait, pour introduire quelque clarté, montrer comment le pur réflexe a pu se transformer en un tel mouvement (1). Pour notre part, nous ne voyons pas le lien qui les unit. D'autres viendront peut-être qui élucideront la question. Une hypothèse se présente bien : c'est que ces imitations d'actes se sont faites sous la pression des nécessités d'existence et parce qu'elles étaient utiles à l'individu ou à l'espèce. Et de même que certains animaux prennent la coloration du milieu dans lequel ils se trouvent parce qu'il leur importe de ne pas être aperçus par leurs ennemis soit pour leur protection, soit pour attaquer eux-mêmes, pareillement les hommes auraient, sans intervention de la volonté, imité les gestes ou attitudes de leurs semblables ou répété les sons entendus parce que l'ensemble et l'unisson ou l'effort pour les

(1) Il y a au moins un acte qui est à la fois réflexe et imitatif : c'est le bâillement. Il marque probablement la parenté originelle de ces deux catégories de mouvements.

obtenir était nécessaire à un groupement primitif pour surprendre ou ne pas être surpris. Au fond l'union et l'accord par imitation seraient simplement des conditions de la vie sociale. Vivre socialement sous la forme la plus primitive serait s'entendre en s'imitant. En sorte qu'il y aurait deux grandes lois qui rendraient compte de toute la conduite humaine : la loi de conservation individuelle et générique dont les plus humbles manifestations seraient le réflexe, et la loi de conservation collective dont les plus humbles manifestations seraient les mouvements imitatifs. Mais nous ne faisons intervenir que timidement ces indications, car le recours aux causes finales est toujours faiblement explicatif, et nos considérations nous apparaissent en outre assez aventureuses. — Quoi qu'il en soit de l'explication, le fait est là : l'enfant, comme l'homme, exécute des mouvements imitatifs de mouvements accomplis sous ses yeux, ou produit des sons imitatifs de sons entendus. Et l'on comprend que si nous parlons des sons reproduits, c'est que nous voyons dans cette reproduction l'origine lointaine du langage.

Remarquons aussi qu'il en est des mouvements imitatifs comme des actes réflexes. La présence de l'excitation n'est pas toujours nécessaire pour que l'acte soit accompli ; il peut l'être à la suite de la pensée de l'excitant. La représentation est suivie de la même réaction que la présentation même. Le mouvement peut être également imité, sans qu'il se soit produit au préalable, la représentation de ce mouvement suffisant. Et comme l'image du mouvement se déforme, l'imitation devient de moins en moins fidèle. C'est par à peu près que l'on imite. Et finalement ce sont des mouvements possibles plutôt que des mouvements réels qui sont imités. Cela a des conséquences incalculables ; en matière de conduite, c'est le germe obscur de toute innovation sociale ; en matière de langage, c'est le cri individuel dérivé du cri collectif et se substituant à lui. Désormais l'idéal, l'imaginé, le futur préforme le présent et déforme le passé. Le mouvement qui n'a pas été, qui n'est pas encore, se réalise.

Il nous faut faire une étape de plus pour arriver à l'acte volontaire. L'homme n'imite pas seulement les autres. Il s'imite encore lui-même, si l'on peut dire. Non pas qu'il faille parler d'imitation en considérant la persistance d'un individu dans son attitude ou dans ses actes. Ce serait jouer sur les mots. Mais l'homme s'imite parce que la représentation qu'il a d'un mouvement passé, d'une position ancienne de *son* corps, peut s'accompagner du même phénomène que nous avons constaté en ce qui concerne la représentation des mouvements d'autrui. Le souvenir du mouvement accompli, de la position prise peut être suivi d'un nouvel accomplissement de l'acte ou d'un nouvel effort pour prendre l'ancienne position. Et, pareillement, le souvenir se déforme ; à la représentation d'une attitude réellement prise se substitue la représentation d'une attitude possible. L'individu n'est pas prisonnier de son passé ; il n'adore pas forcément, suivant une jolie expression de Rauh, « la trace de ses pas ». Il s'imagine son corps non seulement autrement qu'il n'est, mais aussi autrement qu'il n'a été jusqu'à présent, et le mouvement imaginé s'accomplit parfois quand il n'est pas en opposition trop violente avec les conditions ordinaires de l'existence et les modes d'action habituels. C'est le cas bien connu du pendule de Chevreul, l'image du mouvement à accomplir amenant la réalisation du mouvement, même contre la volonté du sujet. Ces sortes d'actes sont très nombreux chez nous. Et si nous leur réservons la dénomination de *mouvements automatiques*, nous pourrons bien affirmer, en nous inspirant d'une phrase de Leibniz, que nous sommes « automates » dans les trois quarts de nos actions. — D'ailleurs, une soudure s'opère souvent entre l'image sonore ou visuelle qu'est le mot servant à désigner une action et l'image visuelle ou kinesthésique de cette action. En sorte qu'il n'est pas besoin de se représenter l'attitude corporelle pour agir. Le mot suffit. Le sujet dit, expressément ou intérieurement : courir, et il court. Il entend : allez, et il va ; venez, et il vient. L'exécution des ordres se ramène, on le voit, à l'accomplissement automatique des actes à la suite de l'audition des mots qui les désignent. — Il n'est même pas besoin du mot désignant le mouvement lui-même. Il suffit parfois qu'il se rapporte à la partie du corps intéressée au mouvement, ou encore au terme du mouvement, ou encore à l'objet déplacé par le corps humain, ou rencontré par lui. Le mot pluie sera accompagné de la prise du parapluie ; le mot bock sera suivi de l'entrée d'une personne dans un café et de la commande d'une consommation. Ce sont là des actes que nous appellerions volontiers des *réflexes verbaux* si l'expression ne risquait de provoquer quelque confusion.

Nous sommes maintenant en mesure de comprendre la nature du mouvement volontaire. La condition qui donne au mouvement cette propriété est la suivante : l'exécution du mouvement ne suit pas immédiatement sa représentation anticipée. Étant assis, je me représente mon corps dans la station droite. Et pourtant je ne me lève qu'au bout d'un certain temps. Que se passe-t-il donc ? C'est que cette représentation de l'acte à accomplir évoque d'autres représentations, notamment celle du mouvement contraire ou plutôt celle de la persistance dans l'attitude actuelle (se lever, ne pas se lever), puis celle des motifs : 1° motifs tirés des conséquences de l'acte relatives aux autres objets (si je me lève, du bruit se produira ; si je reste couché, ma page blanche ne sera pas couverte de mots), ou relatives à moi-même (telles que le plaisir que j'éprouverai à rester couché) ; 2° motifs de la rationalité, l'acte étant raisonnable lorsque ses conséquences ne sont pas contraires au but qu'on s'est proposé (se lever quand on est malade n'est pas raisonnable parce que la guérison ne sera pas obtenue ; — rester couché n'est pas raisonnable si par cette attitude on s'interdit de composer quelques pages d'un travail projeté) ou encore lorsque l'acte lui-même est conforme à des principes généraux de la conduite, fondé sur des connaissances empiriques ou scientifiques (semer des graines sur une route n'est pas raisonnable puisque une expérience déjà longue nous a appris que la terre meuble est nécessaire pour la germination des plantes ; gonfler un aérostat avec de l'oxygène n'est pas raisonnable puisque la science nous apprend que sa densité par rapport à l'air est de 1/1053, etc.) ; 3° motif de la moralité (se lever parce que l'ordre en a été donné ou parce qu'on s'y sent obligé, en conscience). — La représentation des motifs se produit ainsi pour chacun des actes représentés. Elle est plus ou moins longue. Ceux qui aiment les métaphores militaires disent qu'une lutte s'opère entre les motifs respectifs des deux actes, ceux qui préfèrent les métaphores commerciales disent que la balance penche en faveur du motif le plus fort. Il n'est pas indispensable de prendre parti pour l'une ou l'autre de ces métaphores. Il suffit de dire que dans l'acte volontaire élémentaire la présentation des motifs se termine, et l'un des actes représentés s'exécute. — On retrouve dans les indications que nous venons de fournir les principales phases de l'acte volontaire dégagées par l'analyse classique : 1° conception de l'acte à accomplir et du non-acte ; 2° inhibition des mouvements automatiques se rapportant à l'acte ; 3° délibération ; 4° exécution.

Il manque, dira-t-on, un moment auquel les psychologues ont attaché une importance considérable : la décision, le « je veux », le « fiat » de la volonté, l'intervention du moi dans la « lutte » des motifs, le « coup de pouce » donné à un des plateaux de la balance... Faut-il nier l'existence d'une pareille intervention et faire de la décision la simple conscience de la victoire d'un des motifs ou d'un groupe de tendances sur l'autre et dire que la volonté, loin de produire quelque chose, constate seulement qu'une situation nouvelle s'est produite ? Non, nous pensons que dans certains actes volontaires le moi intervient, disons plutôt, pour ne pas engager une solution métaphysique, l'idée du moi intervient, et intervient efficacement, en tant du moins qu'on peut parler d'efficacité, de causation et non pas de simple succession lorsqu'on considère une représentation et un acte qui l'accompagne. — Nous disons que l'idée du moi n'intervient pas toujours, ou du moins, ce qui revient au même pour nous, qu'elle n'apparaît pas toujours intervenant. Car nous tenons pour inutile de nous appesantir sur une intervention qui serait inconsciente. L'inconscient est le refuge d'une psychologie affolée ou qui laisse libre carrière à l'imagination. Cherchons simplement à montrer comment, dans quelques cas d'actes dits volontaires, le moi intervient. L'analyse devient ici un peu délicate, tant nous sommes habitués à considérer notre moi sous le point de vue spiritualiste, à y voir une puissance simple, douée de certaines facultés, et à y rapporter naturellement nos actions. Aussi faut-il remonter un peu loin pour expliquer comment de l'acte « hésitatif » ou de l'hésitation, on passe à la « volition » proprement dite, considérée comme émanant du moi. L'opération est plus compliquée qu'elle ne paraît, et à vrai dire elle est double. Tout d'abord l'accomplissement d'un acte ou la prise d'une attitude corporelle à la suite d'une représentation antécédente est attribué à une puissance appelée le moi. Et en second lieu, le moi lui-même devient objet de volonté. Non seulement il est considéré comme voulant, mais encore comme se voulant.

Voyons d'abord le premier point. Essayons d'expliquer comment le moi est considéré comme cause du mouvement accompli. Le moi, pour le primitif comme pour l'enfant est une certaine sensation complexe, mais permanente et renforcée par des images analogues. Le moi c'est le corps, dans les lignes générales, dans son attitude immobile ou habituelle, dans son état cœnesthésique ordinaire. Or cette représentation complexe intervient forcément dans l'acte que nous appelons volontaire. Apparaisse en effet la représentation d'un mouvement à accomplir. S'il ne s'exécute pas immédiatement, se produit, comme nous l'avons remarqué, la représentation du non-acte. Mais cette représentation est précisément ce que nous appelons le moi. Se représenter non agissant, c'est se représenter persistant dans l'attitude générale du corps. Dès lors, rien de surprenant que, tant que l'on reste dans l'état actuel, le moi représenté apparaisse comme cause de la persistance, puisque c'est la persistance elle-même qui est représentée (1). Comment finit-il par apparaître cause du changement ? C'est sans doute que la représentation de l'acte à accomplir a amené aussitôt parue quelque ébauche de cet acte. La persistance par suite doit être rétablie. Or son rétablissement est normalement considéré comme ayant le moi pour cause. Voilà donc le moi cause d'abord d'abstention, puisque résistant au changement, et ensuite cause d'action, puisque rétablissant un état antérieur. Il suffira que l'état antérieur ne devienne plus très net pour qu'une confusion s'opère et que le moi apparaisse comme cause d'un changement quelconque, au lieu d'apparaître seulement comme cause d'un changement destiné à rétablir l'état normal. Remarquons d'ailleurs que, dans l'opinion vulgaire ou primitive, le moi est surtout la cause des actes ordinaires. Sitôt que l'action diffère trop des mouvements ou attitudes habituels, la pensée vulgaire l'attribue à un Dieu, à un démon, à un être ou une puissance étrangers au moi. — Ajoutons que le moi se spiritualise progressivement. La dignité de la causalité qu'il finit par posséder, comme nous l'avons vu, généralement lui reste et se fortifie. Le moi devient une intelligence-cause. C'est à lui que nous attribuons l'action, et particulièrement le commencement de l'action. La délibération terminée, on dit que l'action « se décide », puisque le moi « décide », et enfin que le moi lui-même « se décide ». — Mais, dans cette explication, n'escamotons-nous pas le sentiment de l'intervention d'une force qui sort du plus profond de notre être, d'une énergie qui dompte des oppositions, d'une victoire sur des désirs ennemis ? Il est des cas, en effet, où ce sentiment de force apparaît. Mais il n'est, on le comprend

---

(1) Il n'y a aucune difficulté à dire qu'une représentation *est considérée comme* (nous ne disons pas : est réellement) la cause de l'acte avec lequel elle a du rapport, et accompli en suite d'elle. C'est une vieille habitude de l'humanité. On en trouve la trace par exemple dans la croyance à l'efficacité des vœux. Dans ce dernier cas, l'acte se réalise parce que, dit-on, il a été désiré, c'est-à-dire représenté, car chez le primitif et l'enfant toute représentation de l'avenir est un désir.

bien, que la conscience de la force déployée au début de l'exécution de l'acte. Regardons en effet un homme qui prend une décision. La fin de la délibération se traduit par des jeux de physionomie : le front se plisse, les narines se dilatent, les mâchoires se rapprochent; parfois les poings se serrent. Et le sentiment de la force n'est autre chose que la conscience de ces modifications. Or il est facile de voir que ces actes sont des survivances. Ils sont d'antiques commencements d'actions importantes : c'est la préparation des primitifs à l'attaque. Pour eux l'action principale est la lutte contre les êtres et les choses hostiles. Et nous en avons conservé quelque chose. Le commencement de l'action, car l'action commence à la décision, est toujours dramatique, et nous avons souvent dans ces moments l'effroi des ancêtres devant les forces adverses et nous mimons les préliminaires des attaques qu'ils entreprenaient jadis.

Il reste à expliquer — et c'est le second point — le changement qui s'opère dans l'objet même de la volonté. Le moi veut d'abord des mouvements corporels. Et il est normal qu'il en soit ainsi, s'il est vrai, comme nous avons essayé de le montrer, que le mouvement volontaire puisse se rattacher aux mouvements automatiques. Mais, de même que pour les mouvements automatiques, la représentation des conséquences ou des prolongements de l'acte peut équivaloir à sa représentation même. En sorte qu'on finit par vouloir par exemple la richesse, la gloire, une situation matérielle, un état, et non pas simplement les mouvements qui permettent d'atteindre une de ces fins. — On peut vouloir aussi les conséquences « plus subjectives » de l'acte : le plaisir qui le suit, et en séparant les deux notions, vouloir la permanence du plaisir ou le bonheur. — On peut aussi vouloir certaines parties du corps dans une attitude déterminée. Ainsi pour les organes des sens. On veut « ouvrir l'oreille », « ouvrir l'œil », « promener la main ». C'est dire que la sensation elle-même finit par devenir objet de volonté, et il en est de même de l'image qui la suit et de l'idée qui en dérive. L'attention volontaire, c'est la volonté se portant à connaître. — Par une autre abstraction, on peut vouloir les fonctions intellectuelles. On peut se donner comme fin la perfection de sa fonction de sentir, de se rappeler, d'imaginer, de juger, de raisonner. — Enfin, par une dernière abstraction, on peut vouloir le progrès de la puissance volontaire et surtout la ténacité dans l'exécution, ce qui est proprement « avoir du caractère » (1).

On voit, par cette étude synthétique, comment nous nous sommes progressivement élevés à la notion si compliquée de la volonté se voulant elle-même et se donnant comme fin son perfectionnement. Disons donc, pour repasser rapidement par toutes les étapes de cette « déduction », que l'activité humaine comprend : a) des actes contraints ; b) des actes réflexes et instinctifs ; c) des actes imitatifs ; d) des actes automatiques ; e) des actes volontaires.

Or, lorsque des actes appartenant à certaines de ces catégories sont répétés, leur répétition les fait apparaître sous un nouveau jour. Les psychologues leur donnent la dénomination d'actes habituels. Donc, en un premier sens, le terme habitude désigne de tels actes simplement en tant qu'ils sont répétés. Ainsi l'expression : J'ai l'habitude de me promener l'après-midi, doit se traduire : Je me promène chaque après-midi. — Mais l'esprit métaphysique ne perd jamais ses droits en psychologie. Il a fait intervenir

---

(1) On trouvera peut-être que cette analyse de l'acte volontaire est faite d'un point de vue bien phénoméniste et associationiste, et ne fait pas saisir ce qu'il comporte de personnel, de spontané et de libre. Nous l'accordons. Mais nous pensons qu'il est nécessaire de procéder ainsi. M. Bergson dit quelque part (*Évolution créatrice*, pp. 216-218) que nous sommes obligés, pour agir sur le vivant, de le concevoir comme inerte et de le penser avec la pensée conceptuelle. Il en est de même pour l'être humain. Il faut décomposer l'acte volontaire au risque d'en faire disparaître l'élément caractéristique, pour arriver à agir sur la volonté de l'enfant. Et si cet humble ouvrage a quelque mérite, ce sera principalement d'avoir montré comme on peut, d'une façon pratique, édifier une spontanéité vivante et raisonnable en faisant comme si on n'avait à sa disposition que du mécanisme brut.

la notion de puissance dans l'espèce. Par la répétition, dit-on, une aptitude se crée, une disposition s'implante, une habitude naît. En ce sens, l'on dit d'une personne qu'elle a l'habitude de faire des cigarettes. En somme on se sert du même mot pour désigner à la fois la cause et l'effet supposé, l'habitude-répétition créant chez l'individu l'habitude-disposition. Comme cette notion de puissance est désespérante pour une psychologie qui voudrait s'en tenir aux notations de faits, laissons-la de côté, et contentons-nous d'indiquer quelles sont les conséquences apparentes de la répétition des mouvements.

Tout d'abord le mouvement répété devient plus facile, plus pareil au mouvement type qu'il s'agissait d'exécuter. Il se fait plus rapidement et de façon plus parfaite. C'est là un effet d'adéquation plus complète de l'effort à l'acte. — La répétition a aussi un effet sur elle-même, pourrait-on dire. L'acte répété finit par se répéter plus souvent dans le même laps de temps. C'est qu'il s'accompagne de plaisir et que le souvenir du plaisir éprouvé suffit pour pousser à renouveler l'acte, ce souvenir, comme nous l'avons vu, jouant le même rôle que la représentation de l'acte. — Enfin la répétition dégrade les actes volontaires et les fait déchoir au rang d'actes automatiques, l'expression étant entendue au sens précis que nous lui avons donné antérieurement. C'est-à-dire qu'un acte volontaire répété en tant qu'acte volontaire plusieurs fois s'accomplit peu à peu sans délibération, ni décision. La conception du mouvement à accomplir suffit, et quelquefois même la vue d'un objet s'y rapportant ou le mot même qui sert à désigner le mouvement. Ainsi la vue d'un paquet de tabac conduit le fumeur, qui autrefois « voulait » son acte, à puiser dans le paquet, à détacher une feuille du cahier de papier et à rouler entre ses doigts la feuille et le tabac.

Ces effets sont avantageux, si du moins l'action elle-même apparaît comme désirable. Car, lorsqu'il en est ainsi, il importe évidemment que l'hésitation qui accompagne l'acte volontaire disparaisse, que le mouvement à accomplir soit répété le plus souvent possible, et aussi le mieux possible. Économie de temps, rendement plus grand et rendement meilleur, tels sont les principaux effets heureux de la répétition des actes bons.

II. — Les conditions générales de l'éducation de l'action.

Les développements antérieurs vont nous permettre d'indiquer les moyens dont dispose l'éducateur pour apprendre à l'enfant à agir. Remarquons d'abord que l'objet de l'éducateur est de travailler à se rendre inutile, c'est-à-dire d'amener l'enfant à agir sans qu'il ait besoin d'être présent, et pour l'époque où l'éducation sera terminée. Il est naturel par conséquent qu'il se propose surtout de munir l'enfant d'habitudes. Mais comme on vient de le voir, l'habitude dérive de la répétition de l'action. Le problème se décompose donc et comprend deux parties : 1° Comment l'éducateur peut-il amener l'enfant à agir une première fois ? 2° Comment peut-il l'amener à répéter l'action déjà accomplie ?

En ce qui concerne la première question, observons tout de suite que l'éducateur a plusieurs moyens à sa disposition. D'abord il est une force qui, agissant sur le corps de l'enfant, peut le déplacer. Il a donc la ressource de lui faire exécuter un de ces mouvements que nous avons appelés contraints. Il peut aussi accomplir telle action qui provoque chez le sujet un mouvement réflexe qui soit précisément l'action désirée. Si, par exemple, il veut que le corps de l'enfant se déplace, et rapidement, vers un point donné, un coup de fouet bien appliqué ou un cri effrayant poussé à propos provoqueront un mouvement de fuite dans une direction déterminée. Il n'est pas besoin de dire que ces procédés pédagogiques ne sont nullement en honneur ni dans l'éducation technique, ni dans l'éducation morale. La cause en est profonde. L'éducateur qui en userait se présenterait vis-à-vis de l'enfant sous le même aspect que les forces de la nature ou les êtres animés hostiles. C'est le menacer dans son effort de conservation individuelle. C'est tourner le dos à l'objet dernier de l'éducation qui est d'assimiler l'enfant, de l'adapter, de l'agréger à la société des hommes.

Plus « humain » que le procédé de la contrainte apparaît le moyen de l'imitation. L'éducateur fait un geste, déplace son corps ; l'enfant imite. — Enfin l'éducateur, au lieu d'exécuter le mouvement le décrit à l'enfant. L'enfant l'imagine et l'exécute ensuite. Ce dernier procédé pourrait être appelé l'éducation par l'instruction, en donnant au dernier mot un sens extrêmement étendu. Mais nous ne nous servirons pas de cette expression. — Cependant la représentation du mouvement n'entraîne pas toujours son exécution immédiate, soit parce qu'il provoque certains réflexes désagréables, ou qu'il est le contraire de mouvements devenus déjà habituels, soit parce que la représentation n'est pas assez nette. Au lieu d'être automatique, le mouvement sera « hésitatif ». L'intervention de l'éducateur devra donc être plus prononcée. Il lui faudra présenter à l'enfant des motifs d'action : échapper à la douleur, trouver du plaisir, provoquer une conséquence désirée, faire plaisir à autrui, etc.

En somme l'action de l'éducateur se présente sous un triple aspect : il oblige le sujet, ou se fait imiter par lui, ou lui donne des indications et le fait parfois réfléchir. Ainsi procède la mère quand il s'agit de faire prendre un remède à son enfant. Tantôt elle l'y contraint, tantôt elle se donne en exemple, tantôt elle prononce les mots qui évoquent le mouvement en y ajoutant soit une intonation qui exprime l'ordre, soit des raisons telles que le bien procuré par le remède ou encore le plaisir fait à la mère, ou toute autre raison qui pourra servir de motif.

Quant à la répétition de l'action, le rôle de l'éducateur n'apparaît pas aussi important. Car la répétition ne commence à devenir habitude que si le sujet de lui-même recommence l'action, sans quoi l'éducateur se trouve en face d'un sujet qui est tel que s'il n'avait jamais agi.

L'habileté de l'éducateur consiste donc surtout à faire agir l'enfant une première fois de telle sorte que cette première action crée en lui un motif suffisant d'agir à nouveau, bien qu'il ne doive pas négliger toutes les occasions qu'il rencontrera de lui faire répéter cette action par les moyens dont il dispose.

Remarquons enfin que l'action immédiate n'est pas toujours l'objet de l'éducation, la chose importante n'étant pas de faire agir l'enfant tout de suite, mais de le faire agir d'une façon déterminée étant homme. Le moyen employé par les pédagogues consiste dans l'initiation du sujet à des connaissances. On lui fait connaître les résultats de l'effort scientifique, ou les divers modes d'agir des hommes dans le passé. L'éducation de l'action se fait ainsi par la culture intellectuelle.

Si nous résumons les attitudes que l'éducateur peut prendre pour que l'enfant agisse, quelle que soit la nature de l'action, nous distinguerons : 1° l'attitude négative, pourrait-on dire, ou encore le refus d'intervenir lui-même ; 2° le moyen de la contrainte ; 3° le moyen de l'exemple ; 4° l'indication du mouvement à accomplir avec la menace exprimée ou sous-entendue d'une souffrance en cas d'inexécution de l'ordre ; 5° l'indication du mouvement à accomplir avec une justification rationnelle préalable ; 6° la distribution des connaissances ou l'instruction au sens général ordinaire.

III. — Les procédés d'éducation morale.

Il est maintenant facile de comprendre les différentes méthodes par lesquelles l'éducateur pourra amener l'enfant à pratiquer et à pratiquer habituellement les actes conformes à la loi. Car ces actes constituent la moralité, nous l'avons dit, que l'État est en droit d'inculquer à ses élèves. Chacune de ces méthodes peut se condenser dans une formule et toutes tenir dans la liste suivante correspondant aux articles du paragraphe précédent. La première est l'éducation morale négative ; la seconde, l'éducation morale par la contrainte ou le dressage ; la troisième, l'éducation morale par l'exemple; la quatrième, l'éducation morale par la crainte ou par la contrainte morale ; la cinquième, l'éducation morale par la motivation de l'acte ; la sixième, par l'instruction proprement dite.

Toutefois, quand il s'agit de l'action morale, la situation se complique. Il ne peut être question d'habituer l'enfant à pratiquer, en tant qu'enfant, tous les actes moraux qu'il accomplira plus tard, car les relations établies par la loi sont, pour la plupart, des relations d'hommes âgés, de citoyens, ou de professionnels. De plus, le milieu dans lequel évolue un homme est si complexe et si changeant qu'il a besoin à chaque instant de modifier les actions qu'il a accomplies autrefois pour s'adapter aux conditions nouvelles d'existence physique ou morale. C'est à se demander si l'éducation morale consiste uniquement à faire prendre à l'enfant l'habitude des actes moraux. Ne faut-il pas autre chose puisque la vie de l'homme fait ne répète pas la vie de l'enfant? Ne faut-il pas élever l'enfant de telle façon qu'il soit amené à décider plus tard sa conduite, en l'absence de l'éducateur, comme l'éducateur l'aurait désiré. Les philosophes moralistes ont parfois prétendu qu'il suffit de donner à l'enfant certaines habitudes très générales qui deviendront, dans la délibération volontaire précédant les actes qu'il aura à accomplir une fois devenu homme, de puissants motifs de se décider dans tel sens déterminé, qu'il suffit de cultiver chez l'enfant les « vertus » proprement individuelles : tempérance, et surtout courage. De telles vertus seraient comme l'apprentissage des vertus sociales. Nous aurons donc à examiner si la formation du caractère suffit pour la formation morale de l'enfant.

Telles sont les diverses méthodes d'éducation morale. Elles ont toutes été préconisées. Mais peut-être leurs partisans ne les ont-ils pas toujours très bien distinguées. D'ailleurs le débat — et c'est un tort — s'est surtout limité entre la sixième et la septième de ces méthodes. On l'a souvent en effet posé en ces termes : Le savoir suffit-il pour amener la moralité ? Ne faut-il pas plutôt former des caractères ? Comme nous pensons qu'on limite trop le sujet en le restreignant à ce problème, nous entrerons dans le détail de chaque méthode et nous verrons dans quelle mesure son emploi doit être préconisé.

IV. — La méthode négative.

Nous ne mentionnons que pour mémoire la première. Elle est la négation même du concept d'éducation puisqu'elle la déclare inutile. Les doctrines qui la préconisent s'appuient, dans le fond, sur l'un des deux postulats suivants : 1° l'enfant peut arriver à accomplir les actes moraux par ses inclinations naturelles ; 2° l'influence seule du milieu suffira, à défaut d'inclinations naturelles, ou même en présence d'inclinations naturelles contraires pour le faire agir moralement. — Mais le premier postulat est tout à fait contestable. Car il implique l'affirmation d'une hérédité psychologique et morale. Or, sans décider sur cette difficile question, résoluble seulement par des faits et pour laquelle les faits sont difficilement observables, en admettant même, ce qui n'est pas notre avis (1), l'existence d'une pareille hérédité, il faudrait reconnaître que seuls des instincts très généraux seraient transmis à l'enfant par ses parents, et non pas des penchants à accomplir des actions bien déterminées, telles que l'exige la loi. On pourrait naître à la rigueur courageux, mais on ne naît pas avec les qualités précises du soldat ou de l'officier. En sorte qu'il faudrait tout au moins les faire connaître à l'enfant, ce qui supposerait une certaine éducation. — D'ailleurs il est à prévoir que les instincts de l'enfant, si instincts il y a, ne sont guère en harmonie, à priori, avec les prescriptions légales. Car, du moment qu'elles s'expriment en forme

(1) Voir sur ce point notre article : L'art de l'éducation, paru dans la *Revue philosophique*, février 1910, p. 176.

d'ordres, c'est que les penchants naturels de l'homme ne le portent pas généralement à exécuter les actes qu'elles ordonnent. On ne commande qu'à ceux qui ne sont pas disposés à l'action. — Quant au second postulat, il serait peut-être admissible à une condition : c'est que le groupe social pratique lui-même la morale qu'il impose. Dans ce cas, l'enfant voyant autour de lui tout le monde accomplir les actes légitimes imiterait. Mais cela n'est pas. La pratique sociale n'est pas entièrement conforme aux idées morales et aux lois. La moralité parfaite d'une société est toujours de la catégorie de l'idéal. Comment, dira-t-on, s'expliquer alors que les lois sortent des mœurs? Généralement on emploie le mot mœurs pour désigner la morale pratiquée. Mais c'est faire une erreur. Mœurs, dans la formule présente, veut dire morale conçue. Les lois ne sortent pas tant de la pratique que des idées courantes. Et il peut y avoir un écart considérable entre ces deux ordres de choses. Certaines sociétés ont été parfois dominées par un idéal généreux, très élevé par rapport aux modes d'agir habituels. Il est vrai que, lorsque l'écart est trop grand, les accrocs trop nombreux ou l'insurrection permanente des membres du groupe contre les lois ne tardent pas à faire déchoir l'idéal et à faire disparaître la loi. En sorte que les mœurs, au sens ordinaire du mot, influent sur les lois d'une certaine façon. Mais il existe toujours une divergence, et dans quelques portions du milieu social une opposition accusée entre la conduite de fait et la conduite considérée comme obligatoire. Si donc on désire que l'enfant plus tard se conduise selon la loi, il ne faut pas se fier uniquement à l'influence du milieu dans lequel il passe ses jeunes années. Cette influence est parfois radicalement mauvaise, et presque toujours moins bienfaisante qu'il ne le faudrait. Il est nécessaire que par un effort pédagogique conscient du but poursuivi et des moyens employés, l'enfant soit amené à observer la loi, lorsqu'il sera homme.

V. — L'ÉDUCATION PAR LE DRESSAGE.

La seconde méthode ne nous retiendra pas non plus très longuement. Car on a dit d'elle tout ce qu'il convient d'en dire lorsqu'on a fait observer que ce n'est pas une méthode humaine. Elle constitue le dressage proprement dit et convient aux animaux. Quand un chasseur désire que son chien marque l'arrêt à la vue du gibier, il le couche par terre avec force. Ainsi l'animal prend l'habitude de se terrer. Le propriétaire d'un cheval lui donne l'habitude de trotter par certaines pressions exercées où il est nécessaire ou bien en appliquant à l'animal un coup de fouet auquel il répond par une fuite commençante. Encore faut-il remarquer que cette méthode n'est pas toujours employée par les dresseurs ou dompteurs. Car il leur arrive de prononcer un mot au moment où ils font exécuter par la force le mouvement; et peu à peu, le mot finit par évoquer chez l'animal l'image du mouvement à accomplir, lequel s'exécute de lui-même quand le mot est entendu. Nous avons là un de ces mouvements automatiques dont nous avons parlé plus haut et que nous avons appelés les réflexes verbaux. — Il serait étrange d'adopter vis-à-vis de l'enfant une méthode que l'on déforme même lorsqu'on l'emploie dans l'élevage des animaux domestiques ou dans le dressage des animaux sauvages. — Remarquons d'ailleurs qu'elle n'est point du tout favorable à la naissance des habitudes. Le mouvement contraint s'accompagne généralement de douleur. C'en est assez pour que l'habitude ne se prenne pas. Il y a beaucoup de chances pour qu'un enfant ne s'habitue pas à marcher la tête tournée à moitié, son oreille étant tirée par une autre personne; il ne s'habituerait pas davantage à avancer sur la tête, étant maintenu dans cette position et poussé en avant. Ce sont là des actes ou des attitudes douloureuses, et ce caractère ne constitue pas une invitation à une répétition future. — Et non seulement la répétition n'est pas favorisée par la contrainte, mais en... n'est pas toujours facile de faire exécuter l'acte initial. Car nous le verrons plus loin, il y a lieu de se préoccuper des conditions particulières dans lesquelles se fait l'éducation des enfants des civilisés. Elle s'opère par groupes, sous la forme scolaire. Or, la contrainte suppose un contact. Mais la possibilité du contact pour l'espèce humaine est fort limitée. L'homme ne peut guère obliger qu'un ou deux enfants à la fois à agir, tout comme un conducteur ne dirige guère plus de deux chevaux. Mais c'est d'un groupe que le pédagogue doit de nos jours faire l'éducation. — D'ailleurs, même lorsque l'acte contraint est devenu habituel, il requiert presque toujours, pour s'accomplir à nouveau, la présence du dresseur ou du maître. Or, l'enfant moderne ne peut plus être un Télémaque dirigé par un Mentor ou un esclave soumis aux contraintes exercées sur lui par un maître. — Ajoutons enfin qu'il ne serait pas toujours possible de faire observer les prescriptions légales par la méthode « dynamique ». Car elles constituent des actes la plupart du temps très complexes, et le mouvement ou déplacement du corps qu'elles exigent n'en est que la condition préalable, ou le symbole ou parfois la caricature. Supposons — ce qui peut-être sera un jour — que dans une société le vote soit obligatoire. On peut concevoir qu'un citoyen — imaginons-le idiot, privé de ses facultés mentales momentanément, mais non de ses droits électoraux — soit conduit par un autre de sa demeure à la salle du scrutin, qu'un bulletin de vote soit mis en sa main, qu'on le lui fasse tendre au président du bureau, et qu'il se retire, toujours poussé par une force extérieure. Qui ne voit que la loi, dans son esprit, exige davantage : à savoir non seulement qu'on vote, mais qu'on veuille voter. La loi réclame dans ce cas un acte volontaire. C'est précisément le contraire d'un acte contraint.

VI. — L'ÉDUCATION PAR L'EXEMPLE.

Ces deux méthodes rapidement éliminées, nous allons en rencontrer d'autres auxquelles il convient d'accorder plus d'attention. La première est l'éducation par l'exemple. Le maître agit et l'enfant imite. Cette méthode pédagogique répond, nous l'avons vu, à un des instincts profonds de la nature humaine. Toutefois son emploi exclusif aurait des inconvénients. D'abord elle n'est pas très propre à former des personnalités originales. A la limite, l'enfant, élevé suivant cette méthode, serait simplement une doublure de l'éducateur. Imiter, c'est encore s'asservir. — Et puis le plus grand inconvénient serait le suivant : le but que l'on se propose d'atteindre risquerait de ne pas être du tout atteint. Il s'agit en effet d'amener l'enfant à agir plus tard selon la loi. Mais les actes de son maître qu'imitera l'enfant, ce seront ceux qui conviennent à sa vie présente, et non à sa vie future, ce sont les actes de l'homme en général et non ceux du citoyen, du travailleur, ou du chef de famille. L'imitation ne peut donc jouer dans l'éducation morale qu'un rôle fort limité. — Ce rôle subit en outre une limitation du fait que le maître n'est pas présent d'une façon permanente. Les heures pendant lesquelles il se trouve sous les yeux de l'élève sont très courtes. Il faut bien faire une restriction en faveur du régime de l'internat. Mais ce dernier n'a pas à en tirer une grande fierté, car la multiplicité des maîtres avec lesquels l'enfant a affaire rend son action imitée indécise, lorsqu'elle n'est pas incohérente.

Alors même que cette méthode ne donnerait lieu à aucun inconvénient, elle ne saurait d'ailleurs se suffire par elle-même. Car si le maître se contentait d'agir et de laisser faire l'instinct d'imitation, cela reviendrait au fond à réintroduire la méthode d'éducation négative que nous avons écartée. L'éducateur qui veut se faire imiter, s'il a la prétention de rendre fécond son exemple, doit, tout en agissant, indiquer que son action est précisément celle qui doit être imitée. Mais alors l'action de l'enfant n'a plus un caractère mécanique. L'enfant imite parce qu'il sait qu'il doit imiter. Son action est rendue volontaire par l'introduction d'un motif d'agir.

L'insuffisance d'une telle méthode est, on le voit, considérable. Mais il y a lieu de faire une distinction. Le maître peut être imité dans deux cas : soit lorsqu'il accomplit un acte dans l'intention même de se faire imiter — et c'est celui que nous venons de considérer, soit lorsqu'il agit pour d'autres motifs sans intention pareille. Or il est du plus haut intérêt pour la réussite de l'entreprise de l'éducation morale : 1° que l'enfant ne puisse pas être entraîné à imiter les mauvaises actions de son maître, et pour cela qu'il ne voie pas son maître en accomplir dans la classe ; 2° qu'il ne soit jamais dans la pénible situation de constater un désaccord entre la conduite personnelle du maître, en dehors des heures consacrées à la tâche professionnelle et la conduite que ce dernier recommande de pratiquer. — On voit tout de suite les conditions requises pour qu'il en soit ainsi : L'État doit exiger de ceux auxquels il confie la tâche pédagogique la plus scrupuleuse attention à ne commettre pendant la durée du service d'enseignement aucun acte contraire à ceux dont l'enfant doit prendre l'habitude. Il y a nécessité absolue tout au moins que le maître soit absolument persuadé de cette obligation. Il ne faut pas qu'il se permette de violations, quel que soit leur peu de gravité, du contrat exprès ou tacite qui le lie à l'État. L'habitude d'arriver en retard des heures fixées pour la classe, la nonchalance mise à l'étude des matières inscrites au programme, la lenteur apportée à rendre compte aux élèves des travaux qui lui ont été remis, autant de fautes qui portent atteinte à la probité professionnelle dont nous avons vu qu'elle était un article du programme d'éducation morale, autant de mauvais exemples qui influeront peut-être plus tard sur la conduite de l'enfant. — Il doit évidemment s'interdire des fautes plus graves telles que d'infliger de mauvais traitements ou des souffrances exagérées ; de se mettre en colère et de prononcer des paroles insultantes pour ses élèves ; une critique systématique et dénigrante de certaines croyances ou même des préjugés familiaux ; la violation du quasi-contrat qui lie le professeur à ses élèves en vertu duquel leurs relations seront réglées au minimum par la stricte justice, je veux parler de la partialité trop évidente en faveur d'un des élèves ; un insuffisant respect des biens qui sont appropriés, ou considérés comme tels, par les enfants ou de la part de propriété collective dont il a l'usage dans sa classe, etc. — Il est vrai que toutes ces fautes, dès qu'elles atteignent une certaine gravité, sont sanctionnées tôt ou tard par l'autorité administrative ou judiciaire. Mais à côté des raisons d'ordre moral de se les interdire, il y a des raisons d'ordre pédagogique. Car la sanction du corps administratif n'est guère appliquée qu'aux fautes très graves, et les moindres ont cependant leur importance, précisément parce que, par suite de l'absence de la sanction, l'enfant les croit permises et se croit autorisé à les imiter. Et puis, pour les plus graves, la sanction ne vient souvent que très longtemps après, alors même que l'élève a quitté le professeur. Il n'a donc vu que la faute et n'en apprend pas toujours le châtiment. Il restera dès lors convaincu qu'il n'y avait pas faute ou qu'il y avait tout au moins une tolérance relative à l'acte. Et ces souvenirs font bien souvent l'immoralité de l'homme mûr. — Il ne suffit pas d'ailleurs d'exiger de l'éducateur dans ses rapports avec ses élèves une conduite rigoureusement correcte. Il faut imposer la même exigence en ce qui concerne la conduite privée. Car il en est de la fonction pédagogique comme du sacerdoce. C'est une marque indélébile, et l'on pourrait transposer, en l'appliquant à la vie présente, la profonde formule du psaume catholique : *Tu es sacerdos in æternum*. Le pédagogue est un éducateur pour toute sa vie et à chaque instant de sa vie. Pouvant être imité, et imité par ses élèves, il doit avoir le souci de ne permettre que des imitations morales. L'éducateur dans sa classe et le bourgeois dans l'existence ne sont pas deux hommes. Une seule exception peut être admise : c'est le cas où l'acte serait entièrement secret. Mais il est peu de pareils actes; peut-être même n'en est-il aucun qui ne puisse, sinon être constaté, du moins être imaginé justement en tenant compte de ses conséquences visibles. — D'ailleurs, outre la crainte de donner un mauvais exemple, un autre motif doit retenir le maître : la constatation par l'élève d'une divergence entre la conduite privée de l'éducateur et la conduite professionnelle, ou entre la conduite personnelle et la conduite préconisée comme morale, entraîne comme suite fatale la diminution du prestige dont le maître doit être revêtu, précisément pour être imité. C'est d'ailleurs un trait caractéristique de l'esprit français de détester aussi bien l'incohérence que le mensonge. Jamais les Français n'ont toléré les hypocrites ou les personnes dont les actes personnels ne correspondaient pas aux théories qu'elles avançaient ou aux conseils qu'elles donnaient. Il n'est pas de railleries sous lesquelles ils n'aient accablé les prêtres ou les moines coupables de pareilles fautes. Et le peuple aujourd'hui répète avec obstination aux candidats socialistes un vieil argument qui ne prouve pas le bien ou le mal fondé de la thèse politique, mais qu'il n'est pas moins curieux de voir reproduire à chaque instant : « Pourquoi ne commencez-vous pas par partager vos biens et continuez-vous à vous conduire comme un capitaliste ? » La preuve pragmatique semble être la seule qui compte aux yeux du plus grand nombre. Quelle action éducative aurait donc un maître qui, dans sa classe, défendrait le mensonge, et, cité en justice, s'autoriserait de faire un faux serment ; qui prononcerait de beaux discours sur l'alcoolisme et s'enivrerait avec plus ou moins de discrétion de cinq à sept heures ; qui prouverait la noblesse du travail, de l'énergie, de la persévérance, et passerait ses nuits à attendre des gains du hasard un supplément de ressources ; qui parlerait en termes émus de respect de propriété, de fidélité à ses amis, de solidarité professionnelle, et qui emprunterait de l'argent sans avoir les moyens et l'intention de le rendre, qui commettrait le délit d'adultère avec la femme de son ami et qui ne manquerait aucune occasion de dénigrer systématiquement ses collègues, de les desservir. Non, l'instituteur ou le professeur chargé de l'éducation morale n'a pas fait tout son devoir lorsqu'il a fait sa classe ou son cours (1). Si le savant a peut-être le

(1) On comprend facilement par suite quelle importance nous attachons à la formation des maîtres. On trouvera en appendice

devoir de laisser à la porte de son laboratoire ses croyances métaphysiques ou religieuses, lui n'a même pas le droit de se croire libéré, après avoir enseigné, de toute préoccupation d'influence pédagogique. Non seulement il reste fonctionnaire, alors même qu'il est débarrassé de ses travaux professionnels — et encore a-t-on une tendance de nos jours à méconnaître cette vérité — mais de plus il reste éducateur, alors même qu'il a cessé d'être en présence de ses élèves. Et il doit à sa fonction non pas cette honnêteté intermittente qu'on prend en entrant dans sa classe, comme les professeurs de droit prennent leur robe au vestiaire, mais une moralité permanente qui lui permet d'être objet d'heureuse imitation soit volontairement, soit involontairement.

Il n'y a pas là d'ailleurs une exigence excessive, si l'on considère les bases juridiques que nous voudrions voir donner à l'éducation morale. Ce n'est ni la sainteté ni l'ascétisme que nous entendons imposer aux éducateurs, mais simplement une conformité à la loi, non pas même constante et rigoureuse, mais habituelle et approchée. A trop exiger, d'ailleurs, nous risquerions de ne rien obtenir. Le sage, d'après l'Écriture même, pèche sept fois par jour. Le citoyen, membre d'un État moderne, est exposé à commettre dans un pareil laps de temps au moins le même nombre de contraventions. Mais nous demandons seulement qu'il s'interdise toute infraction habituelle à la loi, de nature délictuelle ou criminelle, et particulièrement celles qui, outre les sanctions légales, sont sanctionnées également par la réprobation du groupe. Il suffit, pensons-nous, que la moralité individuelle de l'éducateur soit en harmonie avec les prescriptions expresses et diffuses de la société en ce qui concerne les actions les plus importantes. A ce compte-là, le maître pourra toujours se dire que son exemple n'aura jamais été bien mauvais, et que la plupart du temps il sera aussi bon qu'il est requis.

(Annexe V) la reproduction d'un article que nous avons publié en 1910 dans *l'Éducateur moderne*, sous le titre : L'éducation des éducateurs.

VII. — L'ÉDUCATION MORALE PAR LA CONTRAINTE MORALE.

Puisque, malgré l'importance qu'a la conduite de l'éducateur, l'appel à l'imitation ne saurait être la méthode unique et suffisamment efficace, il convient d'intérioriser en quelque sorte l'action, et de la faire sortir du sujet. Or la forme la plus simple de l'action proprement personnelle consiste dans ce genre de mouvements que nous avons appelés mouvements automatiques. Le sujet se représente le mouvement à accomplir et agit en conséquence. Ici le rôle de l'éducateur devient tout à fait curieux. Il n'a pas à agir par lui-même, mais simplement à amener l'enfant à agir. Il aurait à sa disposition plusieurs moyens. L'un d'entre eux consisterait à dessiner sur un tableau l'attitude à prendre par l'enfant. Cette image visuelle entraînerait l'action. Mais ce procédé n'est pas en usage. Il serait trop long et exigerait des aptitudes spéciales de dessinateur que tout le monde n'a pas. En fait, le maître recourt à un moyen détourné, mais qui permet une exécution rapide et qui est à la portée de tout le monde. Il donne par la parole l'indication du mouvement à accomplir. Les mots en suggèrent l'image, et le sujet agit.

Théoriquement, le sujet devrait agir chaque fois qu'il a la représentation anticipée de l'action. Mais en fait l'acte ne suit pas toujours la pensée de l'acte, contrarié qu'il est soit par les mouvements réflexes qui apparaissent parfois dès que son exécution commence et qui empêchent sa réalisation totale, soit par le jeu de l'instinct d'imitation qui entraîne l'enfant à reproduire les actes de son entourage qu'il voit de préférence aux actes qu'il imagine, l'image ayant généralement moins d'intensité que la sensation, soit enfin par les habitudes qu'il a déjà acquises dans le milieu familial. Ainsi quand le maître suggère à l'enfant par la parole de donner un sou à un pauvre qui a une figure ravagée par la maladie, l'acte pourra être entravé pour plusieurs raisons : répulsion, crainte, fuite esquissée de l'enfant à la vue du visage du mendiant (mouvement réflexe); imitation des camarades qui ne donnent pas le sou qu'ils possèdent, mais s'en servent pour acheter des bonbons; habitude de mettre ses sous dans une tirelire, habitude qui le poussera à ne voir dans l'acte indiqué rien qui se rapproche de l'ensemble des mouvements qu'il a coutume d'exécuter lorsqu'il est en possession d'une pièce de monnaie.

Dans ces conditions, la situation de l'éducateur semble peu favorable. Car il ne peut espérer modifier profondément les réflexes; il est sans action directe et importante sur la famille qui fait prendre les premières habitudes; et pour changer l'entourage scolaire, il faut qu'il puisse agir sur chaque enfant individuellement, et c'est de cette influence individuelle qu'il s'agit précisément.

Il y a cependant une ressource, ou à vrai dire, il y en a deux : l'une pour empêcher d'agir, l'autre pour faire agir. Celle-ci consiste à présenter à l'enfant l'appât d'un plaisir qu'il éprouvera à la suite de l'accomplissement de l'acte; celle-là à le menacer de lui infliger une douleur. C'est le système de l'éducation par les sanctions. Nous l'avons appelé l'éducation par la contrainte morale, bien que ce mot de contrainte évoque surtout l'idée de sanctions répressives plutôt que de promesses de récompenses. Mais il est vrai que celles-ci jouent un moindre rôle que celles-là.

Remarquons tout de suite que ce système a pour résultat de modifier la nature de l'action accomplie par le sujet. Elle devient volontaire, ou du moins elle a à peu près tout ce qu'il faut pour qu'elle apparaisse volontaire. L'enfant se trouve d'abord dans l'état d'hésitation. L'acte qu'il doit exécuter n'est pas conforme à ses habitudes ou aux usages de son milieu. Une solution ambiguë est dès lors possible. Agira-t-il selon son passé? Agira-t-il de façon nouvelle? Puis intervient la pensée d'un motif : le plaisir espéré ou la douleur redoutée. L'action suit enfin cette intervention qui est, à y bien regarder, un commencement de délibération. Il ne manque plus, pour que l'acte soit véritablement volontaire, que le sujet rattache son action à son moi.

Il faut nous arrêter un instant sur les sanctions que l'éducateur applique ou promet d'appliquer. Pour en comprendre l'origine, il faut en considérer les plus simples et non par exemple les sanctions répressives en usage dans nos établissements d'enseignement. La retenue, la privation de sortie sont des punitions où il entre des éléments d'ordre moral fort compliqués. Les sanctions véritablement originaires sont les coups; la privation de mouvement ne vient qu'ensuite. Il en est d'ailleurs en pédagogie comme en politique où les peines privatives de la liberté ont été précédées de peines corporelles. Or il est très curieux que ces peines soient précisément dérivées des mouvements réflexes qu'exécute l'individu en colère après avoir rencontré quelque obstacle. Bain, dans un chapitre de son livre de l'éducation, semble assigner une origine réfléchie à ce système de sanctions pédagogiques. Le maître aurait, en punissant, l'intention d'atteindre l'enfant dans la vie organique. Les punitions primitives intéressent les muscles et les nerfs qui constituent les organes essentiels de la vie : punitions physiques consistant dans la privation d'exercice, dans la privation d'aliments pendant un certain temps ou dans la diminution de la ration alimentaire, puis emploi de la férule et de la verge. « Elles agissent, dit-il (1), sur l'organe du toucher, mais en réalité l'effet qu'elles produisent doit être rangé parmi les souffrances de la vie organique, plutôt que parmi les sensations du toucher : la douleur produite vient d'abord du dommage causé au tissu, et si elle est poussée trop loin elle détruit la vie elle-même. Comme toutes les douleurs physiques aiguës, elle agit en inspirant une terreur salutaire, et il est certain que c'est le châtiment favori de toutes les époques et de toutes les races humaines. » Quant aux cinq sens, ils pourraient devenir sans doute des sources de souffrances, mais le maître emploie rarement ce moyen. « Nous ne punissons pas les enfants en les soumettant à de mauvaises odeurs ou en leur faisant avaler des sub-

---

(1) BAIN, *la Science de l'éducation*, p. 48. (F. Alcan).

stances amères. Des sons durs et discordants peuvent devenir une véritable torture. Mais on ne les emploie pas dans l'éducation. Les souffrances éprouvées par les organes de la vue peuvent être fort intenses, mais, comme punitions, on ne les trouve que dans les codes les plus barbares (1). » — Il est facile, croyons-nous, d'expliquer pourquoi les pédagogues n'usent pas ou usent très peu de ces punitions intéressant les sens de la vue, de l'ouïe ou du goût. Et il faut, par la même occasion, contester que les premières peines pédagogiques aient été des souffrances infligées volontairement avec l'intention d'atteindre les organes profonds de la vie organique. Les maîtres frappent d'abord parce que les sujets n'exécutent pas leurs ordres, et parce qu'ils sont dans l'état de colère. Ce n'est que plus tard qu'ils frappent dans une intention pédagogique, ayant remarqué que leurs coups produisent une douleur et détournent l'enfant de l'acte qu'il avait commencé d'exécuter malgré eux. Puis le simulacre des coups suffit, et enfin l'annonce seule. — En somme, si l'on veut déterminer quelle est la punition fondamentale, il faut, croyons-nous, reconnaître qu'elle consiste essentiellement dans l'acte de frapper, et subsidiairement dans les gestes, trépignements, modifications de physionomie, cris, du maître en colère. — Quant à savoir quelle est la plus convenable, il y aurait lieu de se demander si on doit considérer comme telle la plus fondamentale ou bien la plus appropriée à l'effet pédagogique que l'on veut obtenir. Doit-on, dans la punition que l'on inflige ou que l'on menace d'infliger, s'approcher autant que possible de la réaction naturelle qui accompagne chez le maître la constatation de la transgression de ses ordres par l'élève ? Doit-on au contraire établir un système de punitions en harmonie avec nos mœurs, avec le système des peines légales, avec les conditions sociales d'existence ? Il semble que poser la question soit la résoudre et la résoudre en faveur de la seconde interrogation. Il paraît logique d'harmoniser nos sanctions avec la fin

---

(1) BAIN, *loc. cit.*

poursuivie et d'employer par conséquent celles qui réussissent le mieux ; il paraît juste de les « humaniser », de les intellectualiser, de substituer aux peines physiques des peines morales. Et pourtant un doute subsiste. Qui sait si ces vieilles peines naturelles, à condition qu'elles soient dépouillées de tout raffinement de torture, ne seraient pas après tout les plus efficaces, les plus simples, les plus faciles à graduer, les plus rapides et les moins persistantes ? Mais on nous accusera d'être bien rétrograde et de sembler justifier l'usage de la gifle et de la férule à notre époque. Cependant les Anglais qui ont admirablement le sens de la tradition ne dédaignent point à l'occasion cette façon de punir. Qu'on nous entende bien toutefois ! Nous ne prétendons pas que ce soit là le meilleur système d'éducation morale, et nous allons indiquer plus loin les critiques qu'il mérite. Nous disons simplement que, dans la mesure où il est nécessaire de l'employer, il serait peut-être préférable de revenir aux sanctions antiques et naturelles. Nous serons d'ailleurs, dans un chapitre ultérieur, obligé nous-même de faire des réserves en considérant que l'organisation scolaire actuelle doit entraîner des modifications dans ce régime disciplinaire.

Non moins intéressante est la nature des sanctions laudatives ou, à proprement parler, des récompenses par la distribution ou la promesse desquelles l'éducateur peut essayer de faire agir. Il y arrive, avons-nous dit, en accomplissant, ou en promettant d'accomplir un acte qui causera du plaisir à l'enfant. Il prononcera par exemple des mots flatteurs, lui donnera tel objet dont la possession provoquera en lui-même une satisfaction parce qu'elle encourage une manie, une tendance, une habitude. Mais toutes ces récompenses sont dérivées. Les originaires sont celles qui se rapportent aux plaisirs des sens. Elles consisteraient théoriquement dans la satisfaction donnée aux fonctions organiques, dans l'exercice normal de l'activité musculaire (promenade, jeu), dans le fonctionnement normal des organes des sens (jouissances données à la vue, à l'ouïe, à l'odorat, au goût, au toucher). En fait, ou tout au moins pour la généralité des enfants, ce n'est guère qu'à ces deux derniers sens que s'adressent les récompenses ; elles prennent la forme de distribution de gourmandises et de caresses. Ici encore, comme pour les punitions, les plus primitives sont celles qui intéressent le toucher : les caresses, et notamment le baiser. C'est aussi un mouvement réflexe ou du moins expressif qui accompagne ou traduit la joie éprouvée par l'éducateur satisfait de voir ses ordres exécutés. Toutefois plusieurs raisons devaient amener à limiter leur emploi ou même à y renoncer. Car d'abord les caresses se sont peu à peu cantonnées dans les relations amoureuses, et aussi dans celles de mère à petit enfant. En sorte que l'on considérerait comme d'une pédagogie malsaine l'usage de pareilles récompenses, surtout dans les rapports de maître masculin à élève. Il n'est guère qu'aux institutrices de petites filles que soit pardonné l'usage de ce mode de récompenses. Ajoutons d'ailleurs que la vivacité du plaisir procuré par de telles pratiques, dans la mesure du moins où elles sont employées comme moyens pédagogiques, n'est pas très grande. Il est tout naturel que la promesse d'une pareille récompense ne soit pas dès lors une forte sollicitation à agir, et par suite que les maîtres se soient adressés à d'autres catégories de plaisirs, plus capables d'entraîner l'enfant. Le choix s'est porté de préférence sur des satisfactions accordées aux organes de la nutrition et plus spécialement à ceux du goût. Mais on voit tout de suite qu'elles sont d'un emploi limité, tant parce que la capacité d'absorption de l'élève n'est pas considérable que parce que le maître ne peut pas toujours avoir à sa disposition des substances capables de provoquer chez l'enfant un plaisir varié ou tout au moins sans cesse renaissant. Ceci explique que dans nos institutions d'enseignement, les récompenses dont nous venons de parler jouent un rôle fort médiocre. On ne s'adresse guère plus à la gourmandise de l'enfant ; on ne lui promet plus du tout de l'embrasser s'il est bien sage ou s'il travaille bien. On a mis en pratique d'autres sanctions qui dérivent de l'organisation scolaire elle-même (distinctions honorifiques, satisfecits, prix, etc.) et que nous n'avons pas à étudier pour l'instant. Car notre objet n'est pas principalement, pas plus que pour les sanctions répressives, de rechercher quelles sont les meilleures en elles-mêmes. Il est plutôt de savoir si nous devons adopter, et si oui, dans quelle mesure, un pareil mode d'éducation au point de vue moral.

Or, on peut assurer tout de suite que cette méthode présente quelques défectuosités, puisqu'en fait on en emploie d'autres. Et les inconvénients en sont visibles, si on considère ceux auxquels donne lieu l'éducation des animaux. Cette méthode par corrections et récompenses est en effet également employée pour eux. Et elle constitue même la forme la plus haute que l'on ait trouvée pour les amener à agir, quoique le plus souvent on emploie le procédé de la contrainte proprement dite. Ces inconvénients sont nombreux. Tout d'abord les douleurs ou les plaisirs produits par les sanctions s'émoussent à la suite de leur répétition ; leur menace ou leur promesse ne produit plus dès lors grand effet. Si donc par ces moyens on peut arriver à faire agir une première fois, il sera malaisé d'obtenir la répétition de l'action, puisque la répétition de la promesse ou de la menace rend ces dernières non opérantes. Qu'importera à l'enfant le don d'un gâteau ou la promesse d'un bonbon, au bout de quelques expériences où le même gâteau et le même bonbon lui auront été donnés ? — De plus, en attribuant ou en promettant d'attribuer après chaque action une récompense ou une punition après chaque refus d'action, c'est-à-dire en faisant suivre l'exécution d'un mouvement d'un plaisir qui n'y est pas compris naturellement, on donne une fâcheuse habitude à l'enfant. Il en vient à croire que toute action doit être suivie d'un plaisir et à prendre même le plaisir pour fin. Il respectera ses parents pour ne pas être puni, et surtout pour être récompensé. S'il évite d'être brutal avec ses petits camarades, ce sera pour recevoir une friandise. Qu'importe, nous dira-t-on, l'action n'en sera pas moins accomplie, et n'est-ce pas tout ce que vous souhaitez ? Il importe beaucoup ; car dans le cours de la vie, l'élève s'apercevra bien vite que cette sanction fait défaut. Il ne sera pas toujours récompensé pour ses bonnes actions, et, devant les désillusions nombreuses qui l'atteindront, il est douteux que les habitudes d'agir qu'il pourrait avoir contractées persistent longtemps. — Il faudrait d'ailleurs une condition particulière pour la persistance de ces habitudes, étant donnée la nature de la méthode que nous examinons. Il faudrait en effet que l'éducateur, qui a l'habitude de récompenser et de punir, fût toujours présent pour remplir son rôle. Car s'il manque, voilà des êtres désemparés. Combien d'enfants, élevés par leurs parents d'après cette méthode, habitués à agir ou à s'abstenir seulement d'après les promesses ou les menaces de ces derniers, se sont trouvés sans guide, ont manqué à toutes les espérances qu'ils donnaient, après la mort de leurs auteurs ou après avoir été séparés d'eux par les événements de la vie ! Or celui qui est chargé de l'enseignement moral est encore en un sens moins favorisé que les parents dont les liens avec les enfants persistent pendant toute la durée de la vie des premiers mourants. Car ses rapports avec l'élève sont destinés le plus souvent à disparaître au bout d'un temps très court. Et d'ailleurs, pendant la période même où ces rapports sont établis, ils ne le sont pas de façon continuelle, mais seulement à intervalles plus ou moins rapprochés. Il risque donc de ne pas avoir un temps suffisant pour donner à l'enfant des habitudes d'agir en sa présence. Et il risque surtout de ne pas pouvoir lui donner des habitudes d'agir pour le moment où il ne sera plus là. Car c'est ce qui constitue le point délicat de l'éducation morale : élever l'enfant de telle façon que, une fois homme, il soit disposé à agir comme il n'a pas agi encore étant enfant, mais comme il doit agir étant homme. Curieux « pétrissage » que celui de cette nature enfantine. Il faut lui donner une certaine aptitude à prendre des formes déterminées, pour une époque ultérieure, et précisément à une époque où le pétrisseur ne sera plus là. La méthode que nous venons d'examiner ne peut pas complètement produire cet effet. Elle lie trop l'action à accomplir par l'enfant à la personnalité de l'éducateur. Celui-ci doit recourir à d'autres moyens qui « dépersonnalisent » son influence. Ce pétrisseur doit se préoccuper de déposer simplement un ferment dans la pâte. Celui-ci mis, le pétrisseur peut disparaître : la pâte prendra d'elle-même la forme requise. Comment donc faire pour que l'action de l'homme émane plus tard de lui-même, le ferment une fois déposé par le maître ? Et de quelle nature peut être ce ferment ?

VIII. — L'ÉDUCATION MORALE PAR LA MOTIVATION DE L'ACTE.

Il y aurait, semble-t-il, un premier moyen d'intérioriser l'action d'une façon absolue. Ce serait de faire prendre conscience à l'enfant du plaisir qui suit parfois l'acte, qui en est le complément, qui s'ajoute à lui, suivant la vieille conception aristotélicienne, comme à la jeunesse sa fleur, c'est-à-dire naturellement et qui ne s'y attache pas artificiellement comme la récompense promise par le maître. Un tel plaisir pourrait constituer un mobile important. — Mais on se tromperait gravement en croyant qu'il y a là une ressource. S'il est vrai qu'il y a du plaisir à être vertueux, c'est que la vertu est une habitude. L'enfant éprouve du plaisir à obéir à ses parents quand son obéissance est devenue habituelle. Mais c'est précisément de donner à l'enfant de telles habitudes qu'il s'agit. La plupart des actes conformes à la loi qui sont la matière de l'éducation morale ne procureraient du plaisir à l'enfant que s'il avait déjà pris dans le milieu familial l'habitude de les accomplir. Mais alors l'éducation morale par les institutions d'enseignement public serait à peu près inutile. — Que si l'enfant, au moment où l'État le prend, n'a pas de telles habitudes, il faut les lui donner, mais pour les lui donner, on ne peut pas compter que l'espérance du plaisir à éprouver une fois l'habitude prise constituera un motif suffisant d'action.

Nous sommes obligés de nous tourner d'un autre côté.

Est-il donc possible à l'éducateur de trouver d'autres motifs à suggérer à l'enfant? Cette possibilité ne fait pas de doute. Il y a lieu à notre avis d'en distinguer trois catégories que nous nous proposons d'appeler : les motifs intéressés, le motif de la conséquence ou de la rationalité, et le motif de la moralité. Pour fixer tout de suite la signification de ces expressions, voici des exemples. Le maître peut dire à l'élève : Respecte tes parents parce que tu seras récompensé — par un autre que par moi (et c'est cette restriction qui « dépersonnalise » l'influence du motif). Alors la pensée de la récompense encourage à l'action, et inversement la crainte de la douleur fait persister dans l'abstention. — Le maître peut dire encore à l'élève : Respecte la liberté de ton semblable parce que tu as accepté comme principe qu'on ne doit pas faire aux autres ce que l'on ne voudrait pas qu'ils vous fissent (c'est là le motif de la conséquence) ou encore parce que tu as déjà agi ainsi (c'est là ce que nous appellerions le motif de la cohérence). — Enfin le maître peut ne pas se préoccuper de justifier l'action : Agis ainsi, dit-il à l'enfant, parce que tu le dois, et par exemple : respecte la propriété d'autrui parce que c'est la règle. Voilà en quoi consiste le motif de la moralité. L'enfant est poussé à l'action sans qu'il ait espoir pour sa conduite d'aucune récompense, sans considération aucune de sanctions, uniquement par la notion d'obligation.

Or dans quelle mesure pouvons-nous employer chacun de ces motifs comme moyen de provocation à l'action morale?

I. *Les motifs intéressés*. — En ce qui concerne les motifs intéressés, il faut d'abord remarquer le changement par rapport au point de vue auquel nous nous étions placés au paragraphe précédent. Là, c'était le maître qui menaçait d'un châtiment et qui l'appliquait, qui promettait une récompense et qui la donnait. Il faisait agir en somme par action disciplinaire, dirions-nous, si nous ne voulions réserver cette expression pour les rapports du maître avec des élèves groupés, rapports que nous étudierons par la suite. Maintenant, le maître ne menace ni ne promet plus pour son compte. Il annonce que la sanction sera appliquée par d'autres que lui. On voit donc que nous avions raison de parler de « dépersonnalisation » de l'influence du motif. — Il faut ensuite établir une distinction. Les sanctions peuvent êtres présentées à l'élève comme provenant de trois sources différentes : 1° elles sont appliquées par des êtres supérieurs aux hommes et différant d'eux, c'est-à-dire des divinités; 2° par l'homme lui-même qui porte en lui un juge; 3° par la collectivité à laquelle appartient l'enfant.

1° La croyance aux sanctions supra-terrestres distribuées par un Être suprême a, reconnaissons-le tout de suite, une efficacité considérable. Et l'on comprend, si l'on se place au point de vue pédagogique, la boutade de Voltaire qu'au cas d'inexistence de la Divinité il y aurait intérêt à en inventer la notion. C'est en effet une puissante sollicitation à l'action que cette idée d'un Être suprême, témoin constant de la conduite individuelle, intervenant même dès ce monde pour punir le coupable et pour dispenser des faveurs à l'homme moral, et surtout comblant ce dernier après la mort d'une éternité de joies, tandis qu'il réserve au méchant une éternité de souffrances atroces. D'une part un châtiment terrible, appliqué sans rémission, portant infailliblement sur le vrai coupable, de l'autre une récompense considérable par sa grandeur et par sa durée, tout cela constitue un puissant levier. — Il semblerait donc tout naturel que l'éducateur se préoccupât d'inculquer cette croyance aux enfants afin de s'en servir pour les porter à observer les règles morales. Mais nous n'avons pas le droit d'user de ce procédé. Car la croyance aux sanctions supra-terrestres fait partie de tout un système de croyances religieuses. Or nous avons vu que l'enseignement de l'État doit les ignorer, s'il veut être en conformité avec la notion même de l'État. Il faut donc laisser ce procédé à d'autres, tout en regrettant de ne pas l'avoir à notre disposition. Et ce regret sera pour une grande part la cause des bonnes dispositions avec lesquelles nous accueillerons dans une certaine mesure le concours que les Églises prêtent involontairement à l'État dans l'éducation morale des enfants.

2° Si nous ne pouvons faire intervenir, dans l'enseignement de l'État, la croyance aux sanctions *post mortem*, tirerons-nous quelque avantage de l' « intériorisation », en quelque sorte, de la Divinité ? C'est en effet une croyance populaire, et assez répandue, qu'il existe en chacun de nous un témoin attentif de nos actions, un conseiller toujours sûr qui nous guide, un juge de notre conduite qui l'approuve ou qui la blâme. Cet être que nous portons en nous a le curieux privilège de parler. Il fait entendre sa voix, distribuant des éloges ou des blâmes, nous apportant dans le premier cas un plaisir, une douleur dans le second. — Il n'est pas question, remarquons-le, de savoir si la conscience morale existe ou non. Elle existe, mais à condition d'entendre par là un ensemble ou bien d'instincts, ou bien de tendances acquises par habitude. Tout le monde s'accorde à reconnaître le caractère métaphorique des expressions que nous avons rapportées plus haut. Mais il y a lieu de se demander si la pédagogie ne pourrait pas tirer quelque profit du fait que les enfants seraient amenés à croire à l'existence de ce spectateur intérieur et de ce juge. — Nous estimons que non d'une façon absolue. Il y a là en effet un artifice dont la grossièreté ne peut échapper à qui réfléchit. On met à la base de l'éducation morale l'institution d'une illusion. On amène l'enfant à croire à l'existence d'une sorte de « Croquemitaine » intérieur, plus subtil, moins matériel que le fantôme dont se servent les nourrices pour effrayer leurs poupons, mais dont le rôle est analogue. Car il ne les mange pas lorsqu'ils ne sont pas sages, mais il finit par les dévorer en prenant la forme du remords. — C'est de plus un artifice qui se double d'une naïveté. Car à quoi sert de tenir aux enfants ce langage : « Craignez les reproches de votre conscience ! L'homme n'est pas comme l'animal. Le tigre, comme dit Chateaubriand, déchire sa proie et dort ; l'homme devient homicide et veille... » A quoi bon instituer chez les enfants cette illusion ? Ne s'apercevront-ils pas très vite que cette prétendue conscience, voix qui devrait parler chez tous et de la même façon, comme le veut la croyance traditionnelle, est une voix chevrotante chez certains et parlant non distinctement, qu'elle est incohérente dans ses reproches, blâmant chez les uns ce qu'elle approuve chez les autres, et qu'enfin elle est muette chez beaucoup. Le cancre qui n'écoute pas les ordres de ses maîtres, le mauvais camarade la plupart du temps point du tout troublé par le remords, mangeant bien, vigoureux, se développant physiquement de façon normale, sont bientôt les preuves vivantes aux yeux de l'enfant sage de l'inutilité d'un tel appareil pédagogique. Il faut le laisser dans le Musée où se conservent les vieux oripeaux des pédagogues d'autrefois. — Et une autre raison nous y invite. C'est que, toujours suivant la croyance traditionnelle, cette voix n'est pas seulement d'un juge, mais encore celle d'un guide avant l'action ; elle commande, ou défend, défend plutôt. De sorte que le conseil de craindre les reproches de sa conscience se double forcément du conseil d'écouter ses ordres ou ses défenses. Or voilà un conseil que nous, chargés de l'éducation morale par l'État, nous ne pouvons pas donner aux enfants. Car, dépouillée de toute métaphore, l'exhortation d'obéir aux ordres de la conscience revient au conseil de se former un idéal personnel, de se donner un ensemble de règles de conduite considérées par soi comme obligatoires, ou mieux peut-être d'accepter comme telles des règles sans se soucier de leur origine, et de s'y conformer, et de les observer toujours et partout, quelles que soient les façons d'agir et les mœurs de ses semblables, quelles que soient les lois du pays. Or ce serait une erreur pédagogique considérable et funeste d'adopter ce procédé d'éducation morale. Il a pu avoir sa valeur pour des indépendants qui avaient l'ambition de former des indépendants au point de vue moral, qui voulaient protester contre une doctrine collective, par exemple contre un système religieux (1). Mais, nous l'avons déjà

(1) Il est remarquable que dans la rigoureuse doctrine chrétienne, la fiction de la « voix de la conscience » n'intervienne pas. Le guide de l'homme est encore un être supérieur à l'homme, intermédiaire entre la Divinité et lui : c'est l'ange gardien.

ait observer, nous ne cesserons de le répéter, l'objet de *'éducation nationale* n'est pas de former des « protestants » qui n'agiraient que d'après leur idéal personnel, mais des *conformistes* qui doivent agir, *par eux-mêmes*, conformément aux lois de l'État. La liberté que nous devons leur donner, c'est la liberté de se conformer d'eux-mêmes aux règles établies par la puissance politique. Nous ne devons pas avoir d'autres préoccupations. A eux ensuite, si cette expérience morale ne les satisfait pas, de réfléchir, de souhaiter un changement dans les lois, d'agir comme si ce changement s'était produit, et de s'efforcer d'y faire apporter des modifications.

3º Nous devons donc nous interdire de recourir tant aux sanctions appliquées par un être illusoire qu'aux sanctions hypothétiques impliquées dans les croyances religieuses. Mais il reste une catégorie de sanctions dont l'existence ne peut être contestée, dont l'application est visible, partant impressionnante. Ce sont les sanctions sociales, soit diffuses, soit légales. Reconnaissons tout de suite l'importance qu'elles présentent. On ne leur accorde pas assez d'attention. Et même de nos jours, on a vis-à-vis d'elles une attitude d'ignorance, comme si pour tous la véritable existence n'était pas l'existence présente. A une époque où l'on recommande de réfléchir avant d'agir, d'examiner les conséquences possibles de ses actes, il est surprenant qu'on n'attire pas davantage l'attention sur les suites pénales de ces actes prévues par les lois. On dit bien en gros à un enfant que s'il n'agit pas de telle façon, les gendarmes vont venir et le mettront en prison, mais on se garde de préciser les modes et les degrés de pénalités dont on lui parle. Il importerait pourtant de savoir à quoi l'on s'expose quand on agit. Or, combien de Français, s'ils n'ont pas une fonction se rattachant aux professions juridiques, ignorent les conséquences pénales de leurs infractions à la loi ou aux règlements. Une connaissance à peu près exacte des suites désagréables auxquelles ils s'exposent serait bien souvent cependant une raison pour eux de ne pas commettre de telles infractions. Il semble d'ailleurs être passé dans nos mœurs de taire de telles conséquences. Nous mettons notre Code pénal sous clef, pour ainsi dire. Dans certains pays voisins tels que la Suisse et l'Allemagne, les règlements de police sanctionnés sont affichés, accompagnés de l'énonciation des punitions prévues en cas d'infractions, du montant de l'amende. La sanction est donc nettement connue. Et à cette netteté de la sanction se joint généralement sa promptitude. Toute l'organisation judiciaire n'est pas mise en branle comme chez nous pour la plus modeste infraction. L'agent qui la constate se transforme aussitôt en agent de recouvrement. On paie l'amende, il délivre un reçu, et tout est fini. Il est vrai que de tels procédés ne sont pas possibles pour les délits et les crimes. Dans tous les pays, en effet, ils exigent une procédure qui, sauf le cas de flagrant délit, met un temps assez considérable entre la faute et l'exécution de la sanction prononcée.

Cette dernière remarque nous est utile pour contester la valeur du procédé pédagogique qui consisterait à inciter l'enfant à ne pas agir par la menace de l'application d'une sanction sociale. C'est que précisément cette application est trop lointaine. Elle l'est d'abord pour lui enfant, puisque la société ne punit guère que les actions des hommes et que l'enfant n'a pas dès lors à redouter pour les actes mauvais les sanctions légales. Elle l'est aussi pour les adultes coupables. L'enfant ne tarde pas à s'apercevoir en effet qu'un trop long cours de temps s'écoule entre la faute et la répression. L'homme qui a volé n'est pas toujours mené en prison tout de suite. L'homme qui a tué est parfois laissé en liberté provisoire. Souvent l'un et l'autre sont acquittés et reviennent triomphants dans leur village, en présentant leur acquittement comme une victoire de l'innocence opprimée sur les puissances ténébreuses de la justice, ou parfois se posent en victimes de cette mystérieuse organisation. Et l'idée ne tarde pas à germer dans l'esprit de l'enfant que la sanction prononcée par les juges n'est pas la conséquence normale, la suite directe de la transgression de la loi. Elle devient pour lui un accident, qui peut se produire, mais qui peut aussi ne pas arriver, et même qui a plus de chance de n'être pas que d'être. A partir de ce moment la considération de la sanction sociale n'a plus aucune efficacité d'action ou d'abstention. Le contraire serait plutôt vrai. Car à agir contre la loi on peut être puni, mais on risque de ne pas l'être. Il y a plaisir à vivre dangereusement. Et ce plaisir constitue en faveur de l'action contraire à la loi un motif qui vient vite contrebalancer la pensée de la douleur qui peut suivre l'infraction.

Il y a, il est vrai, d'autres sanctions sociales que les sanctions légales. Ce sont les sanctions diffuses : l'approbation ou le blâme de la foule ou du milieu qui nous entoure. Y a-t-il quelque avantage à répéter à l'enfant : Ne fais pas ceci parce que tu serais mal jugé par tes semblables. Fais cela parce que tu seras approuvé par eux. C'est là, remarquons-le, un procédé d'éducation laïque qui a été jadis fort employé. On disait alors qu'on faisait appel au sentiment de l'honneur. Allons même plus loin : un système pédagogique qui se réclamerait des théories morales d'Adam Smith ne se ferait pas scrupule de le mettre en pratique. — Ces sanctions de l'opinion publique ont une supériorité incontestable sur les sanctions pénales. Elles s'appliquent immédiatement. Elles s'attachent au criminel, aussitôt le crime commis, le suivent avec ténacité et ne le quittent pas parfois de toute son existence. Bien plus, elles le poursuivent jusque dans sa descendance. Elles sont aussi infiniment plus diverses que les autres. Celles-ci atteignent le coupable dans sa fortune, dans sa liberté d'aller et de venir, très rarement dans sa vie même. Celles-là le font souffrir parfois dans son corps; toujours elles restreignent les différentes formes de sa liberté. Elles l'écartent d'un milieu politique, religieux, professionnel, lui interdisent certains contrats, lui enlèvent certaines sources de profit, certaines entreprises, etc. — Malheureusement, l'éducateur se trouve embarrassé pour faire jouer un rôle pédagogique à ces sanctions. Elles présentent en effet un grave inconvénient : c'est qu'elles sont variables : si elles s'attachent avec acharnement au criminel, elles ne s'attachent pas toujours au vrai criminel. Elles ne doublent pas, autrement dit, les sanctions pénales. Souvent la foule blâme ce que la loi tolère et admire ce que celle-ci punit. Des crimes contre la vie, contre la propriété, contre l'honneur emportent parfois l'admiration des hommes. Et de plus les mêmes crimes ne sont pas, suivant des époques très rapprochées, sanctionnés pareillement. Or il est gênant pour qui doit amener l'enfant à respecter les lois de lui présenter comme mobile la crainte du blâme de l'opinion, blâme qui s'attache aux actes tantôt de façon incohérente, tantôt en opposition franchement marquée avec la loi. Nous ne pourrions nous résigner à l'emploi de ce procédé que si nous avions donné pour objet à l'éducation morale l'observation des coutumes ou de la morale diffuse. Mais on a vu qu'il n'en était point ainsi. — Ajoutons que l'enfant se représente mal la nature de ces sanctions de l'opinion publique. La peine causée par la mauvaise appréciation de la foule sur son compte, ou inversement le plaisir que procure l'approbation de celle-ci, sont choses distantes pour lui (1). Le seul éloge ou le seul blâme qui compte pour lui est celui de ses parents, de ses maîtres ou du groupe des camarades avec lesquels il est en relations. Nous tirerons d'ailleurs plus loin parti de cet état de choses; mais pour l'instant, il s'oppose à ce que nous attachions une grande importance à solliciter l'enfant d'agir en vue d'éviter le blâme ou de s'attirer l'éloge de ses semblables, une fois devenu homme.

(1) « L'école et la famille, dit Bain, ont toutes deux affaire à des esprits encore jeunes sur lesquels certains mobiles n'ont point de prise. Ni l'une ni l'autre ne peuvent employer des mobiles qui ne conviennent qu'aux hommes faits ; elles ne peuvent faire valoir auprès des enfants les conséquences que leur conduite aura dans un avenir éloigné et inconnu. Les enfants ne se rendent pas compte d'un effet lointain. Ils ne comprennent même pas bien des choses qui exerceront un jour une très grande influence sur leur conduite. C'est en vain qu'on leur parlerait de richesses, d'honneurs et de satisfactions de conscience. Un demi-congé est plus à leurs yeux que la perspective de se trouver un jour à la tête d'un établissement important. » (BAIN, *la Science de l'éducation*, p. 76.)

II. *Les motifs de la rationalité.* — Mais n'y a-t-il pas un autre moyen pour que l'action de l'enfant soit davantage rationalisée? Nous disons davantage, et nous pourrions supprimer cet adverbe. Car on s'accorde généralement à affirmer que l'action motivée par la recherche d'un plaisir provenant d'une récompense ou par la crainte d'une douleur dérivant de l'application d'une peine n'est pas une action rationnelle; c'est une pure question de mots. Mais admettons qu'une action soit rationnelle simplement lorsqu'elle se rattache à un principe général. Nous pouvons tout de suite observer que les raisonnements directeurs de la pratique ne sont pas différents dans leur forme de ceux qui constituent le cours de la pensée ordinaire ou scientifique. Il y a le raisonnement syllogistique et le raisonnement expérimental.

Le syllogisme de l'action se construit de même façon que le syllogisme du discours. Au raisonnement classique :

Tous les hommes sont mortels
Socrate est homme
Donc Socrate est mortel,

correspond sans contredit le raisonnement suivant :

Tous les hommes doivent être sincères
Je suis homme
Donc je dois être sincère.

Il est vrai que ce raisonnement ne se met pas toujours en forme... comme dans les syllogismes du discours. L'homme d'action, aussi bien que l'orateur, connaît l'enthymème. Et quand il réfléchit son acte, il l'exprime ainsi : Je dirai la vérité parce que je suis homme. — Quant au raisonnement expérimental, relatif à l'action, il pourrait s'énoncer de la façon suivante : j'ai fait telle action dans des conditions déterminées. Donc, dans les mêmes conditions, je ferai toujours et partout la même action. Et cette proposition constitue vis-à-vis d'une action future particulière une majeure. En somme, la situation est la même que précédemment, sauf que la majeure, dans le dernier cas dont nous parlons, est fournie par l'expérience morale du sujet lui-même, tandis que dans le premier cas la majeure vient d'ailleurs. — On voit d'où vient la force qui pousse à l'action dans une telle façon de se conduire. L'individu se sent tenu à prendre une attitude particulière parce qu'il peut, par une notion intermédiaire, la rattacher à une proposition générale. Nos parents méritent-ils d'être aimés par nous? Oui, parce qu'ils se sont dévoués et que tout dévouement mérite une récompense. L'acceptation de cette affirmation a donc pour résultat de commander la conduite future. On n'a pas peut-être assez remarqué cet amour profond de la conséquence dont témoignent parfois les hommes. Ils agissent, non pas toujours, mais bien souvent, parce que leur action peut se rattacher à une maxime, c'est-à-dire à une formule générale. Il ne faudrait pas voir toutefois dans cet amour de la conséquence un instinct d'un nouveau genre. Nous croyons qu'il peut sans trop de peine se rattacher à ce pouvoir d'imitation que nous avons noté comme fondamental chez l'homme. Car certaines maximes générales auxquelles l'homme décide de conformer sa conduite ne sont essentiellement que le résumé, la condensation de la conduite des individus constituant le groupe dont il fait partie. La forme dans laquelle nous énonçons ces maximes risque de nous égarer. Mais il est facile d'en découvrir le sens exact. Lorsqu'on dit : Il ne faut pas mentir, donc je ne mentirai pas, la prémisse de cet enthymème a exactement la signification suivante : Aucun homme ne doit mentir, ou encore : Tous les hommes sont astreints à s'abstenir du mensonge. Motiver son action revient en somme à imiter cette façon générale d'agir ou plutôt cette obligation générale d'agir. Qui dit dans ce cas conduite conséquente, conduite rationalisée, dit conduite imitée ou socialisée. — Il y a aussi l'autre face. Quand la majeure du syllogisme pratique est fournie par l'expérience personnelle, l'imitation ne porte pas sur la collectivité mais sur l'individu lui-même. Et dans ce cas raisonner sa conduite, c'est s'imiter soi-même. — On s'explique dès lors que la raison ait apparu aux philosophes tantôt comme un lien d'union, un trait commun à tous les hommes, une propriété qui se retrouve chez tous et la même, tantôt au contraire comme un principe d'individuation, une faculté qui les distingue, et qui les oppose les uns aux autres.

Quoi qu'il en soit il nous faut indiquer dans quelle mesure l'action pédagogique peut s'exercer sur ce point. Elle peut d'abord le faire évidemment, en apprenant à l'enfant à tirer correctement une conséquence d'une ou de deux prémisses. Mais cette éducation logique a bien peu d'importance en la matière. Car l'essentiel est la position de la majeure. L'intervention de l'éducateur doit donc, si elle est possible, se marquer avant tout dans la position des majeures.

Or, remarquons-le tout de suite, il y a toute une catégorie de formules générales pour la position desquelles l'éducateur ne peut pas intervenir. Ce sont celles que le sujet tire de son expérience propre. Il n'a pas d'ailleurs intérêt à le faire, car son objet n'est pas simplement d'obtenir la cohérence de la conduite de l'enfant. La cohérence est chose toute formelle. Le grand criminel peut mener une vie fort cohérente. Il s'imite dans le crime et vit d'accord avec lui-même. Le but de l'éducateur ne saurait donc être d'obtenir cette cohérence, ou du moins il ne chercherait à l'obtenir qu'en tant qu'elle serait un symbole de l'accord de la conduite avec les principes moraux.

C'est dire que l'effort du maître serait de la nature suivante : il ferait connaître à l'enfant, en essayant de les justifier, les principes sur lesquels doit s'appuyer la conduite. S'agirait-il par exemple d'obtenir d'un enfant qu'il donne un sou à un pauvre qui tend la main dans la rue. Le maître dirait à l'élève : Donne un sou à ce pauvre. Pourquoi? interrogerait l'enfant. A cette question le maître n'aurait plus à faire les réponses que les méthodes précédentes autoriseraient. Il ne dirait plus : Donne, parce que je te punirai si tu ne le fais pas; ou encore : parce que tu seras récompensé par d'autres. Il dirait : Donne, parce qu'il faut faire la charité. Donc, à l'occasion d'une action à accomplir, l'éducateur ferait connaître à l'enfant les principes qui la commandent.

Mais une nouvelle faculté se présenterait pour lui. Il

n'aurait pas besoin d'attendre l'occasion d'une action à accomplir pour initier l'enfant à ces principes. Il pourrait les lui inculquer à n'importe quel moment. Il pourrait lui « enseigner » au sens propre du mot non seulement ce qu'il doit faire, mais pourquoi il doit le faire. Il y aurait donc là, semble-t-il, une possibilité d'enseignement rationnel de la morale, enseignement qui n'est pas forcément lié à l'action, qui peut s'en désintéresser, au moins momentanément. Cet enseignement se donnerait sous forme de cours, son objet étant d'initier l'enfant à la connaissance de la conduite morale et à celle des raisons justificatives d'une pareille conduite.

Or, cet enseignement rationnel de la morale, d'après tout ce que nous avons précédemment établi, nous, fonctionnaires de l'État, pouvons-nous réellement le dispenser? Il ne faut pas craindre de répondre : non. Car l'enseignement rationnel de la morale suppose lui-même une morale rationnelle. Et ce n'est pas une telle morale que nous avons mise à la base de l'éducation morale. Reprenons l'exemple que nous avons déjà avancé. La question que pose l'enfant à son maître est celle-ci : Donnerai-je un sou au pauvre de la rue? ou en généralisant : Doit-on donner un sou à un pauvre? — Oui, affirme le maître, parce qu'il faut faire l'aumône. — Mais, poursuit l'enfant, pourquoi faut-il faire l'aumône? — Parce qu'il faut réparer les inégalités de fortune. — Pourquoi? — Parce qu'il est contraire à la justice que la pauvreté empêche une personne de vivre. — Pourquoi? — Parce qu'elle est un être raisonnable. — Un être raisonnable a donc des droits? — Un être raisonnable a des droits. — Ainsi l'enseignement moral est obligé de fonder en raison les majeures qu'il propose à l'enfant comme prémisses du syllogisme de l'action. Mais on voit tout de suite qu'il y a impossibilité fondamentale à ce que nous mettions en usage un pareil procédé. Car, selon la remarque d'Aristote, tout n'est pas susceptible de démonstration, et il faut s'arrêter dans la régression. Il y a des principes ou postulats qu'il faut accepter. Or, par crainte de voir l'éducation morale nationale manquer son but, par désir de la voir se détacher de toute doctrine religieuse ou métaphysique, nous avons délibérément écarté tout recours à un postulat quelconque. Si nous acceptions que chaque éducateur, même en considérant comme non incontestés les différents articles de la conduite morale, tels qu'ils ont été déterminés dans la première partie de ce travail, se crût autorisé à les justifier à sa façon, nous réintroduirions l'anarchie ou les divergences dont nous avions voulu débarrasser l'éducation morale. L'État n'a pas à dire aux maîtres : Voici la liste des devoirs ; enseignez-les en les justifiant comme vous voudrez. Nous n'avons que faire d'une diversité de morales théoriques venant se plaquer sur notre liste uniforme de devoirs.

Il n'y a donc pas, pour l'État, d'enseignement rationnel possible de la morale. Voilà une bien grave affirmation, et qui, séparée du contexte ou mal interprétée, risquerait de faire grand bruit et d'apparaître comme une atteinte portée aux espérances d'une démocratie dont les chefs ont souvent à la bouche le mot de raison. Mais que les politiciens qui se disent rationalistes se rassurent. Notre affirmation ne met pas plus en péril une philosophie rationaliste qu'un mysticisme religieux. Elle n'interdit même pas à un éducateur isolé de donner un enseignement rationaliste de la morale s'il se réclame d'une philosophie rationaliste. Elle interdit simplement aux éducateurs fonctionnaires délégués par l'État dans la mission de moraliser les enfants de justifier par leur propre philosophie les divers articles, tous et chacun, du programme d'éducation morale.

III. *Le motif de la moralité.* — Il ne reste plus que la ressource suivante : répondre au pourquoi de l'enfant le : parce que c'est la loi. — Pourquoi ne pas voler ? Parce que c'est la loi. Pourquoi ne pas tuer ? Parce que c'est la loi. — Le seul motif qu'il soit permis d'invoquer est celui de la moralité, ou à mieux parler de la « légalité ». — A vrai dire, ce n'est pas même un motif ; c'est un refus d'aller plus loin dans l'effort pour rattacher l'action à un principe général. En sorte que tout se passe comme si le maître se contentait d'énoncer simplement les choses bonnes et commandées,

LES CONDITIONS GÉNÉRALES DE L'ÉDUCATION MORALE

et se fiait à cette énonciation pour pousser à agir. Voici, dit-il, ce que la loi ordonne. Tu ne tueras point. Tu ne voleras point. Tu ne calomnieras pas.

Mais la situation devient encore plus embarrassée. Car il n'y a pas dans la seule indication d'une règle assez de force persuasive pour faire agir. La connaissance de l'acte ne suffit pas pour amener l'enfant à l'accomplir. Le *Video meliora proboque, deteriora sequor* est devenu une banalité. — Il n'y en a pas surtout suffisamment pour faire agir à longue échéance. Car, ne l'oublions pas, il faut faire agir plus tard en enseignant aujourd'hui.

Il est vrai que si la connaissance du bien ne suffit pas, elle est indispensable pour permettre l'action future. Nous avons fait à plusieurs reprises aux méthodes précédentes le reproche de ne pas préparer suffisamment l'enfant à agir plus tard comme doit agir un homme. Le reproche, cette fois, ne serait pas mérité. Il est certain que par initiation à la connaissance du bien, on entend : du bien à accomplir par l'adulte. Mais, pour que cette connaissance soit efficace, il faut qu'elle s'appuie sur des habitudes préalablement acquises. L'action de la famille ou du milieu dans lequel vit l'enfant est incontestablement à considérer. Ce serait une folie de prétendre conduire une éducation, abstraction faite du groupe dans lequel se déroule la première existence de l'enfant.

IX. — DANS QUELLE MESURE LES MÉTHODES ÉTUDIÉES PRÉCÉDEMMENT PEUVENT-ELLES SERVIR DANS L'ÉDUCATION MORALE NATIONALE ?

De toutes ces analyses semblent résulter des constatations décourageantes. Car les méthodes d'éducation morale qui ont quelque chance de succès, nous nous les sommes interdites, tandis que celles qui nous sont permises sont dénuées d'efficacité ou n'en ont qu'une bien restreinte. Quoi donc ? une éducation morale laïque d'État ne serait-elle pas possible ? Ou du moins théoriquement possible risquerait-elle de ne pas aboutir ?

Remarquons qu'en fait elle n'a pas encore abouti. C'est une entreprise nouvelle que tente l'État depuis quelques années. Il y a réussi médiocrement parce qu'il a voulu imiter d'anciennes méthodes qu'il ne pouvait pas appliquer franchement. Il y a eu en effet des éducateurs qui ont réussi assez souvent dans cette tâche, qui ont su influer sur les enfants de façon assez profonde pour les amener à agir plus tard suivant un mode déterminé : ce sont les éducateurs religieux. Mais ils ont surtout usé, et ils usent encore, de l'intervention des châtiments ou des récompenses futures. Les sanctions d'outre-tombe sont la grande raison de leurs succès. L'État français, dans ses programmes d'éducation morale, n'a été assez hardi ni pour les rejeter entièrement, ni pour les adopter avec la précision terrifiante en ce qui concerne les peines ou délicieuse en ce qui concerne les joies, qu'elles revêtent dans les diverses religions. Le Dieu à demi-laïcisé du spiritualisme de l'enseignement primaire ne conserve plus qu'un demi-pouvoir d'effroi et ne promet que des félicités médiocrement attrayantes ou en tout cas mal définies. Rien d'étonnant à ce qu'un enseignement qui n'use qu'à moitié d'un moyen ayant prouvé son efficacité ne recueille pas des succès aussi considérables que celui qui l'emploierait avec franchise et sans l'amoindrir.

Pour notre compte, les principes que nous avons posés nous interdisent, sans qu'il y ait dans notre attitude aucun parti pris d'hostilité, de recourir à une pareille méthode. Il faut dès lors nous contenter des médiocres espérances que nous pouvons fonder sur une action forcément restreinte de l'éducateur sur l'élève. En somme, cette action pourra se produire sous trois formes :

1º Il fera connaître à l'enfant le « catéchisme » de la conduite conforme à la loi. Sur ce point l'instruction morale sera simplement une explication et une interprétation des principales dispositions du Code pénal. De quelle manière est-il préférable de faire cette explication ? Doit-on dicter un formulaire, en exiger la récitation littérale ? employer la méthode catéchétique, c'est-à-dire procéder par demandes et par réponses? La question n'a pas, croyons-nous, l'importance qu'on lui a parfois prêtée (1). L'essentiel à notre avis n'est pas tant de faire apprendre à l'enfant une liste de devoirs que de lui faire bien comprendre leur nature. Aussi est-il indispensable d'individualiser la formule générale sous laquelle se présente un

(1) Cf., sur ce point, *Revue pédagogique*, janvier 1908 : L. BOISSE, *la Méthode catéchétique dans l'enseignement de la morale*; — A. LALANDE, *la Moralité et les formules morales*; — et surtout : *Revue pédagogique*, 15 avril 1908 : G. COMPAYRÉ, *l'Éducation morale*; — L. BOISSE, *la Méthode directe et vivante dans l'enseignement de la morale*; — A. LALANDE, *En quel sens l'enseignement moral peut-il être raisonné?* — A. DARLU, *Quelques réflexions sur l'enseignement de la morale*. De ces articles, tous intéressants, extrayons un passage du dernier où un conseil ingénieux est indiqué : « Je ne voudrais pas dépouiller les classes de morale de tout caractère scolaire. L'esprit a besoin de la lettre pour ne pas s'évaporer à tout instant. Le sentiment le plus exalté, le sentiment religieux le plus pur a besoin de prendre corps dans un rite. A un enseignement qui consiste en réflexions aussi personnelles que possible, il faut un lest, une matière qui le fixe. Cette matière, ce corps, c'est, à mon sens, le cahier de notes dont je parle volontiers dans les classes en termes magnifiques, un cahier d'un format spécial, cartonné, voire relié, assez épais pour recevoir les leçons de la classe de 4e et de la classe de 3e, avec des pages de garde ou des demi-pages blanches pour que l'élève y inscrive, en dehors de la classe, les références des lectures qu'on lui a faites, les exemples qu'il a cherchés, les citations et les maximes qu'il a recueillies lui-même, enfin les réponses qu'il a trouvées à de petits problèmes de morale... » (*Revue péday.*, avril 1908, p. 349.) Chargé de l'enseignement de la morale dans un établissement secondaire, nous avons essayé de mettre ce conseil en pratique. Nous avons dit aux élèves ce que nous attendions d'eux sur ce point. Nous n'avons pas menacé de punitions, simplement promis quelques récompenses, voulant que la rédaction des réflexions personnelles fût à peu près spontanée. Nous avons obtenu quelques résultats, moins nombreux cependant que nous l'avions espéré. Car non seulement beaucoup de demi-pages restent blanches par indifférence ou paresse, ou mauvaise volonté de l'élève, mais encore par manque de collaboration du milieu familial, et peut-être par ordre. Un ou deux cas de résistance singulière ont fait que nous nous sommes demandé si les parents ne craignaient pas d'avoir affaire à un second confesseur de leur fils.

devoir. Comme le fait remarquer M. Jacob, dans une de ces dissertations si bien venues dont l'ensemble constitue un fort beau livre, bien éloigné cependant de notre point de vue, « les termes de la langue morale n'ont pas plus que d'autres l'avantage d'être toujours compris, même par des gens intelligents (1) ». Quand on dit à l'enfant : Il ne faut pas voler, si l'on n'accompagne pas cette affirmation d'exemples, si on ne la traduit pas en images précises, il risque fort de ne pas la comprendre (2). Le travail que nous demandons par conséquent sur ce point à l'éducateur, c'est un travail d'analyse de notions et d'énonciations de cas particuliers. Des lectures se rapportant à des événements où telle infraction a été commise, où telle obligation au contraire a été accomplie, des récits faits par le professeur, tirés de ses souvenirs personnels ou de ses lectures propres, ou même de son imagination, des entretiens dans lesquels on fera appel à la mémoire de l'enfant pour le mettre en mesure d'attacher à une formule générale une représentation sensible, tous ces moyens sont bons pour lui faire comprendre ce que la loi exige et ce qu'elle défend (3).

(1) Jacob, *Devoirs*, p. 73.

(2) « Évitons d'employer des termes abstraits : les enfants ne les comprennent pas ; mais donnons des exemples concrets. Ne disons pas : Qu'est-ce que le courage ? mais : A quoi reconnaît-on un homme courageux. Ne disons pas : Qu'est-ce que la prudence ? mais : A quoi reconnaît-on un homme prudent... » (Doliveux, L'enseignement de la morale à l'école primaire, *Rev. pédag.*, 15 oct. 1907, p. 347.) Nous avons expérimenté nous-même le bien-fondé de ce conseil.

(3) « Dans les leçons de morale, plus que dans toute autre, il faut que les élèves interviennent. Une leçon faite sans eux est une leçon morte. Ils ne profiteront de la leçon qu'autant qu'ils y auront pris part. Une leçon de morale, ce doit être une conversation. Le maître aura d'ailleurs tout profit à faire parler les élèves : ceux-ci n'arrivent pas à l'école sans avoir fait déjà mille remarques ; ils ont des sentiments et ils ont de l'expérience. Ils pourront très utilement entretenir la conversation ; et souvent il arrivera que par leurs réflexions, ils indiqueront au maître un exemple auquel il n'avait pas songé. C'est ainsi que la classe sera vivante et pleine d'action. » (*Ibid.*, p. 354.)

2° La seconde forme sous laquelle l'influence de l'éducateur sur l'élève a quelque chance d'être efficace consiste dans une intervention à propos d'actes que l'enfant doit accomplir et qui sont identiques ou qui ressemblent à ceux qu'il aura à faire devenu adulte. Mais cette intervention sera, après toutes les critiques que nous avons adressées à chaque méthode, forcément limitée. Il ne pourra guère « faire appel à la raison » de l'enfant, puisque lui montrer que son acte est contraire à certains principes généraux supposerait une adhésion à des croyances morales ou religieuses, adhésion dont nous n'avons pas voulu pour l'organisation de cette mission pédagogique. Il pourra simplement faire remarquer à l'élève que sa conduite serait, s'il la dirigeait dans un sens déterminé, opposée à sa conduite antérieure ou à une autre obligation précise. Ceci revient à inviter l'enfant à faire par lui-même une induction pratique et personnelle. Mais ceci implique aussi la supposition que l'enfant a d'abord agi en conformité avec les lois. — L'éducateur interviendra ensuite timidement, en indiquant les sanctions établies par la loi et celles qui sont appliquées par le groupe, dans la mesure où elles sont d'accord avec les premières. C'est là d'ailleurs un procédé traditionnel. « Petit malheureux, crie le maître à l'enfant qui lance une pierre à son camarade, tu pourrais le tuer; les gendarmes t'emmèneraient, tu irais en prison, tu serais condamné, etc. » Et de même il montre les punitions qui attendent le calomniateur, le menteur, le paresseux, etc. — Faut-il aller plus loin et admettre que l'éducateur puisse intervenir par l'application de corrections ou de récompenses corporelles ? ou par la menace, étant bien entendu que la menace sera toujours suivie d'effet au cas d'inexécution de l'ordre ? Nous estimons qu'il y a lieu de mettre beaucoup de prudence dans l'emploi d'un pareil procédé. Les critiques que nous en avons faites le limitent. Et il ne peut être qu'un pis-aller. — Quant à la contrainte proprement dite, l'effort physique du maître qui impose au corps de l'enfant une attitude déterminée, qui lui fait exécuter le mouvement nécessaire, il est inutile de répéter que ce procédé ne saurait être d'un usage courant. Valable dans la famille pour les jeunes êtres jusqu'à l'âge de trois ou quatre ans, il n'est plus indispensable et il n'est plus souhaitable pour un âge plus avancé et notamment celui auquel les enfants sont reçus dans les institutions d'enseignement public.

3° La troisième manière dont l'éducateur peut, dans une petite mesure, espérer influer sur l'élève est le moyen de l'exemple. Comme nous l'avons fait remarquer plus haut, la personne du maître est une force. Elle se fait imiter par l'enfant, qu'elle agisse ou non avec l'intention de voir ses actes reproduits. Donc dans sa vie privée ou aux heures pendant lesquelles il sera en rapport avec les enfants, surtout, cela va sans dire, dans celles-ci, le maître qui voudra faire œuvre d'éducation morale devra s'interdire toute action contraire à la loi, et agir conformément à la loi. Il est bien vrai que les enfants n'ont pas à se conduire en hommes, que par conséquent ils ont très peu à imiter les hommes, dans la période où ils sont enfants. Mais qu'importe ! L'enfant imitera son maître plus tard en se rappelant la conduite de celui-ci. Le souvenir d'un « exemple vivant » aura presque autant de pouvoir que l'exemple même. — Il n'est pas besoin d'ailleurs que l'éducateur agisse pour avoir la force d'un exemple. Sa parole est souvent le symbole d'une action possible. Quand on recommande aux maîtres chargés de l'enseignement de la morale de mettre de la chaleur, de la conviction dans cet enseignement (1), que fait-on autre chose sinon réclamer d'eux une adhésion personnelle aux prescriptions renfermées dans

---

(1) « Dans cet ordre d'enseignement, ce qui ne vient pas du cœur ne va pas au cœur. Un maître qui récite des préceptes, qui parle du devoir sans conviction, sans chaleur, fait bien pis que perdre sa peine ; il est en faute : un cours de morale régulier mais froid, banal et sec n'enseigne pas la morale, parce qu'il ne la fait pas aimer. Le plus simple récit où l'enfant pourra surprendre un accent de gravité, un seul mot sincère vaut mieux qu'une longue suite de leçons machinales. » (*Instructions pédagogiques officielles*. Voir Annexe I à la fin de l'ouvrage.)

leurs discours. Il est des façons de parler, il y a un accent dans l'élocution, une précipitation dans le débit, des inflexions dans la voix qui sont presque des engagements dans l'action de la part de celui qui parle. L'enfant ne peut que tirer profit d'un cours dans lequel le maître « aura mis du sien », c'est-à-dire aura ajouté à la clarté des paroles le ton qui traduit l'acceptation personnelle par l'orateur des recommandations qu'il donne ou des obligations qu'il impose soit en son nom, soit au nom d'autrui.

X. — L'ÉDUCATION MORALE PAR L'ACQUISITION DES VERTUS INDIVIDUELLES : FORMATION DU CARACTÈRE ET TEMPÉRANCE.

Arrivé au terme de ces constatations, le théoricien de la pédagogie ne peut manquer d'être en proie à un véritable découragement. Avoir eu un vif désir d'assurer la réussite de l'éducation morale par l'État, s'être mis à la recherche d'une méthode qui peut garantir cette réussite et, après de longs efforts, ne trouver soit que de très médiocres moyens, soit que des moyens impossibles à employer intégralement, il y a là de quoi faire désespérer. Mais peut-être n'avons-nous pas encore épuisé toute la série des procédés ! Si on entreprenait l'éducation morale d'une autre façon ? Si, au lieu de se préoccuper de donner à l'enfant l'habitude d'accomplir des actions exigées par la loi, ou d'en observer les défenses, on se désintéressait en apparence d'atteindre exactement un but qui semble seulement à demi accessible par les moyens en notre pouvoir, et si on essayait d'y arriver par un chemin détourné ? Ne pourrait-on pas élever l'enfant de telle façon qu'une fois devenu homme il fût porté tout naturellement à agir moralement, c'est-à-dire (nous faisons toujours cette restriction, bien qu'à la longue elle devienne inutile) légalement, sans se préoccuper, dans cet effort, du contenu de la loi politique ? N'y aurait-il pas lieu par exemple de faire, selon l'expression consacrée, l'éducation du caractère ? Voilà, certes, un programme qui est souvent invoqué par les pédagogues !

La vraie manière, à leur avis, d'amener l'enfant à la moralité, est de « former son caractère ». Cette formule courte et frappante a eu du succès.

Mais ne nous contentons pas d'une formule et essayons de l'approfondir. Qu'entend-on au juste par caractère ? Le mot est susceptible de plusieurs significations. D'après un des auteurs qui ont le mieux étudié la question, « le mot caractère signifie tout ce qui caractérise une personne au point de vue mental, la nature spéciale de ses tendances, de ses goûts, sa façon propre de sentir, de penser, de vouloir, de se conduire ; le caractère, c'est le système particulier formé selon certains rapports spéciaux, des diverses dispositions psychologiques qui se rencontrent dans une personne donnée. » (Malapert.) Que tel soit le sens général du mot, ce n'est point contestable. Mais ce n'est pas celui où on le prend quand on parle d'éducation du caractère, car c'est l'éducation, sans complément déterminatif, qui donne à l'enfant sa façon propre de sentir, de penser et de vouloir. Non, quand on parle de caractère, dans l'expression qui nous occupe, on veut entendre par là une propriété générale susceptible de se retrouver chez tous. Kant paraît en avoir donné une signification exacte. « Avoir du caractère absolument, dit-il, c'est posséder cette propriété de la volonté par laquelle le sujet s'attache à des principes pratiques déterminés qu'il s'est invariablement posés par sa propre raison. Bien que ces principes parfois puissent être faux et vicieux, cependant la disposition de la volonté en général d'agir suivant des principes fixes (et non sauter tantôt ici, tantôt là comme les mouches) est quelque chose d'admirable, et qui mérite d'autant plus l'admiration que c'est plus rare. » (KANT, *Anthropologie*, trad. Tissot, p. 277.) C'est bien là au fond ce qu'on entend. Former le caractère, c'est donc apprendre à rattacher ses volitions particulières à des principes déterminés, c'est former l'homme dont parle Horace (*tenacem propositi virum*), celui qui persiste dans une attitude prise une fois pour toutes. C'est apprendre au fond à vouloir, ou plutôt à maintenir les décisions de sa volonté. En sorte que cette expression d'allure mystérieuse s'applique simplement à l'acquisition de cette vertu dont les anciens faisaient grand cas : le courage... Et à condition d'étendre un peu le sens du mot qu'on restreint trop de nos jours, nous pouvons le conserver comme synonyme de caractère. C'est avoir du caractère, de la force de volonté, du courage, tout cela à la fois, que de faire preuve de bravoure dans les combats ou dans toutes les circonstances dangereuses de la vie, d'énergie, de persévérance, de résistance à la souffrance, aux séductions du plaisir, à la crainte de mécontenter l'opinion publique, à l'amour-propre qui nous empêcherait de reconnaître nos torts, etc.

Or, suffit-il d'assigner à l'éducation morale comme objet la formation du caractère ? En développant chez les enfants cette vertu qu'est le courage, en leur apprenant à vouloir fortement et conformément à des règles générales, aurons-nous atteint le but que nous nous sommes proposé ? Oui et non, en un sens. Car une culture toute formelle de la volonté ne saurait convenir. Il faut bien amener les enfants à vouloir, mais aussi à vouloir les choses conformes à la loi. En cultivant la force de volonté, avec le dédain des objets auxquels cette volonté s'applique, on obtiendrait aussi bien des criminels que des hommes droits. « L'important, comme le dit Joubert, n'est pas de vouloir fort, mais de vouloir juste » (1), ou, si l'on préfère, l'important, c'est de vouloir fortement les choses justes (2). Nous

(1) JOUBERT, *Correspondance*. Lettre à M. de Molé.
(2) Tout le monde connaît le morceau charmant dans lequel Épictète met en garde contre cette illusion qu'il faut par-dessus tout vouloir sans se préoccuper de la matière sur laquelle la volonté se porte. « Il est des gens qui, pour avoir entendu dire qu'il faut être ferme... s'imaginent qu'ils doivent persister obstinément dans toutes les décisions qu'ils ont pu prendre. Mais avant tout, il faut que ta décision soit saine. Je veux que ton corps ait de la force, mais une force due à la santé et au travail. Si la force que tu m'étales est celle de la frénésie et si tu t'en vantes, je te dirai : « Mon ami, cherche un médecin ; ce n'est pas là de la force, mais un manque de force à un autre point de vue. » Tel est au moral l'état de ceux qui comprennent mal les préceptes dont nous parlons. C'est ainsi qu'un de mes amis résolut, sans aucun motif, de

n'avons que faire d'hommes courageux si leur courage se porte sur le mal. Nous n'avons pas besoin d'hommes qui aient du caractère si leur caractère n'est pas bon. Ils peuvent être beaux. La fermeté dans le crime, l'obstination dans la vengeance peuvent, comme le remarque Kant, susciter l'admiration. Mais autre chose est d'être beau, autre d'être moral. Il nous faut des hommes qui, selon la belle parole stoïcienne, seront courageux et combattront pour l'équité.

En somme, nous revenons toujours à cette affirmation qu'il faut apprendre à l'enfant à agir selon la loi, et surtout à accomplir volontairement les actions permises et à s'abstenir volontairement des actions défendues. Mais pour atteindre ce but, nous n'avons pas d'autres moyens que ceux déjà indiqués et étudiés. Il n'y a donc rien à attendre de cette prétendue éducation du caractère dans laquelle beaucoup de pédagogues ont mis toutes leurs espérances. La formation du caractère se fait par l'éducation morale, et

se laisser mourir de faim. Je l'appris quand il y avait déjà trois jours qu'il s'abstenait de manger. J'allai le trouver, et lui demandait ce qu'il y avait : « Je l'ai résolu, me dit-il. — Mais quel est le motif qui t'y a poussé ? Car si la résolution est raisonnable, nous allons nous asseoir près de toi et t'aider à sortir de cette vie ; mais si elle est déraisonnable, changes-en. — Il faut être ferme dans ses décisions. — Que dis-tu là, mon ami ? Il faut être ferme, non dans toutes ses décisions, mais dans celles qui sont raisonnables. Quoi ! si par un caprice tu avais décidé qu'il faisait nuit, tu ne changerais pas, tu persisterais en disant : « Je persiste dans mes décisions ! » Que fais-tu, mon ami ? Il ne faut pas persister dans toutes. Ne consentiras-tu pas à poser d'abord la base et les fondements, à examiner si ta décision est bonne ou mauvaise avant de lui faire porter le poids de ta fermeté et de ta constance ? Si les fondements que tu poses sont défectueux et sans solidité plus ce que tu y établiras sera fort et massif, plus ce sera prompt à s'écrouler. Vas-tu, sans aucune raison, nous enlever un homme que la vie a fait notre ami et notre compagnon, notre concitoyen dans la grande comme dans la petite patrie ! Tu commets un meurtre, tu tues un homme qui n'a fait aucun mal et tu dis : « Je suis ferme dans mes décisions ! » Mais s'il te venait la volonté de me tuer, serait-ce un devoir pour toi d'être ferme dans la décision ? » (ÉPICTÈTE, Entretiens, II, 15, trad. Courdaveaux.)

non pas celle-ci par celle-là. Ce sont les hommes qui veulent, mais qui veulent fermement le bien, et en tant qu'ils veulent fermement le bien qui ont du caractère, ou du moins le caractère qu'il nous faut.

Nous ferons une remarque analogue en ce qui concerne la tempérance. Les anciens la considéraient comme la vertu de la sensibilité. En lui donnant la même signification qu'eux, et en écartant par conséquent le sens trop restreint qu'on lui donne souvent maintenant parce qu'on l'applique aux plaisirs du boire et du manger, on peut la déclarer synonyme de modération dans les désirs, d'équilibre dans les sentiments, de possession de soi-même. C'est l'αὐτάρκεια de Socrate. Or, à notre avis, la tempérance n'est pas une vertu différente du courage. On est dupe d'une distinction factice lorsqu'on parle d'une vertu de la sensibilité et d'une vertu de la volonté. L'homme tempérant est celui qui a assez de volonté pour s'opposer à un désir, à la domination d'une passion ou d'un sentiment. Le gourmand c'est celui qui ne veut pas modérer son appétit ; l'ivrogne c'est celui qui ne veut pas s'interdire de boire exagérément, le sensuel c'est celui qui ne veut pas s'abstenir d'actes capables de lui procurer un plaisir particulier. Les intempérants sont des malades de la volonté. — Il est dès lors compréhensible que l'éducateur n'ait pas tant à se préoccuper de former des tempérants en général que de former des tempérants dans les limites de la moralité. Il faut des hommes qui sachent ne pas vouloir les actes défendus, alors même que ces actes défendus leur procureraient des satisfactions très grandes. L'acquisition de la vertu qui est la tempérance, dans la mesure où nous estimons cette acquisition avantageuse, n'a donc pas à se faire par d'autres moyens que ceux dont nous avons déjà préconisé l'emploi dans les paragraphes précédents. — Cette affirmation, dira-t-on, n'est pas exempte de bizarrerie, à moins qu'elle ne manque de clarté. Il semble en effet que la tempérance soit, par elle-même, une vertu qui ait son importance. Prenons telle passion que l'on voudra, celle du jeu par exemple. N'avez-vous pas avantage, demandera-t-on, à faire rechercher par vos élèves avec modération les satisfactions que l'on peut en retirer, à éviter même de la laisser s'implanter en eux. Et pourtant il n'y a dans la loi aucune défense sur ce point. — La réponse est facile. Tout d'abord, en ce qui concerne la question particulière du jeu, il serait peut-être aisé de montrer que la loi interdit d'une façon détournée le jeu. Non pas qu'elle punisse celui qui s'y livre, mais parce qu'elle ne voit pas dans la créance du gagnant sur le perdant un lien de droit qui permette au premier d'intenter une action juridique au second. Elle marque donc bien, en une certaine manière, d'improbation cette pratique. Mais quand il n'en serait pas ainsi, nous ne nous serions pas interdit d'enseigner aux élèves qu'elle n'est pas souhaitable. Car si elle n'est pas soumise à une interdiction légale, si son abstention n'est pas un devoir, elle constitue cependant un empêchement à accomplir certains devoirs légaux. Nous ferons donc connaître aux enfants non pas que s'abstenir du jeu est un devoir, mais que c'est un moyen indispensable pour pratiquer les devoirs envers la famille et les autres hommes, puisqu'en jouant on s'expose à perdre sa fortune, c'est-à-dire à ne pas remplir toutes ses obligations vis-à-vis de sa femme et de ses enfants, ou on s'expose à ruiner les autres, ce qui est une façon indirecte de s'approprier leurs biens en dehors des formes requises par la loi. — Il en est de même pour l'alcoolisme. La loi le punit en un sens, puisqu'il s'accompagne presque toujours d'ivresse et que l'ivresse manifeste est un délit. Mais quand elle ne le punirait pas, nous dirions aux enfants de ne pas s'y adonner puisqu'il entraîne comme conséquences une impossibilité ou des empêchements à remplir ses devoirs envers la famille, la patrie et l'humanité.

Nous soutenons donc ceci : qu'il n'y a pas place pour le formalisme dans l'éducation morale. Les différentes actions ou habitudes dont l'ensemble constitue ce que les philosophes appellent encore la moralité individuelle ne sauraient être l'objet direct de l'éducation morale. Le pédagogue se tromperait s'il espérait qu'en prenant cette moralité pour but, il obtiendrait indirectement chez l'enfant l'accomplissement des actions ordonnées par la loi. Courage et tempérance sont des vertus à double tranchant, si l'on peut dire. Le criminel est courageux, l'individu condamné et qui veut se venger fait preuve de fermeté en préparant des armes, en choisissant son jour et en tuant les représentants de la force publique. — Et de même l'ascète est tempérant. Mais la tempérance diminue sa force physique, la qualité de son travail, le détourne de certains devoirs envers sa famille et les autres hommes. — Il n'y a donc pas lieu de s'attacher à faire des courageux et des tempérants; il faut se préoccuper avant tout de faire des observateurs habituels de la loi. Nos élèves seront courageux et tempérants, dans la mesure où il le faut, lorsque nous leur aurons appris par les moyens, faibles il est vrai, dont nous disposons, à pratiquer habituellement les actions permises et à éviter habituellement les actions défendues.

XI. — L'ÉDUCATION MORALE PAR L'ACQUISITION DE VERTUS INDIVIDUELLES (*suite*) : SAGESSE ET AUGMENTATION DES CONNAISSANCES.

Nous n'en avons pas fini avec la morale dite individuelle. Car, à côté de la sensibilité et de la volonté, la philosophie classique place l'intelligence. Or la culture de l'intelligence ne suffirait-elle pas pour faire des êtres normaux ? Grave question que celle des rapports du savoir et de la moralité. Grave question surtout en France, puisqu'elle est liée à l'organisation politique de notre État. La démocratie française a fait sienne cette espérance que la diffusion de l'instruction était un facteur de moralité. Les adversaires y voient au contraire un facteur de dissolution sociale. Il serait piquant que ni l'une ni l'autre de ces deux opinions ne fût exacte.

Mais avant d'entrer dans l'examen de cette question, il faut prévenir une triple confusion que souvent commettent adversaires comme partisans de l'effet moralisateur du savoir. Et d'abord quand ils lui accordent ou refusent

cette influence, ils lui donnent parfois la signification de connaissance du bien. Le savoir dont ils parlent est un savoir moral. Et ils discutent alors sur le point suivant : suffit-il de connaître le bien pour l'accomplir ? Le coupable est-il simplement un ignorant ? A cette question, nous avons déjà répondu négativement, et cette réponse négative est même une des raisons qui nous font rechercher, s'il n'y aurait pas des moyens indirects de faire des êtres moraux.
— Une seconde confusion se produit quand on demande s'il est nécessaire, pour qu'un acte soit moral, de savoir par avance qu'il possède ce caractère. Nous avouons nous désintéresser de ce problème, dans la mesure où s'en désintéresse la loi. Il y a des actes que la loi réclame rationnels ; il y en a d'autres qu'elle exige accomplis machinalement.
— La troisième confusion enfin est la suivante : on se demande si le développement de la science n'a pas eu des effets bienfaisants sur la moralité sociale. La Science, dit-on, est une émancipatrice des peuples au point de vue politique, une école de sincérité, « elle fournit aux hommes des doctrines librement consenties, opposées aux dogmes aveugles et stationnaires d'autrefois [1] », elle tend d'une façon fatale au nivellement général des classes ; « elle dissipe les égoïsmes et les préventions entre individus comme entre nations, et contribue à fixer dans tous les esprits la notion de solidarité universelle [1] » ; elle est par suite un facteur de paix internationale. — Que tel soit le bénéfice pour l'humanité des découvertes scientifiques croissantes, la chose n'est pas peut-être aussi certaine qu'on a voulu l'assurer. L'organisation démocratique des États, le nivellement des classes, l'application de la solidarité, la paix universelle ne sont pas encore institutions définitives, ni même toutes ébauchées. Mais, juste ou non, cette affirmation ne concerne pas le problème que nous avons à traiter.

Il nous faut simplement discuter si l'acquisition pour l'enfant de connaissances le rend plus moral, c'est-à-dire lui fait contracter certaines habitudes ou certaines dis-

---

[1] BERTHELOT, *Science et Éducation*, p. 21.

positions d'esprit susceptibles de l'amener plus tard à se conformer aux lois.

A première vue, il semble qu'il faille donner une réponse affirmative. L'initiation aux connaissances réclame d'abord un certain temps pendant lequel on n'est pas sollicité par de mauvais désirs; c'est autant de gagné pour la moralité. Mais le gain serait médiocre s'il était seul. Il y a autre chose, affirme-t-on. L'effort pour faire des découvertes scientifiques développe cette qualité de la volonté qu'est la persévérance. Le savant apprend à ne pas se rebuter devant la vérité qui lui échappe, à ne pas se décourager dans cette chasse où il essaie d'atteindre les lois des phénomènes. Et voici un autre gain. Le goût de la précision, de la position exacte d'une question, la rigueur dans les raisonnements sont autant de qualités d'esprit qui, portées dans les relations avec les autres hommes ne manqueraient pas d'avoir un heureux effet.

Mais il y a la contre-partie. Si les occupations scientifiques, l'accomplissement d'un effort intellectuel prend un temps qui pourrait être plus mal employé, il arrive aussi qu'une passion s'implante chez le savant, la passion même de la recherche, passion qui le fera parfois se désintéresser de ses divers devoirs ou les subordonner à elle. Et de fait on n'a jamais entendu dire qu'un savant ait été bon père, bon époux, bon citoyen, parce qu'il était mathématicien et physicien. On a même entendu dire le contraire, puisque des mathématiciens et des physiciens se sont rendus célèbres par leurs distractions fréquentes ou permanentes, c'est-à-dire par leur détachement continuel des activités morales. — Quant aux qualités de la volonté et de l'intelligence dont le savant bénéficierait, il faudrait remarquer qu'elles sont plutôt des conditions nécessaires pour entreprendre avec fruit des recherches scientifiques qu'elles ne sont des résultats de ces mêmes recherches. Le savant qui persévère réussit. Ce n'est pas en réussissant qu'il devient persévérant. — De plus il n'est pas sûr que le savant transporte dans sa vie sociale les qualités dont il fait preuve dans la vie intellectuelle. Combien de penseurs, tenaces dans leur effort d'esprit, se laissent rebuter par la moindre difficulté de la pratique ! Combien d'autres, raisonnant rigoureusement dans les questions relatives à leur spécialité, qui manquent de ce talent, lorsqu'ils sont jetés dans la mêlée sociale ! — Enfin la possession du savoir scientifique est un pouvoir, surtout lorsque ce pouvoir est ignoré par les autres. Or, il est à craindre que le savant par le fait même de cette possession en soit grisé. Car tout pouvoir entraîne celui qui le détient à en abuser. Il est possible dès lors qu'il s'en serve pour son intérêt personnel qu'il assurera avant l'intérêt général. — Mais il y a des savants désintéressés. — D'accord, il en est quelques-uns. Mais c'est qu'ils avaient déjà reçu une éducation morale solide qui les avait disposés à faire passer leur propre bonheur après le bonheur de tous. Leur désintéressement est le résultat d'une autre cause que le développement de leurs connaissances.

D'ailleurs toutes ces remarques sont peut-être inutiles, car nous parlons du savant qui poursuit l'œuvre scientifique et nous devrions parler de l'enfant qui est initié aux résultats de cet effort. Ce sont, en effet, deux choses bien différentes que faire la science et apprendre la science. Il se peut que Galilée ait gagné quelque chose au point de vue moral à la découverte des lois du pendule, mais quel effet peut avoir sur un enfant au même point de vue la connaissance de la relation qui unit la longueur du pendule à la durée de ses oscillations ! — Mais l'exemple de Galilée n'est-il pas bienfaisant ? L'enfant n'a-t-il rien à tirer de sa considération ? — Cela est autre chose. L'exemple de Galilée peut avoir un effet salutaire, mais c'est le savant, non la science qui le produit.

Mais n'y a-t-il pas une science qui étudie la vie et les actions des savants, et plus généralement des hommes illustres ? — Il y a en effet d'autres études que celles des sciences proprement dites, c'est-à-dire des sciences mathématiques, physiques, naturelles, psychologiques, et sociales au sens restreint du mot. Ce sont les études historiques. Leur influence était même assez réputée autrefois. Car alors l'histoire était écrite précisément dans un but pédagogique.

Elle était une sélection d'événements de la vie de certains hommes qui s'étaient distingués et qui avaient observé les règles de la morale en usage au temps où l'historien écrivait. L'enfant y trouvait de bons exemples. — Ne nous exagérons pas cependant la grandeur de cette influence. Elle se rattache au procédé pédagogique que nous avons décrit quand nous avons parlé de l'éducation par l'imitation, et accessoirement à celui de l'éducation par les sanctions agréables. L'enfant cherche à imiter le grand homme dont on lui parle et qu'on lui présente comme devant être imité; et parfois, pour renforcer son désir d'imitation on lui fait entrevoir l'obtention, par une conduite semblable, de récompenses semblables à celles qu'a obtenues le héros. Seulement les modèles morts ont un pouvoir exemplaire d'imitation fort limité. Les exemples vivants sont d'un autre pouvoir, comme dit le poète. Ce qui s'imite, c'est la sensation plutôt que l'image. Or l'enfant ne peut qu'imaginer le passé. — D'ailleurs, actuellement, il ne faut plus espérer tirer profit de cet ensemble de connaissances historiques. L'histoire, de nos jours, raconte sans intention de moraliser. L'enfant qui étudie l'histoire apprend les faits, les causes dont ils dérivent, les conséquences qu'ils ont à leur tour amenées. Mais il peut se rendre compte que tel acte contraire aux mœurs d'aujourd'hui, telle grande injustice n'a pas porté de tort à ses auteurs, et que les bons n'ont pas été récompensés. Il assistera au spectacle d'événements qui se déroulent dans le bien comme dans le mal, et se rendra bien vite compte que parler de la « justice immanente de l'histoire » n'est qu'une belle formule de politiciens.

Un seul profit pourrait peut-être être espéré de l'acquisition de connaissances scientifiques. C'est au cas où la science conduirait celui qui la possède à se former un ensemble de principes capables de guider son existence. De la considération des lois de la nature physique ou humaine, il pourrait partir pour se donner une morale. — Mais rien n'est plus délicat que de déterminer le grand fait qu'avec un peu de bonne volonté on est amené à changer en devoirfaire lorsqu'on réfléchit sur les résultats de l'effort scientifique. Berthelot — et bien d'autres — disent que la science nous donne peu à peu la notion de solidarité universelle, ce qui permet d'en tirer une morale de l'entr'aide. Mais d'autres affirment qu'elle ne nous fait apercevoir que le spectacle d'une « chasse incessante où tantôt chasseurs, tantôt chassés, les êtres se disputent les lambeaux d'une sinistre curée » (Schopenhauer). Et même cette dernière loi admise on en tire indifféremment une morale de la pitié ou une morale nietzschéenne. — Au reste, peu importent pour nous les principes qui peuvent découler de la philosophie des sciences. Nous n'avons pas assigné comme objet à l'éducation morale par l'État d'amener l'enfant à se donner des règles de conduite en réfléchissant par lui-même sur les lois de la nature animée ou inanimée. Il nous faut, répétons-le, des conformistes. Et nous pourrions même observer que le résultat des études scientifiques serait en un sens de détourner de ce conformisme qui nous apparaît souhaitable. Une des notions en effet que la science actuelle rend le plus familières à tous ceux qui s'en occupent est la notion de changement et d'évolution. Cette idée que tout passe, que tout ce qui est, est soumis à d'incessantes modifications, s'implante vite chez celui qui apprend. Or l'enfant ne tarde pas, encouragé d'ailleurs par les connaissances historiques, à l'appliquer aux lois de son pays. Il se rend compte que les maximes sociales de la conduite sont essentiellement variables dans le temps. Elles perdent par suite de leur prestige et de leur autorité, car, on supporte malaisément dans la jeunesse un joug qu'on sait n'être pas éternel. — Il ne suit pas de là d'ailleurs que sous prétexte d'assurer le conformisme dont nous parlons, nous désirerions la suppression de la culture scientifique. Elle est trop indispensable, à cause de son utilité matérielle, et il faut que les hommes vivent avant d'exiger d'eux qu'ils vivent conformément aux lois des pays auxquels ils appartiennent. Mais il faudra bien se rappeler, pour parer à cet inconvénient, que, sur un point au moins, le développement scientifique est un dissolvant du lien national

Si nous n'avons rien à attendre pour le but vers lequel nous nous efforçons, de la culture scientifique, devons-nous en dire autant de la culture artistique ? C'est un lieu commun d'affirmer que l'art détache l'homme des préoccupations égoïstes. D'autre part, la contemplation de l'objet d'art ne se fait pas la plupart du temps solitairement. L'individu qui éprouve une émotion esthétique fait généralement partie d'un public. Or une telle émotion partagée est créatrice d'un lien social. — Tout cela est très vrai. Il est certain par exemple que la musique adoucit momentanément les mœurs, comme le dit avec un peu d'ironie la vieille formule, et que tout au moins « elle apaise, enchante et délie des choses d'en bas ». En sortant d'écouter une exécution de la *Symphonie avec chœurs*, on considère comme bien mesquines nos agitations politiques, et on s'étonne de se voir cité devant les tribunaux par son voisin parce qu'on a planté des pieds de vigne à une distance insuffisamment grande de la limite de sa propriété. — Mais il est à craindre que l'amour exagéré de l'art produise les mêmes effets que l'amour de la science. Nous n'avons pas avantage à exagérer la culture artistique qui, poussée à l'excès, détacherait par trop nos jeunes gens du monde véritable dans lequel ils sont appelés à vivre. Nous aurons bien toujours assez de rêveurs parmi nous. Peut-être leurs rêveries ont-elles après tout une utilité lointaine, que la foule apercevra seulement après leur mort, et peut-être plus tard ferons-nous des héros de ces « hurluberlus »; mais en tout cas la persistance qu'ils mettaient à se désintéresser de leurs obligations familiales, professionnelles et civiques est immorale, et nous n'avons pas à encourager ces dispositions chez les enfants. — De plus, à côté de l'émotion esthétique qui est par elle-même une distraction sinon moralisatrice, au moins indifférente, au point de vue moral, il faut en considérer la cause. Or cette cause peut consister dans des situations, des tableaux, des actes qui soient contraires aux prescriptions de la moralité. Le mal, tout comme le bien, peut provoquer le sentiment du beau. Et ce n'est pas seulement le lot des arts qui s'adressent à la vue.

La musique elle-même peut évoquer des images malsaines, soit parce qu'elle est souvent liée dans le chant ou la production dramatique à des paroles ou à des situations immorales, soit parce que telle suite de sons dans la mélodie ou la symphonie évoque par ressemblance d'autres airs qui sont soudés pour toujours à des représentations indécentes. — Il faudrait donc, pour espérer tirer quelque profit de la culture artistique, opérer une sélection rigoureuse sur les œuvres d'art, et ne mettre l'enfant en présence que des objets moraux. Mais nos musées seraient bien dépouillés, et notre littérature bien étriquée. — Ajoutons que cette précaution prise, l'avantage à attendre serait semblable à celui qui provient des études historiques conçues selon l'ancienne méthode. L'art moral fournirait en effet simplement des modèles à l'enfant, non pas même les modèles qui se présentent avec le prestige du réel, mais avec la seule grâce de la fiction et du possible. C'est même une question de savoir si l'imaginaire peut avoir autant de prise sur l'enfant que le passé.

XII. — Conclusion.

Finalement, nous n'avons pas à espérer beaucoup de ces moyens détournés. La prétendue formation du caractère n'est pas un but important en soi; et elle découle de l'éducation morale plutôt que cette dernière ne dérive d'elle. Quant à la culture scientifique et à l'éducation esthétique elles ne sont pas forcément des facteurs de moralité. Ce serait même lâcher la proie pour l'ombre que de s'en fier uniquement à l'influence mystérieuse des sciences, des lettres et des arts.

Devons-nous donc nous résigner à n'entreprendre l'éducation morale qu'avec l'espoir des maigres résultats indiqués dans un paragraphe antérieur? Il semble que oui .— Et cependant, avons-nous tout considéré? — Nullement. Nous avons pris l'éducateur et l'enfant abstraitement; nous les avons mis en face l'un de l'autre, et nous nous sommes posé les questions suivantes : De quelle façon cet éducateur-type peut-il influer sur l'élève-type pour l'amener à agir plus tard, quand il sera homme, selon les prescriptions de la morale nationale? Mais il faut observer que de tels rapports de maître à élève ne sont pas exactement ceux de la réalité. D'abord l'enfant écoule ses premières années dans le milieu familial, avant que l'éducateur entre en contact avec lui, et continue généralement à en faire partie en même temps qu'il subit l'influence de celui-ci. — De plus la majorité des enfants en France reçoit une éducation religieuse qui est en même temps une éducation morale, et qui par suite peut favoriser ou contrarier celle que distribue l'État. — Et enfin jamais un seul éducateur de l'État n'a affaire avec un seul enfant. Ce qui perd les théoriciens de la pédagogie, c'est qu'ils oublient trop ce détail. Ils refont plus ou moins servilement l'*Émile* qui est un manuel du préceptorat, mais non de l'éducation nationale. Du moment que l'État entreprend d'élever les enfants, cette entreprise ne peut se faire que sous la forme scolaire, c'est-à-dire qu'un maître spécialisé dans la tâche pédagogique se trouve avec plusieurs enfants. C'est là un fait très important et qui n'a pas été assez étudié. Or, l'éducateur pourrait peut-être tirer parti de ce fait que l'enfant est plongé forcément dans le milieu scolaire. Et qui sait si l'éducation morale, que nous avons vue un instant compromise, ne se réaliserait pas avec assez de facilité si l'on savait se servir de l'influence de ce milieu et le diriger convenablement.

On voit donc les questions qu'il nous faut examiner et que nous allons ranger sous le titre suivant : les conditions pratiques de l'éducation morale :

1º Dans quelle mesure la collaboration de la famille peut-elle favoriser l'éducation morale?

2º Quel bénéfice y a-t-il lieu d'attendre de l'éducation religieuse de l'enfant?

3º Quels peuvent être les rapports de la forme scolaire que revêt l'enseignement public avec l'éducation morale?

CHAPITRE II

LES CONDITIONS PRATIQUES DE L'ÉDUCATION MORALE

I. La collaboration de la famille dans l'éducation morale. — II. L'éducation religieuse et l'éducation morale. — III. La vie scolaire et l'éducation morale.

I. — LA COLLABORATION DE LA FAMILLE DANS L'ÉDUCATION MORALE.

La famille peut collaborer à l'éducation morale donnée par l'État, telle que nous la comprenons dans sa matière et dans ses méthodes, de deux façons : ou indépendamment de la volonté de l'éducateur, ou sa volonté intervenant. La seconde façon nous intéresse davantage évidemment. Toutefois il ne sera pas inutile de donner quelques indications sur la première qui a aussi son importance.

a) Tous les parents ont une morale. C'est-à-dire qu'ils considèrent qu'il y a des actes déterminés qui sont défendus et d'autres permis. Or, il est extrêmement rare que la manière dont ils élèvent leurs enfants ne soit pas dirigée par cette distinction. La plupart du temps, ils font connaître à ceux-ci les actes qu'ils considèrent comme licites, et s'efforcent de les leur faire accomplir. Il y a bien des exceptions. Quelques parents se désintéressant de la conduite de leurs enfants — jusqu'au moment bien entendu où elle devient par trop gênante pour eux — s'en remettent sur ce point à ceux qui assument la tâche éducative : prêtres ou pédagogues. Dans ce cas, la participation de la famille à l'éducation morale est réduite au minimum. Elle existe cependant. En effet si les parents se refusent délibérément à exercer une influence pédagogique, cette influence se produit néanmoins sous la forme de l'imitation. Les parents, lorsqu'ils agissent pour leur propre compte, subordonnent leurs actes à cette double notion du permis et du défendu. L'enfant ne tarde pas à s'en apercevoir. Et comme les parents, par suite de leur perpétuelle fréquentation avec leurs enfants ont un pouvoir d'exemplarité considérable, leur morale, si confuse soit-elle, influe forcément sur eux. — Or, même à ce degré restreint, l'éducateur doit se préoccuper de cette influence familiale. Car si elle se produit dans un sens contraire à la sienne, voilà cette dernière fort compromise. Que faire en pareil cas ? Essayer de changer les dispositions des parents par des exhortations, des prédications ? Mais peu de maîtres se sentent du goût pour entreprendre un pareil « cours d'adultes avancés ». Ce serait là une mission extra-pédagogique, mission d'apostolat qui, véritablement, « ne peut être inscrite à leur rollet », suivant l'expression d'un vieux fabliau, et qui, au surplus, n'est pas toujours possible. — Entrer franchement dans la lutte contre les parents, dire à l'enfant qu'ils ont tort de se conduire ainsi, qu'il ne faut pas les imiter ? L'entreprise est dangereuse. Bien souvent elle échouera. Car entre le conseil du maître et l'exemple du père, l'enfant n'hésitera pas la plupart du temps. Il affirmera que le maître se trompe et adoptera de suivre la conduite des parents. Il est d'ailleurs également désastreux que l'enfant conclue en faveur du maître contre les parents. Car le maître souffre alors de sa propre victoire et se reproche d'avoir diminué une adoration ingénue d'un fils pour son père et surtout pour sa mère. Ah ! les drames douloureux de la vie enfantine et de la vie pédagogique que ces heures où l'enfant s'aperçoit de l'opposition entre la conduite de ceux-ci et la morale enseignée à l'école, et que celles où l'éducateur se rend compte du trouble qui va être apporté par une telle constatation dans une jeune existence! M. Léon Frapié a construit toute *la Maternelle* avec de pareilles crises se produisant dans le peuple. Nous en connaissons une, au moins, plus saisissante peut-être que toutes les autres et dont nous tirons le récit de notre propre expérience pédagogique. Nous étions chargé de l'enseignement de la morale à des collégiens de treize à quatorze ans. Au cours de l'année, nous fûmes amené à parler du devoir de conserver son existence. Et avec tout l'enthousiasme que notre jeunesse mettait alors à parler de la douceur de vivre, nous disions qu'il faut aimer la vie, même mauvaise, que le suicide est un manque de courage, et nous prononcions, avec le désir de faire pénétrer notre conviction, des mots durs pour ceux qui ont la lâcheté de ne pas survivre à leurs malheurs. Au fur et à mesure que nous parlions, nous remarquâmes une crispation involontaire sur le visage d'un élève. Le maître a presque toujours profit à observer les réflexes que ses paroles amènent sur la physionomie de ses auditeurs. Cette fois cependant nous errâmes. Devant ce qui nous semblait être une protestation inconsciente contre le fond de notre enseignement, nous mîmes, sans paraître avoir rien remarqué, plus d'insistance dans les raisons que nous donnions. L'enfant commença à pleurer silencieusement... Il y avait un secret sous ces larmes, et nous achevâmes vite la leçon pour les arrêter, et nous ne parûmes jamais les avoir vues... L'explication nous fut donnée quelques jours après. Peu de temps avant notre arrivée dans la petite ville où nous professions, un événement avait bouleversé sa tranquillité. La mère de l'élève, ayant perdu son mari, était tombée dans le dénuement. Le chagrin et la misère avaient fait qu'un matin elle avait pris son enfant avec elle, avait couru vers la rivière paisible qui coule au pied de la colline et s'y était jetée avec lui. La jeune volonté de vivre de l'enfant s'était révoltée. Il avait trouvé le moyen de se dégager des mains maternelles, de regagner la rive, et d'appeler au secours. On était venu. On avait retiré la mère ; on l'avait rappelée à la vie, mais non à la raison. Des personnes charitables s'étaient occupées de l'enfant, et comme il était intelligent, on l'avait placé au collège. — L'année suivante, la même leçon revenait et nous avions encore le même élève comme auditeur. On jugera notre conduite comme l'on voudra... nous avons sauté la leçon cette année-là.

Évidemment de telles situations sont exceptionnelles (1). Mais des cas atténués analogues se présentent parfois. — Alors l'éducateur n'a guère que la ressource d'user de tact. Il devra, par exemple, présenter l'action à accomplir sous un jour tel que l'enfant ne soit pas amené à la comparer avec celle dont les parents s'affranchissent. Que si, malgré cette précaution, la comparaison s'opère, il lui faudra faire remarquer que les fils n'ont pas à juger la conduite des parents, que les grandes personnes ont parfois des raisons d'agir que n'ont pas les jeunes, etc.., Mais tout ceci est bien difficile, et n'est guère susceptible d'être mis en formule dans un livre de pédagogie.

La situation du maître peut d'ailleurs être encore plus mauvaise : c'est lorsque les parents, se faisant volontairement éducateurs, donnent à leurs enfants des conseils ou leur imposent d'agir dans un sens déterminé, contraire-

---

(1) Et pourtant si nous consultons encore nos souvenirs personnels de professeur de morale, ils nous révèlent qu'il y eut des heures d'hésitation dans notre enseignement. Un des articles du programme de 3e impose de parler de la valeur sociale des professions. Que de fois nous avons esquivé le développement parce que nous avions dans notre auditoire des fils de cabaretiers, de courtisanes et de tenanciers de maisons de prostitution. Et peut-être, après tout, ces divers travailleurs ont-ils une utilité sociale, mais comment l'expliquer aux enfants, comment même le soutenir en tant que professeurs quand les mêmes programmes vous font une obligation de réprouver l'alcoolisme, de prôner le respect de la dignité individuelle, et implicitement la chasteté pour les célibataires ! Combien de fois aussi avons-nous reculé devant la leçon sur la fraude, parce que nous savions pertinemment qu'en rentrant à la maison tel de nos élèves entendrait son père se féliciter d'avoir trompé un acheteur sur la quantité ou la qualité de la marchandise vendue ou se glorifier d'avoir dépisté des agents des contributions indirectes ou de l'octroi !

ment aux indications du maître lui-même. A une telle situation, il n'est point d'issue heureuse. Car dans une pareille lutte d'influence entre le maître et le père, le premier est sûrement vaincu d'avance. Un enfant est bien fort lorsqu'il sait son père avec lui pour lutter contre la volonté du maître. — A ce mal, il n'est qu'un remède : c'est l'exclusion définitive de l'enfant. Car on ne conçoit pas que, sous l'impulsion d'un père de famille, le programme d'éducation morale que les institutions de l'État doivent s'attacher à observer puisse être amendé ou retouché. — Il ne serait pas davantage admissible qu'une association des pères de famille se dressât entre les enfants et le maître délégué par l'État, et lui donnât des indications ou des ordres au sujet de cette éducation morale. Car, en mettant les choses au mieux, elles n'auraient leur raison d'être (1) qu'à la condition d'établir un catalogue particulier de règles de conduite qu'elles jugeraient désirables, catalogue assez différent de celui que nous avons dressé pour être original, pas trop opposé cependant pour ne pas donner matière à un enseignement délictueux. Ce serait en somme une association qui « dirait » le droit coutumier, communal, local ou régional. Ce seraient là autant de petites « juridictions » pédagogiques dont l'influence, si elle se faisait sentir, ferait revivre la désastreuse diversité morale et juridique qui existait avant la Révolution de 1789. Admettre une telle participation des pères de famille à l'éducation morale, c'est, disons-le franchement, renier de gaieté de cœur tout le mouvement du dix-neuvième siècle en faveur de l'unification juridique de la nation française.

Mais si nous repoussons une intervention de pareille nature des pères de famille, nous en appelons de tous nos vœux une autre se produisant sous un mode différent. Combien en effet l'autorité du maître et l'efficacité de son

---

(1) A moins de vouloir assigner aux associations de pères de famille le rôle de surveiller le fonctionnaire de l'État dans l'exécution de la tâche qui lui est confiée. Mais il est inutile d'instituer une telle surveillance occulte et anonyme à côté de l'inspection des chefs hiérarchiques de l'éducateur.

enseignement ne seraient-elles pas augmentées s'il trouvait dans ceux-ci, collectivement ou individuellement, non pas des chefs devant les ordres desquels il devrait s'incliner, non pas des codirecteurs aux indications de qui il devrait déférer, mais des collaborateurs de bonne volonté, approuvant ses intentions et secondant ses efforts ! Il faudrait que le père fût vraiment pour son fils le « répétiteur » des leçons de morale du maître. Ainsi elles auraient toute leur force active, l'enfant ajoutant aux motifs d'accomplir l'acte qui lui a été indiqué à l'école l'obéissance aux ordres du père, et le sentiment, confus sans doute, mais fort, qu'il y a bien lieu d'accepter ces obligations puisque s'exerce en leur faveur la triple pression de la loi, de l'éducateur et de la famille.

L'action des parents peut se produire d'une autre façon, moins importante, mais point du tout méprisable cependant. Elle consiste à renforcer l'autorité du maître aux yeux de l'enfant soit par l'attitude, soit par la conduite, soit par les paroles. Le maître est bien plus facilement écouté lorsque l'enfant voit et entend son père parler avec déférence à cet homme, le considérer à l'égal de ceux qui sont chargés d'une mission honorable ; lorsque le père ajoute aux mauvaises notes ou aux punitions infligées en classe sa sanction personnelle : le regard menaçant ou attristé ou la privation d'un plaisir promis ; lorsqu'à chaque occasion le père revient avec insistance sur le respect qu'un élève doit à son maître, sur la promptitude et la bonne volonté avec lesquelles il doit obéir, sur l'affection qu'il doit lui témoigner.

Enfin la contribution de la famille à la formation morale de l'enfant se produit par le fait même de la vie de famille, sans que les parents aient en vue cette formation morale scolaire. Vivant en effet presque exclusivement au sein de ce petit groupe pendant ses premières années, l'enfant est obligé de contracter certaines habitudes qui facilitent la tâche de l'éducateur. C'est d'abord l'accoutumance à la discipline, la notion d'un ordre à suivre, l'idée qu'il y a du permis et du défendu. « La famille, répète-t-on, est par excellence le rôle où l'on apprend de bonne grâce une discipline. » Elle peut être cette école dès l'âge le plus tendre, ainsi que le fait remarquer Marion (1). Et elle l'est pendant plusieurs années. Tant et si bien que la première morale de l'homme, c'est l'ensemble des prescriptions et des défenses paternelles ou maternelles. C'est là une morale confuse, tiraillée parfois en deux directions, celle du père et celle de la mère, morale souvent en opposition avec celle des autres familles, avec celle du groupe. Il faudra évidemment l'intervention de l'éducateur pour mettre de la clarté et de l'ordre dans cette bigarrure d'obligations. Mais quoique la matière même de cette moralité doive disparaître peut-être totalement, la forme cependant en demeure. L'enfant s'est accoutumé à cette idée qu'il ne pouvait pas faire tout ce qu'il voulait. — Lorsqu'il est élevé en commun avec des frères ou des sœurs, il s'habitue en outre peu à peu à la notion de justice. On pourrait même dire qu'il prend l'habitude de la chose même, si la justice, telle que la conçoit l'enfant, n'était pas d'une nature particulière. Ce qu'il appelle justice en effet, c'est la satisfaction

(1) « ... C'est en vain qu'on fera plus tard appel à la conscience de l'enfant si l'on n'a pas soin de le former dès l'âge inconscient par des actes, non par des paroles. Le premier service à lui rendre est de l'accoutumer à un certain ordre, de le plier aussitôt que possible à une discipline. Ce mot, je le sais, paraîtra assez singulier, appliqué à un petit être de quelques mois ou même de quelques semaines, dont la vie presque purement végétative se passe en grande partie dans le sommeil. Mais le sommeil même est susceptible, dans une certaine mesure, d'être réglé. Il alterne avec la veille d'une façon qui n'est point quelconque, mais qui n'est pas non plus invariable. Il y a place là déjà pour une influence régulatrice tendant à établir de saines habitudes. Habitudes purement physiques, dira-t-on. Peut-être, mais de celles, en tout cas, qui importent le plus au bon état de l'organisme et par là à l'équilibre des facultés. Il est par exemple, je ne dis pas facile, mais possible à une nourrice expérimentée, prudente et ferme d'accoutumer de bonne heure un enfant bien portant à dormir la nuit. Or il ne se peut pas que cette régularité apaisante pour les nerfs de l'enfant ne lui soit de toutes façons salutaire. » (MARION, *la Solidarité morale*, p. 101.)

donnée à l'instinct d'imitation. La justice, c'est qu'il ait un gâteau si son frère en a un, qu'il reçoive un tambour si son frère en a reçu un. C'est l'égalité dans la possession. — Il n'est pas de pire socialisant que l'enfant. Combien d'ailleurs en restent à cette habitude et à cette notion de la justice enfantine ! — On loue aussi la famille de ce qu'elle est une école de désintéressement et d'affection, parce que l'enfant y apprend à aimer ses frères et ses parents et à se dévouer pour eux. Peut-être ce fait qui est généralement exact est-il moins avantageux pour l'éducateur qu'on ne croit. Car l'amour ne se répand pas. L'humanité et la famille ne sont pas absolument pièces interchangeables dans ce mécanisme sentimental. L'enfant qui a de fortes affections familiales est porté à les exagérer. Et ce n'est point un mal que ces affections familiales existent, puisque l'État lui-même prend à charge de les faire naître et se développer chez ses élèves ; mais c'est le commencement d'un mal qu'elles deviennent trop envahissantes ! Car le maître aura alors quelque difficulté à convaincre l'enfant qu'il faut dans certains cas sacrifier l'intérêt domestique à l'intérêt général.

b) Tout le développement précédent concerne une influence qui s'exerce en dehors de l'éducateur et parfois malgré lui. Il ne peut même pas intervenir pour l'empêcher ou la limiter lorsqu'elle est contraire à son effort. L'État lui-même, par l'intermédiaire de ses organes de répression, n'intervient que dans les cas excessivement rares où le père, usant de contrainte, a obligé l'enfant à commettre certains actes très graves et très fortement punis, ou bien encore quand le père s'est rendu coupable d'actes dont l'imitation serait dangereuse pour le fils (auquel cas il prononce la déchéance paternelle). En outre, la responsabilité matérielle des parents est prévue lorsque l'enfant a commis un délit puni par la loi, et de là découle naturellement un profit pour le père à ne pas encourager une conduite illégale de son enfant. Mais ces restrictions faites, les parents ont toute latitude de contrarier l'effort de l'éducateur soit en dénigrant sa personne, soit en contestant la valeur morale des obligations qu'il impose à leurs enfants. En somme, il se trouve en présence d'une de ces forces fatales qu'il faut s'estimer heureux de voir travailler de concert avec soi, mais qu'on doit se résigner à trouver parfois contraires.

Il a cependant, l'éducateur, une certaine façon de diriger l'influence familiale ou plutôt de la détourner à son profit. Si nous nous rappelons en effet les diverses formes sous lesquelles le maître peut donner l'éducation morale nous en retiendrons deux qui ont du rapport avec la question présente. En effet le maître, lorsqu'il indique à l'enfant les diverses prescriptions morales, s'exprime parfois ainsi : 1° Il faut faire telle chose parce que vos parents vous récompenseront ou parce qu'ils vous puniront si vous ne la faites pas. 2° Il faut faire telle chose parce que vos parents la font. Évidemment cela suppose l'absence de l'opposition dont nous parlions tout à l'heure entre la conduite ou les conseils du père et la conduite indiquée à l'école. Mais cette opposition sous la forme aiguë étant exceptionnelle, nous pouvons la négliger théoriquement.

Or c'est là une assez grande ressource pour le maître que de pouvoir faire intervenir comme raison destinée à pousser l'enfant vers l'action ce double motif, tantôt l'un ou l'autre, tantôt l'un et l'autre, de la sanction paternelle et de l'imitation paternelle. Et d'abord la crainte des châtiments de la part du père et l'espoir des récompenses sont la plupart du temps des sentiments doués d'efficacité. Car ces châtiments et récompenses sont pour l'enfant objet de représentation bien précise. Il se fait, avons-nous dit, une idée assez vague des sanctions de l'opinion publique. Il n'en est pas de même pour celles que distribue son père : elles sont exactement imaginées. Non seulement ces sanctions sont précises, mais encore elles ont le mérite d'être prochaines. Les sanctions légales ne sont que tardivement appliquées ; les sanctions divines elles-mêmes apparaissent bien lointaines à celui qui est à l'aurore de la vie. La punition des parents ne tarde pas au contraire. Elle est immédiate, elle suit la faute. La plupart du temps en outre, si le père a de la constance et de la suite dans les idées, elle s'applique inflexiblement et apparaît telle qu'on s'était attendu à la voir apparaître. Toutes ces raisons confèrent aux sanctions familiales une supériorité énorme sur les autres catégories de sanctions, et la représentation qu'en suggère l'éducateur ne peut manquer d'en retirer une certaine efficacité. — Il en est de même pour le motif de l'imitation. Les parents sont les personnes que l'enfant imite le plus volontiers. Il les imite parce qu'il se trouve la plupart du temps avec eux ; il les imite aussi parce que la continuelle fréquentation engendre chez lui une affection qui contribue à faire jouer l'instinct d'imitation ; il les imite enfin parce qu'il les craint, et que leur exemple est presque toujours pour lui un exemple à suivre, sous peine d'être châtié. Peut-être ce dernier cas est-il le plus favorable, puisque le maître peut suggérer à l'enfant à la fois la représentation de la façon dont se conduisent ses parents et celle des châtiments qui l'attendent s'il n'agit pas comme eux.

Le maître a encore une ressource. Il peut défendre à l'enfant une action en ajoutant que ce dernier ferait de la peine à ses parents, ou lui en commander une en affirmant qu'ils seraient heureux de le voir agir ainsi. Comment se fait-il que cette représentation du chagrin ou de la joie possible des parents soit efficace ? L'explication doit en être cherchée dans le jeu de l'instinct d'imitation et dans cette propriété qu'ont les émotions d'être contagieuses. L'enfant qui voit sa mère pleurer, pleure. Et de l'imitation des signes extérieurs de la tristesse, il passe à l'imitation de la tristesse même. Il est triste quand il voit ses parents tristes. Or il repousse avec une égale énergie l'idée de leur causer de la peine et de s'en procurer par lui-même. C'est là un motif d'ordre sentimental ou mobile dont l'éducateur a parfois intérêt à se servir.

Tel est le rôle qu'il peut faire jouer à la famille. Remarquons que ce rôle est limité, d'abord comme nous l'avons fait observer par la conduite même des parents, dont, si elle est manifestement mauvaise, on ne peut conseiller l'imitation, puis par leur faiblesse, caractère qui les fait hésiter dans la collaboration à la répression des fautes de leurs enfants, et enfin par la durée même de leur vie. Ils ont en effet parfois disparu avant que leurs fils aient atteint l'âge adulte, et dans ce cas le maître ne peut plus faire intervenir la suggestion de ces « motifs domestiques ». En outre ces motifs n'ont guère de valeur que pour pousser aux actes devant être accomplis pendant l'enfance. Il serait ridicule par exemple de dire à l'élève : Il faudra, quand tu seras homme, voter suivant ton opinion et non dans un but intéressé, parce que tu seras félicité par tes parents, ou bien parce que tu leur feras plaisir. Tout au plus pourrait-on lui dire : Il faut que tu votes de telle façon, car tu dois suivre l'exemple de ton père. Encore n'est-il pas toujours possible de faire intervenir cette considération, car si pour les devoirs sociaux il n'y a pas grand changement d'une génération à l'autre, il n'en est pas de même pour les obligations civiques. Et en cette matière, où le père a passé, il ne convient souvent pas que l'enfant passe.

II. — L'ÉDUCATION RELIGIEUSE ET L'ÉDUCATION MORALE.

Il est encore un fait dont nous avons à tenir compte : c'est que la majorité des enfants de ce pays reçoivent une éducation religieuse. Or celle-ci comporte non seulement une initiation à des dogmes ou croyances sur l'origine de l'homme, ses rapports avec la divinité, sa destinée après la mort, et à des pratiques rituelles dont le but est de se concilier les faveurs de l'Être Suprême ou d'obéir à ses ordres, mais en outre une éducation morale. En ce qui concerne la nature et le caractère de cette éducation nous sommes mieux placés pour les déterminer que lorsqu'il s'agissait d'apprécier l'influence de la famille. Chaque père de famille peut avoir sa morale personnelle, ses idées pédagogiques personnelles, que le maître parfois difficilement connaît. Les personnes au contraire chargées de la direction religieuse de leurs semblables, prêtres de la religion catholique, pasteurs de la religion protestante, rabbins du judaïsme, sont liées par leurs livres sacrés. Leurs dogmes, leur morale, leurs méthodes pédagogiques sont identiques pour chaque individu dans chaque religion et immuables. Ces livres sacrés ne sont pas secrets ; nous les connaissons ; nous pouvons dès lors apprécier, sans crainte de nous tromper, l'influence probable de l'éducation religieuse sur les enfants. Nous pouvons même aller plus loin et déterminer l'influence dont ces éducateurs, par leur conduite, sont susceptibles. L'organisation religieuse est telle en effet que les membres de la hiérarchie sont tenus à une moralité à peu près sans défaillance. Leur exemple n'est pas, à part quelques exceptions moins nombreuses que des adversaires aveugles le prétendent, différent de la morale qu'ils prêchent. Nous sommes donc assurés par avance qu'il n'y a pas une divergence apparente entre leur conduite et leurs conseils.

Or les indications déjà données sur le fond et les méthodes générales de l'éducation morale telle que nous la concevons, nous interdisent de canaliser à notre profit l'influence religieuse comme nous avons souhaité de le faire pour l'influence familiale. Nous n'avons pas le droit de souhaiter la « fonctionnarisation » de cette éducation religieuse, ni celui de lui emprunter ses méthodes pédagogiques. Il ne devrait donc y avoir dans les institutions d'enseignement public aucune place d'aumôniers. L'internat lui-même n'exige pas qu'il existe de tels fonctionnaires. Car, même en tenant compte du désir des familles que leurs enfants reçoivent une éducation religieuse, même en faisant donner cette éducation dans les bâtiments du lycée ou du collège, il ne suit pas de là que les prêtres soient considérés comme fonctionnaires. L'application du principe de la séparation des Églises et de l'État réclame d'ailleurs qu'ils disparaissent des cadres de ceux qui sont chargés d'une fonction publique. — Voilà le premier article de cette attitude que l'on appelle d'ordinaire la neutralité. A vrai dire, le mot a changé peu à peu de sens. Il signifiait à l'origine que l'État entendait ne pas favoriser une religion au détriment de l'autre. On comprend de nos jours qu'il doit les ignorer toutes. Il serait peut-être mieux de dire que l'enseignement de l'État doit être laïc quant à ses fonctionnaires et qu'il doit l'être aussi dans son esprit. Ainsi nous pensons que le maître n'a pas comme il le faisait précédemment pour la famille à conseiller à un enfant d'agir soit parce que le prêtre le blâmera ou le louera, soit parce qu'il fera plaisir à celui-ci, soit enfin parce que celui-ci agit pareillement. Il n'a pas davantage, nous l'avons fait remarquer, à représenter à l'enfant les sanctions de la vie future comme mobile d'action. En somme, neutralité ou plutôt absence de relations avec l'organisation religieuse, telle est la conduite que nous préconisons.

Est-ce à dire que cette neutralité déguise une attitude hostile, que nous devions déplorer comme pernicieuse l'influence à laquelle l'enfant est soumis par son initiation à la religion, que l'éducation morale laïque doive être anti-religieuse, disons le mot courant, anticléricale, ou ne pas être ? Nous ne le pensons pas. La neutralité dont nous voulons, c'est, pour reprendre une expression que nous avons avancée dans un de nos articles (1), une « neutralité bienveillante ». Nous ne pourrions en effet déplorer le fait d'une éducation religieuse que si ses résultats étaient trop réellement en opposition avec ceux que nous nous efforçons d'atteindre. Or il n'en est pas ainsi. Car la morale que les Églises enseignent et parviennent à faire pratiquer en grande partie soit parce qu'elles en lient les diverses prescriptions à des actions rituelles accomplies dès l'enfance, soit en faisant intervenir la crainte des châtiments ou l'espoir des récompenses après la mort, cette morale a de nombreux traits communs avec celle dont nous avons établi le programme. Elle comporte seulement quelques lacunes — qui sont fort importantes à nos yeux naturellement — à propos des obligations civiques et professionnelles (2). A

(1) ANDRÉ MANCENON, L'art de l'éducation. *Revue philosophique*, février 1910, p. 188.
(2) Une preuve assez convaincante de ce fait se trouve involontairement donnée dans un livre de *Lectures morales* extraites d'au-

cela rien de bien étonnant puisque d'une part l'Église a presque toujours vécu en marge des États ou en opposition avec eux, considérant la soumission religieuse comme supérieure moralement à l'obéissance aux lois politiques, et puisque d'autre part la doctrine chrétienne a parfois insisté sur le mépris des biens de ce monde et le dédain des activités professionnelles. Sur ce point le conflit entre la morale religieuse et la morale laïque existe théoriquement. Il se produirait en fait si les religions chrétiennes réussissaient à faire passer dans la pratique les recommandations qu'elles donnent. Mais, tout au moins en ce qui concerne le mépris des biens terrestres, elles n'y ont guère réussi, le nombre des ascètes étant resté relativement minime. Bel exemple d'ailleurs de l'insuccès auquel est vouée toute doctrine morale qui ne tient pas compte des conditions physiques et sociales d'existence de l'homme dans le moment où elle se pose ! — Donc nous ne voyons aucun inconvénient à ce que concurremment avec l'éducation morale de l'État, éducation absolument indispensable, l'enfant reçoive aussi une éducation religieuse, dans la mesure où elle n'est pas en opposition trop absolue avec la première, et où elle n'engage pas irrémédiablement l'avenir intellectuel de l'enfant. Certains s'étonneront peut-être de cette concession, prétextant que, précisément par le mobile auquel elle fait appel, celui des sanctions supra-terrestres, l'éducation religieuse arrive seulement à faire des êtres intéressés, incapables d'agir par la simple considération du devoir. Ne lui jetons pas trop la pierre. Nous avons vu qu'il était bien difficile d'amener l'homme à agir par ce seul motif, et qu'il nous fallait recourir à bien d'au-

teurs anciens et modernes à l'usage des élèves de 4e et de 3e par R. Thamin et P. Lapie. — Pour le cours de 4e, où il s'agit surtout des vertus « humaines » (sincérité, courage, bonté, etc.), le nombre des extraits s'élève à 116 et parmi eux il en est 33, c'est-à-dire plus du tiers, qui sont empruntés aux écrivains religieux de la pure race n'ayant jamais été condamnés par l'Église. Au contraire, sur les 94 morceaux du cours de 3e, où il s'agit des devoirs vis-à-vis de la famille, de la patrie, etc., on en compte seulement 12, soit le huitième.

tres moyens détournés. Félicitons-la plutôt d'avoir un pareil outil à sa disposition, mais reconnaissons que nous n'avons pas à le lui emprunter, car il nous est interdit de nous en servir. — Au surplus, l'éducation religieuse présente finalement, à un point de vue plus général, quelques avantages non méprisables dont, si l'on ne veut pas être sectaire, il faut convenir (1). D'abord l'enfant qui la reçoit refait, pourrait-on dire, au point de vue psychologique, ce qu'il a déjà fait comme embryon au point de vue physiologique. Il revit un état moral de l'espèce, et plus tard, lorsqu'il aura dépassé ce stade, il en aura peut-être retiré le sentiment de l'évolution, si précieux pour comprendre les choses sociales de tout ordre, et spécialement de l'ordre moral et religieux. Comme le fait remarquer, avec un peu d'exagération, Renan dans ses *Cahiers de Jeunesse*, « de même que le christianisme a été nécessaire pour faire l'éducation de l'humanité, il est nécessaire pour faire l'éducation de chaque homme, et celui-là ne sera jamais complet qui n'a pas été chrétien dans son enfance (2) ». Celui qui ne l'a pas été n'aura en tout cas guère été en mesure d'acquérir ce sens du mystérieux et de l'inexpliqué, qui ne s'obtient que par une contention sur les questions métaphysiques laissées sans solution par la science, et qui est indispensable, même dans une philosophie rationaliste, car le vrai rationaliste est celui qui sait les bornes de la raison. — Enfin il est possible que pour certains esprits vraiment rationalistes qui constatent l'impuissance de la raison à achever la synthèse universelle, tel système religieux puisse remplir ce rôle. A ce point de vue, celui qui, dès l'enfance, aura été initié à ce système, aurait certainement, pour employer une expression vulgaire, « un peu d'avance ».

---

(1) On trouvera dans l'ouvrage de M. RAYMOND THAMIN (*Éducation et Positivisme*) d'autres indications intéressantes sur la nécessité de l'éducation religieuse de l'enfance.
(2) RENAN, *Cahiers de Jeunesse*, p. 192, éd. Calmann-Lévy.

III. — La vie scolaire et l'éducation morale.

Un troisième fait, dont, croyons-nous, les pédagogues n'ont pas vu encore toute l'importance, est que l'enseignement de l'État et même l'enseignement privé s'adresse à des groupes, et revêt la forme scolaire. De plus, lorsque le groupement scolaire est trop nombreux il comporte une répartition en divisions appelées classes, divisions basées soit sur le nombre des élèves, soit sur la similitude des matières étudiées. — Cette institution des écoles et des classes est inévitable dans des pays où la distribution de l'instruction est démocratisée ou le devient de plus en plus. La difficulté de la tâche pédagogique en a en effet amené la spécialisation. Et par suite il ne peut pas y avoir autant de maîtres que d'élèves. Le mode préceptoral n'est plus prépondérant. C'est dans l'école que l'enfant reçoit l'éducation, et on n'aperçoit pas qu'au cours du développement des sociétés il puisse être apporté quelque changement à cet état de choses.

Or un tel fait a un intérêt considérable, et les hautes spéculations pédagogiques qui n'en tiennent pas compte, qui placent l'enfant théorique en présence du maître, sont vouées à un échec certain. L'intérêt est d'abord visible en ce qui concerne l'acquisition même des connaissances ou l'instruction. L'enseignement collectif provoque en effet chez les élèves la naissance d'un sentiment très complexe, l'émulation, sentiment dont le résultat est bien apparent : une attitude plus attentive, une application plus grande, un emmagasinement plus rapide des matières enseignées. Le maître lui-même retire un profit non négligeable du fait qu'il se trouve en présence d'une classe. Lorsqu'il a affaire à un seul élève, il a vite fait sa connaissance, psychologiquement parlant. Il parvient sans trop de peine à mettre son enseignement au niveau de son auditeur unique, et cette accommodation une fois obtenue, il risque fort de s'enliser dans un dogmatisme reposant.

La situation n'est plus la même devant une classe multiple où la mise au point de l'esprit éducateur par rapport aux esprits éduqués est plus longue, nécessite de plus nombreuses corrections. Cet effort est éminemment propre à entretenir toujours en forme les facultés intellectuelles du maître.

Mais ce point-là ne concerne pas, ou très peu, notre sujet. Nous avons à rechercher simplement les rapports de la vie scolaire et de l'éducation morale de l'enfant. Or, relativement à cette question, nous croyons pouvoir montrer la vérité des trois affirmations suivantes : 1° la vie scolaire donne lieu à des relations entre élèves identiques ou analogues à celles qu'ils rencontreront dans leur vie postérieure ; 2° la vie scolaire développe certains sentiments qui constituent des mobiles très forts des actions enfantines, mobiles auxquels l'éducateur peut faire appel pour solliciter à l'action morale dans les limites de la vie scolaire ; 3° la vie scolaire fait naître certaines habitudes générales qui, bien dirigées, pourront faciliter plus tard l'observation de la loi.

1° Considérons d'abord la première de ces affirmations. Et faisons auparavant une réserve importante. Tant que la coéducation des sexes, pour l'externat, bien entendu, ne sera pas réalisée, il manquera toujours quelque chose pour que l'école soit la véritable image et constitue un sincère apprentissage de la vie qui attend plus tard l'individu. Telle qu'elle est organisée, elle est plutôt une préparation à la vie congréganiste ou à la vie militaire. Mais cette réserve faite, il est incontestable que l'école présente des situations qui imitent celle de la vie familiale, professionnelle, civique et sociale. Et cette similitude de situations conduit naturellement à une similitude d'actions.

Ce que l'école imite le moins, c'est la famille. Elle ne ressemble en rien, en effet, à la situation domestique que l'élève aura plus tard. Rien d'analogue évidemment aux relations de père à fils ou de mari à femme. Une seule ressemblance pourrait se rencontrer ; elle consisterait dans une amitié élective et persistante entre un petit garçon et une petite fille. Mais cette approximation — assez distante encore et qui d'ailleurs devrait rester telle — de l'état de mariage est précisément interdite par la séparation presque complète des sexes dans les institutions d'enseignement public et aussi d'enseignement privé. — La situation de l'enfant à l'école ressemblerait davantage à celle qu'il occupe dans sa famille à ce moment. Vis-à-vis du maître, il est dans une certaine mesure comme vis-à-vis de son père; vis-à-vis de la maîtresse, la petite fille est comme vis-à-vis de sa mère. Encore ne faut-il pas exagérer. La morale scolaire, c'est-à-dire les règlements scolaires exigent simplement l'obéissance, tandis que la loi réclame que l'enfant non seulement obéisse, mais encore honore et respecte ses parents. Et souvent l'élève s'en tient à l'observation des ordres. Mais parfois aussi l'enfant, soit tout naturellement, soit parce que le maître sait s'y prendre, notamment en faisant preuve d'attachement ou de dispositions affectueuses, va plus loin. Il respecte et il aime. Et il est amené à reporter une partie de ce respect et de cet amour sur ses parents. Sur ce point donc la vie scolaire favorise les sentiments filiaux que l'éducation morale a précisément pour objet de développer chez l'enfant. — Elle favorise aussi et surtout les sentiments fraternels. Car à l'école l'enfant connaît la camaraderie qu'engendre une perpétuelle fréquentation, une participation aux mêmes exercices, une communauté de goûts, etc. Cette camaraderie exige des concessions réciproques, des complaisances, des marques de bonté, une certaine délicatesse morale qui sait éviter tout ce qui pourrait causer du chagrin, toutes choses qui caractérisent les relations fraternelles, et qui en donnent l'habitude. — En somme, c'est un mutuel et continuel échange de services que se rendent l'école et la famille. La vie familiale conduit l'enfant à respecter son maître et à lui obéir parce qu'il fait de même vis-à-vis de ses parents, à être bon pour ses camarades de classe parce qu'il pratique la bonté à l'égard de ses frères ; — et en retour, l'école comble dans une certaine mesure les lacunes affectives du membre du groupe domestique. Il suffira donc que l'éducateur, prenant conscience de ce fait, s'efforce de provoquer l'attachement de l'enfant, son respect, son obéissance, puis sa bienveillance vis-à-vis de ses petits camarades, pour être à peu près assuré que cet effort ne sera pas perdu et servira à faire naître ou plutôt à augmenter et à consolider l'amour filial et l'amour fraternel, qui sont les deux principaux articles du programme d'éducation morale concernant la vie domestique.

L'école est aussi une première ébauche de vie professionnelle. Tout d'abord l'enfant y est soumis à l'obligation générale du travail. Un perpétuel effort étant réclamé de lui, il s'habitue à le donner; il se fait à cette idée que la vie n'est pas une distraction qui se continue, qu'elle est faite d'activités sérieuses dirigées vers des fins utiles. — Il apprend en outre la notion de « probité professionnelle ». On lui répète en effet souvent que non seulement il doit travailler en classe, mais encore fournir un bon travail, que tout ce qui doit être fait mérite d'être bien fait. On sourira peut-être si nous affirmons qu'il s'habitue aussi à la « probité commerciale », mais il est certain qu'il y a quelque chose des relations de fournisseur à client dans les rapports d'élève à maître. L'élève doit en effet livrer à jour et heure convenus une certaine quantité d'articles, c'est-à-dire de travaux d'une qualité déterminée, ou tout au moins approchant d'une certaine qualité moyenne ; on l'habitue à cette livraison à date fixe ; on l'habitue à ne pas « saboter » son travail, à ne pas présenter des articles défectueux, à apporter le fruit même de son effort, et non de celui d'autrui, à soigner son travail tant au point de vue de la forme que du fond. Tant pis pour l'instituteur ou le professeur qui laisse ses élèves lui livrer une « camelote de devoirs » ! Il n'obtiendra pas naturellement des résultats en ce qui concerne l'instruction. Mais il risque en outre de jeter dans la société de mauvais apprentis, de mauvais ouvriers, de mauvais employés et des commerçants peu consciencieux. — Si nous avions assigné à l'éducation morale la tâche d'habituer l'enfant à observer les prescriptions de la conscience commune, nous pourrions démêler une autre influence salutaire de l'école. Comme le remarque M. Durkheim dans son introduction à la *Division du travail*, par un de ses aspects, l'impératif catégorique de la conscience morale collective est en train de prendre la forme suivante : Mets-toi en état de remplir utilement une fonction déterminée ; spécialise-toi ; fais ta partie d'un effort collectif. Or l'école présente des exemples de division du travail, dans les établissements d'enseignement secondaire et supérieur, puisque le même professeur ne donne pas l'instruction sur toutes les matières. Mais nous n'avons pas à insister sur ce point pour une double raison, d'abord parce que l'exemple de la division du travail n'est pas général, l'enseignement primaire ne la connaissant pas ou presque pas, ensuite parce que cette obligation de la spécialisation n'étant pas encore un état fort de la conscience collective n'a pas passé en forme de loi et que nous nous occupons avant tout de l'observation des lois. — Il vaut mieux noter les avantages que l'enfant retire de la division de l'effort individuel en travaux successifs à laquelle l'habitue la vie scolaire. Il apprend en effet peu à peu à travailler régulièrement, c'est-à-dire un même nombre d'heures par jour et aux mêmes heures, à employer son temps de travail suivant un ordre déterminé, à s'élever des tâches simples aux tâches complexes, des plus faciles aux plus difficiles. Tout cela constitue des qualités qui si elles ne sont pas exigées du travailleur par la loi — et encore le sont-elles du travailleur fonctionnaire — sont requises par la nature même des travaux qu'il aura plus tard à accomplir. Ce sont, si l'on veut, des qualités secondes ou des conditions qui rendent possible l'acquisition des vertus réclamées par les lois.

Et toutes ces influences sont bien dues à l'organisation scolaire même. Le maître en présence d'un seul élève peut évidemment exiger qu'il travaille bien, qu'il fasse ses devoirs à heure fixe, qu'il travaille régulièrement et avec ordre ; mais ce maître n'y est pas forcément tenu ; et il est même invité parfois à faire le contraire ou à tolérer des infractions. Il n'en est pas de même du maître qui est chargé d'une classe, et qui veut, bien entendu, réussir à instruire les enfants. Il faut qu'il impose un ordre. La discipline est de l'essence même de la vie scolaire. Et de cette partie de la discipline qui se rapporte au travail de la classe, nous pensons que l'enfant retire le meilleur profit relativement à sa vie professionnelle ultérieure.

A vrai dire, il y aurait peut-être une restriction à faire. Il arrive en effet que la classe agisse vis-à-vis du maître comme un groupe d'ouvriers mécontents vis-à-vis de leur patron. Elle s'entend pour manifester à son égard les sentiments d'hostilité qu'elle a pour lui; elle se livre, en tant que collectivité, à des actes destinés à le froisser ou à lui nuire; parfois même elle décide de pratiquer la grève des « bras croisés ». Nos modernes « gréviculteurs » croient avoir imaginé un moyen tout à fait nouveau. Il y a cependant longtemps que la vie scolaire connaît cette forme collective de protestation : docilité apparente qui couvre une désobéissance foncière, application visible mais ne donnant aucun résultat réel comme le ferait une machine travaillant à vide, silence et immobilité que les écoliers s'imposent à eux-mêmes dans les moments où ils ont toute latitude de parler et de courir, ce que, dans leur argot expressif, ils appellent « piquer une muette » à leurs professeurs ou à leurs surveillants. — La vie scolaire connaît aussi les manifestations bruyantes, le « chahut » (1) que la foule et le public infligent de leur côté à ceux qui leur déplaisent de façon permanente ou accidentelle. — Il n'est pas bon évidemment que de telles expériences scolaires se répètent souvent. L'enfant prendrait vite en effet l'habitude de considérer que tout groupement est une force qui, si elle se déploie, doit se déployer contre quelqu'un, qu'on se mêle, qu'on s'associe uniquement pour détruire, pour combattre, pour manifester. Il faut à tout prix éviter qu'il en soit ainsi et que l'enfant retire de son séjour à l'école cette conception polémique de l'action collective. — Mais

(1) Voir, sur ce point une étude fort intéressante parue dans l'*Éducateur moderne* (Juillet 1910, p. 303) et intitulée : L'autorité du maître dans sa classe, par R. COUSINET.

n'exagérons rien. L'insurrection organisée n'est pas un état permanent de la classe vis-à-vis du maître. Elle se produit seulement par accident à la suite de maladresses pédagogiques, comme lorsqu'un maître qui a trop longtemps fait preuve de faiblesse veut tout à coup ressaisir l'autorité qu'il a laissé échapper. Un bon pédagogue ne commettra pas de pareilles fautes, et les cas où sa classe entre en état d'insubordination sont extrêmement rares.

Mais ce qu'il peut, c'est faire faire à ses élèves l'expérience de l'avantage que présente l'organisation de la force collective. Il peut leur donner l'habitude de se concerter, de choisir des porte-paroles; non pour traiter avec lui d'égal à égal, mais pour présenter des vœux, solliciter une autorisation, faire connaître les besoins et les sentiments du groupe. Il y a là tout un apprentissage de la vie syndicale ou corporative qui peut se faire dès l'école, du moins pour les élèves d'un certain âge. Enfin il lui est loisible de leur faire prendre l'habitude de se discipliner eux-mêmes. Dans les circonstances d'ailleurs rares où le maître doit abandonner momentanément la surveillance, il peut avoir avantage à la confier non pas à un moniteur élu par lui, fier de l'autorité conférée par préférence, mais à rendre responsables de l'ordre un ou plusieurs élèves désignés à cet effet par leurs camarades. L'expérience a été tentée dans quelques lycées et collèges; et elle a donné parfois de bons résultats.

On le remarquera : nous avons employé, relativement à cette participation des écoliers à la direction scolaire, des termes donnant l'idée d'une chose facultative, d'une liberté. C'est qu'en effet l'éducation morale a d'après nous pour objet l'accoutumance aux devoirs plutôt qu'aux droits : et l'organisation syndicale constitue actuellement une liberté et non une obligation. Mais chacun sent bien que dans nos démocraties modernes une réglementation nouvelle du travail est en train de s'élaborer. Le droit d'aujourd'hui deviendra probablement un devoir demain; et telle institution comme celle du contrat collectif de travail qu'on se préoccupe actuellement d'organiser finira peut-être par rendre obligatoire la participation de l'ouvrier au groupement syndical. On retournera contre nous l'objection que nous avons souvent nous-même adressée aux autres : qu'en tant qu'éducateurs moraux nous n'avons pas à élever les enfants selon les lois de demain, mais selon la loi d'aujourd'hui. Nous en convenons. Cependant, lorsque la loi de demain peut être prévue avec infiniment de probabilité, lorsque les institutions actuelles y acheminent insensiblement, mais fatalement, il n'est pas surprenant que, sans imposer ni recommander à l'éducateur de faire prendre à l'enfant des habitudes qui lui serviront à s'adapter sans effort aux prescriptions légales prévisibles, nous suivions avec sympathie l'effort d'un maître qui s'opérerait en ce sens. Le point délicat est, évidemment, dans cette question, de ne pas sacrifier l'autorité qui doit s'attacher à la personne du maître. Certains comprennent difficilement qu'un supérieur (patron d'industrie, chef d'une maison de commerce, directeur d'une compagnie, chef d'un service public) puisse contracter avec des inférieurs, même groupés, le contrat semblant supposer des droits égaux. Peut-être pourrait-on considérer le contrat collectif non pas tant en tenant compte des droits créés par lui au profit des subordonnés que des engagements réciproques pris par les deux cocontractants. De cette façon le contrat collectif apparaîtrait de la part du supérieur comme une espèce d'assurance prise par lui-même contre ses propres impulsions, comme une déclaration qu'il éliminera de ses rapports avec ses inférieurs toute attitude passionnée, toute prévention injurieuse, qu'il s'engage en un mot à se conduire rationnellement vis-à-vis d'eux. A ce point de vue, la notion d'autorité ne perd rien de ce qu'elle doit conserver, car c'est bien d'une autorité raisonnable et non d'une volonté arbitraire, de bon plaisir, d'absence d'esprit de suite qu'il peut s'agir, même à notre époque actuelle et non pas seulement demain, dans les rapports de chefs à subordonnés.

Si les analogies entre la vie scolaire et la vie professionnelle sont nombreuses et profondes, il serait exagéré de dire qu'il en est de même relativement à la vie politique. Le passage de l'enfant à l'école lui donne peu souvent l'occasion d'accomplir des actes semblables à ceux dont il aura plus tard à s'acquitter en tant que citoyen ; et surtout en tant que citoyen d'une démocratie. Il ne vote pas ; il ne participe pas à la confection ou à la modification des règlements, à la surveillance de leur exécution et à l'application des sanctions contre les délinquants ; il n'y a pas en somme de quasi-contrat à la base du groupement scolaire. Le « Souverain » n'est pas constitué par ses membres. Le pouvoir vient d'en haut. Si donc une expérience politique se faisait dès l'école, elle serait plutôt en faveur d'un régime monarchique, c'est-à-dire tout simplement en faveur d'un régime où un seul commande et où tous les autres obéissent. — Cependant il arrive parfois que le maître renonce momentanément à son pouvoir de décision. S'agit-il par exemple d'une promenade à faire, d'une distraction à choisir, d'une date de composition à fixer. Le maître appellera ses élèves à décider par eux-mêmes. C'est dans de telles circonstances que l'enfant apprendra à se concerter avec les autres au sujet d'un parti à prendre, à peser le pour et le contre, à convaincre les hésitants, à s'attirer des partisans ; c'est ainsi qu'il acquerra ce sens de l'opportunisme qui est la qualité essentielle des hommes appelés à exercer le pouvoir politique, de l'opportunisme qui sait donner d'une part aux rêves aventureux des révolutionnaires les petites satisfactions qui les calment, et d'autre part peser par les violences nécessaires sur ceux qui sont trop attachés aux habitudes et aux institutions du passé. — Mais il y a mieux encore. Le groupement que forme une école déterminée est en quelque sorte une petite patrie. Il est soumis, comme elle, à un incessant renouvellement ; et cependant la continuité formelle demeure ; comme elle, il a ses coutumes traditionnelles, ses rites, ses fêtes, sa langue particulière parfois, ses grands hommes qui sont les maîtres dont l'influence a été prédominante ou les anciens élèves qui sont devenus illustres, ses gloires qui sont les succès remportés par eux dans le domaine scientifique, artistique ou social, le souvenir de ses triomphes ou de ses défaites dans les luttes qu'il a eu à soutenir contre les groupements similaires. Tout cela fait qu'il y a bien une « âme de l'école », suivant une expression chère à Pécaut (1). Il est vrai qu'il l'entendait autrement que nous et qu'il voulait désigner par là l'ensemble des croyances morales, non dogmatisées, peu fixes, qui animaient, il y a une quinzaine d'années tout le personnel de l'enseignement en France, et notamment la communauté « d'un noble et général effort de pensée et de paroles sincères ». Mais nous pouvons nous en servir avec autant de justesse pour marquer cet élément spirituel qui « anime » un groupement scolaire déterminé. Or ce principe spirituel a les mêmes effets que dans la patrie. Il entraîne la volonté de faire de grandes choses ensemble, comme il en a déjà été fait.

Nous pouvons dire ce que Renan disait de la patrie : « Le chant spartiate : nous sommes ce que vous fûtes ; nous serons ce que vous êtes, doit être dans sa simplicité l'hymne abrégé de toute école. » De là l'habitude que peut prendre l'enfant de lutter pour un but qui dépasse la simple individualité, de sacrifier parfois pour cela son intérêt personnel à l'intérêt collectif, de « passer la main » à un plus digne que soi de maintenir et d'augmenter la gloire et le succès du petit groupe. Jetez ensuite l'enfant dans la mêlée sociale, vous le verrez comprendre facilement le sens du groupement national, acquérir vite le sentiment patriotique et devenir capable de dévouement envers la patrie.

Il est évident enfin que la vie scolaire connaît les relations inter-individuelles qui, considérées comme obligatoires, forment la matière de ce qu'on appelle la morale sociale. Remarquons le nombre et la nature des interdictions et des obligations que le maître impose à l'enfant vis-à-vis de ses camarades. Elles sont presque aussi nom-

---

(1) F. PÉCAUT, *l'Éducation publique et la vie nationale*, pp. 83 et suiv.

breuses que celles qui pèsent sur l'homme mûr et lui ressemblent en grande partie. La réglementation scolaire a des origines diverses : elle est empruntée sur certains points aux procédés des éducateurs religieux, et par conséquent inspirée de la religion chrétienne ; elle est calquée pour d'autres sur les lois de l'État ; elle dérive aussi des mœurs. Mais elle a pour l'éducateur la force d'une loi. Il se soumet à l'obligation de l'appliquer. Et voici ce qu'il prescrit à l'enfant en tant qu'enfant dans ses rapports avec ses camarades. Il prescrit naturellement de respecter leur vie ; de ne pas les blesser, de ne pas trop les frapper, de ne pas se faire justice soi-même, de ne pas se coaliser contre un seul, de ne pas calomnier, de ne pas rapporter (ce qui signifie ne pas médire), de respecter leur liberté de penser, de ne pas infliger de souffrances morales par la moquerie portant sur leurs infirmités, de respecter leur pudeur, de ne pas accomplir publiquement certains actes relatifs à quelques fonctions physiologiques, de respecter leur propriété ou ce qui est considéré comme tel, de ne pas dégrader ou détruire les objets qui constituent une propriété collective ; de ne pas commettre de fraude, comme le serait l'échange d'un objet de peu de valeur contre un autre plus important qui aurait excité l'envie d'un camarade naïf ; de ne pas se permettre de copier dans une composition, ce qui est un autre genre de fraude ; de tenir les engagements tacites ou exprès, comme de travailler surtout lorsqu'il l'a solennellement promis ; de ne pas déguiser la vérité, de rapporter fidèlement ses notes à ses parents, et de ne pas falsifier les appréciations de ses maîtres. — Remarquons cependant que quelques-uns de ces devoirs sont moins impérieusement exigés que dans la vie sociale. Par exemple des maîtres font honte parfois à un élève de ne pas riposter courageusement quand il est maltraité. De même en ce qui concerne la propriété individuelle. Elle est moins délimitée que dans la vie ordinaire. Sur certains objets qui, légalement, appartiennent à l'enfant ou du moins à ses parents, il est considéré simplement comme ayant un droit de jouissance par préférence. Mais, accessoirement, les autres peuvent en user : ainsi des crayons, des règles, de l'encre. Il doit les prêter, dit la morale de l'école qui ne connaît pas le prêt à titre onéreux. Nous faisons ces restrictions pour montrer que cette morale n'est pas une simple déformation de la morale sociale, mais qu'elle a son originalité propre et qu'elle exprime véritablement les conditions nécessaires à la continuation de l'existence de ce groupement particulier. La différence d'ailleurs des sanctions qui atteignent les fautes des élèves en tant que fautes scolaires, et en tant que fautes sociales, suffit pour qu'on reste pénétré de la distinction des deux ordres d'obligations. — Mais ceci dit, qui ne s'apercevra que la liste précédente contient les principaux devoirs de la morale sociale ! Dès lors, il est à présumer que l'enfant qui aura été habitué à observer cette réglementation approchée de celle de la vie sociale sera disposé plus tard à observer tout naturellement celle-ci. — Certaines institutions scolaires peuvent encore favoriser des dispositions spéciales. Tel est le cas de la mutualité scolaire, dans la mesure où elle a pour but la constitution des retraites. Avant la loi récente sur l'assistance aux vieillards indigents, l'obligation de ne pas dépenser la totalité de ses revenus ou de ses biens découlait indirectement du Code civil, au moins pour les célibataires et les personnes mariées sans enfants, les autres ayant droit à une pension alimentaire. La loi d'assistance a failli détruire cette obligation indirecte de l'épargne, puisqu'elle établit le droit au secours pour tout vieillard indigent, qu'il le soit devenu par sa faute ou non. Mais d'un autre côté la loi sur les retraites ouvrières a rétabli pour de nombreux citoyens l'obligation, et pour d'autres catégories de travailleurs institué la faculté de se constituer par des versements annuels une retraite pour leurs vieux jours. Or, cette constitution peut se faire, ainsi que la loi l'autorise, par l'affiliation à une société mutualiste. Il est évident que l'enfant, habitué dès le bas âge à verser ou à voir verser pour lui des cotisations aura une tendance à continuer ses versements et sera ainsi prévoyant pour la vieillesse. Remarquons de plus en faveur de la mutualité scolaire qu'elle présente l'avantage important de rendre plus nombreux les versements de l'individu, puisqu'il les commence très jeune, et par suite d'augmenter le chiffre de la rente qui lui sera servie plus tard.

2° On voit donc que les exigences auxquelles l'enfant se trouve soumis en tant qu'il fait partie d'un groupement scolaire constituent, c'est le mot qui convient, la meilleure « école » pour sa moralité future. Mais sommes-nous plus avancés pour cela ? Et n'allons-nous pas retomber dans les constatations presque désespérantes que nous avons faites dans le chapitre précédent ? Car il est incontestable que la moralité de l'écolier prépare la moralité de l'homme. Mais cette moralité scolaire, l'éducateur a-t-il vraiment les moyens de la produire ? Ces actes du bon écolier, comment peut-il l'amener à les exécuter ? ces bonnes habitudes, comment arrive-t-il à les lui faire prendre ?

Tout d'abord, il est des cas où l'intervention du maître n'a pas besoin de se produire. Il n'a qu'à laisser agir le groupe lui-même. A l'intérieur de tout groupement s'opère une influence en quelque sorte pédagogique. Le groupe est un facteur d'imitation, et aussi de contrainte. L'enfant imite ses camarades, plus volontiers que d'autres personnes, et tout enfant est imitateur. Il n'est pas rare de voir une uniformité de conduite de toute une classe, une entente absolue pour se donner une attitude commune, une contagion émotionnelle s'y répandant : approbation enthousiaste pour un maître ou verdict unanime déclarant que ce n'est pas « un chic type », etc. — L'enfant aussi le craint et agit par crainte. Et il a raison de craindre les sanctions du groupe. Car elles sont terribles pour lui ; et, appliquées à nous hommes faits, elles nous apparaîtraient sûrement redoutables et insupportables. Mauvais traitements, coups de poings sournois multiples et répétés, bourrades douloureuses, mépris ostensible, moqueries cuisantes qui rabaissent, tout cela n'est rien à côté de la torture de la « quarantaine ». Nous avons, dans notre système de pénalité, l'emprisonnement cellulaire. Ils ont, eux, l'isolement moral.

L'éducateur ne peut empêcher ces diverses influences de se produire; mais il peut les diriger au mieux du résultat qu'il veut atteindre. Ainsi il s'occupera de diminuer le pouvoir d'imitation des mauvais élèves. Il y arrivera, par exemple en assurant à l'élève faible qui se laisserait facilement entraîner une fréquentation plus longue et plus constante avec les meilleurs de la classe. Il le placera sur un banc, à côté d'eux. Car on nous permettra d'exprimer cette naïveté apparente : les élèves s'imitent bien souvent dans la mesure où ils se voient et où ils sont près les uns des autres. — Il dirigera aussi l'application des sanctions du groupe. Non pas qu'il puisse en changer la nature, mais il est assez fort pour en tempérer le fonctionnement. Il surveillera les marques extérieures de la désapprobation collective, et, s'il le faut, mettra fin par une action énergique à la solitude qui est faite autour d'un enfant coupable de quelque indépendance irrévérencieuse à l'égard du groupe..

Mais, par-dessus tout, il possède ce moyen très énergique dont l'organisation scolaire seule permet l'emploi et qui devient pour les enfants un mobile d'action extrêmement efficace : le plaisir qui naît des éloges, des récompenses, des distinctions, et inversement la douleur qui suit le blâme et l'humiliation publiques. Ce plaisir provient de la satisfaction donnée à l'un des plus profonds instincts de la nature humaine : l'instinct de puissance. « Le désir de surpasser les autres et de se distinguer, remarque Bain, est, de tous les stimulants du travail intellectuel, le plus puissant que nous connaissions, et, quand il exerce toute son influence, il tient lieu de tous les autres (1). » Il conserve également son importance pour amener l'élève à se bien conduire vis-à-vis de ses camarades. On en contestera cependant la valeur. On fera remarquer que cet amour de la domination est un principe antisocial. Pourtant, si l'on considère le fond des choses, vivre n'est-ce pas combattre, lutter et triompher, et le lien social n'est-

---

(1) BAIN, la Science de l'éducation, p. 82.

il pas fait de domination dans son essence. Et puis qu'importerait qu'il en soit ainsi dans la réalité ! Le miracle de la pédagogie est précisément de faire de la moralité désintéressée avec ce vieux fond d'égoïsme et d'amener l'enfant à se dévouer en donnant des satisfactions subtilement personnelles à la brute. L'essentiel est de savoir limiter à propos ces satisfactions et d'empêcher l'enfant de les prendre pour fin aux lieu et place de l'acte lui-même qu'il faut accomplir. Le maître peut compter sur les lois de l'oubli qui feront lentement leur œuvre : l'enfant qui travaille d'abord pour avoir un prix à la fin de l'année finit par se désintéresser de ces récompenses et travaille parce qu'il a pris l'habitude de travailler; de même l'enfant qui se conduit bien d'abord pour avoir une récompense ou pour éviter d'être blâmé devant ses camarades — ce qui le met dans une posture humiliée et ce qui diminue sa valeur dans le groupe — finit par se bien conduire et ne pense plus à la fin intéressée qu'il poursuivait jadis.

Nous considérons donc comme utiles au point de vue pratique et pas dangereuses au point de vue moral les récompenses et les punitions *scolaires* qui sanctionnent la conduite de l'écolier ; — nous n'avons pas à parler de celles qui sanctionnent les résultats de son travail et qui, en fait, dans notre régime actuel, sont les mêmes. — Quant à les déterminer exactement et à en faire une énumération limitative, il n'est pas opportun de le tenter. L'habileté du pédagogue consiste précisément à deviner le mot qu'il convient de prononcer, le mode de récompense à décerner, la punition qui porte, en considérant les habitudes que l'enfant a prises dans la famille, les goûts intellectuels qu'il manifeste, le degré de son mérite et l'étendue de sa responsabilité, etc. C'est là de l'art pédagogique qui ne se laisse pas emprisonner en formules.

3° Ajoutons enfin une dernière assertion. La vie scolaire considérée dans son ensemble, par son train habituel ou par les incidents multiples qui naissent, est éminemment propre à développer chez l'enfant les habitudes générales qui lui rendront plus facile l'accomplissement de ses devoirs dans la vie ultérieure. Comme nous l'avons dit plus haut, développer l'intelligence, la volonté, apprendre la modération des désirs ne suffit pas pour produire l'être moral ; mais l'enfant qui a été soumis à une pareille culture est mieux disposé que tout autre, si en même temps l'éducation morale est bien menée, à s'acquitter de ses devoirs. Or cette culture, l'école la donne. — Mais il est un point plus important à nos yeux. La vie scolaire donne à l'enfant l'habitude de la discipline, c'est-à-dire le pli à l'obéissance vis-à-vis d'une loi extérieure. Faisons bien vite des réserves. La vie scolaire, actuellement, ne donne pas assez cette habitude. Car il est curieux que la morale qui y est enseignée va justement à l'encontre. La morale kantienne a été pendant longtemps le credo auquel se rattachaient la plupart des pédagogues et quelques-uns la prennent encore comme point d'appui. Or elle est difficilement comprise, sinon par les maîtres qui s'en réclament, au moins par les enfants. Elle arrive à leur esprit après avoir subi des transformations. Il y est question d'autonomie de la volonté, et les enfants comprennent indépendance par rapport à tout commandement extérieur, et bon plaisir. Tant il est vrai que les notions morales se déforment et se dégradent par le fait même de l'enseignement. Une doctrine qui, originellement, avait pour but de désindividualiser l'action morale, de faire de l'obéissance de la volonté à la loi rationnelle et universelle la condition même de la moralité, une telle doctrine s'est modifiée au point de servir à justifier toutes les fantaisies d'un individualisme exagéré. Le surhomme nietzschéen est une déformation maladive de l'être moral kantien (1).

(1) M. Fouillée fait bien ressortir dans un de ses ouvrages le défaut dont nous parlons : « Par une conception demi-stoïcienne et kantienne, demi-luthérienne, on s'est proposé de faire des « volontés libres », des « consciences individuelles », noble projet à coup sûr et tâche nécessaire, mais aujourd'hui insuffisante. Avoir des volontés maîtresses d'elles-mêmes n'est plus assez, il faut encore leur marquer un but en dehors et au-dessus d'elles-mêmes. On a trop élevé les enfants de nos écoles et les jeunes gens de

— Il est vrai qu'on a essayé de réagir. A l'autonomie de la volonté, on a substitué la notion de solidarité et de dette sociale. Mais là encore, cette doctrine se déforme vite, du moins dans l'esprit de l'enfant. L'homme, dit-on, naît débiteur de la collectivité, et il est moral dans la mesure où il s'acquitte de la dette. Mais la dette s'apprécie d'après les avantages reçus par l'individu. Elle existe à condition qu'ils soient supérieurs aux inconvénients infligés par la vie sociale. Or la réflexion de l'enfant est sophistique bien souvent. Elle sait atténuer les avantages et grossir les inconvénients, faisant vite pencher la balance des profits et pertes du côté des pertes. En sorte qu'à ses yeux, c'est lui qui est né créancier vis-à-vis de la société, et il en arrive vite à se conduire comme tel. Aussi ne faut-il pas s'étonner de voir se répandre cette attitude affligeante qu'est l'insubordination permanente contre la loi, contre la volonté du groupe, cette conviction qu'on sera diminué pour avoir imité les autres ou pour avoir obéi au désir collectif qui s'est manifesté sous forme de loi. Conviction et attitude qui se rencontrent fréquemment : c'est celle de « l'apache » qui met sa gloire à tuer un agent de police, du voyageur qui s'obstine à monter dans un wagon où son billet ne lui donne pas droit d'entrer, de l'individu qui se fait un point d'honneur de passer des paquets de tabac ou des cigares de contrebande à son retour de l'étranger, celui de l'automobiliste qui augmente sa vitesse en apercevant un poteau sur lequel est inscrit l'ordre de ralentir, etc.

A notre avis, un programme d'éducation tel que nous l'avons présenté permettrait à l'école de produire ses pleins effets à ce point de vue. L'enfant s'accoutumerait peu à peu à l'idée qu'au-dessus de sa fantaisie personnelle, il y a à considérer l'ordre des supérieurs et le désir du groupe-

---

nos lycées comme s'ils devaient vivre isolés à la façon du sage antique ; on leur a trop laissé ignorer la société où ils doivent agir et dont ils doivent subir l'action ; ils n'ont pas selon la forte expression d'un philosophe : « le perpétuel sentiment qu'ils font partie d'un tout. » (FOUILLÉE, *la France au point de vue moral*, p. 341, F. Alcan.)

ment dont il fait partie. Or c'est cette disposition à l'obéissance, à l'agencement de sa conduite personnelle avec les règles imposées par la collectivité et les conditions sociales d'existence qui constitue la véritable vertu individuelle dont l'éducateur ait, d'après nous, à se préoccuper d'assurer le développement. Il a son rôle tout indiqué qui est de contribuer au bon fonctionnement de la vie scolaire, soit en maintenant son autorité sans la faire changeante ni tyrannique, soit en veillant à ce que l'action du groupe scolaire sur l'individu qu'est l'enfant ne soit pas trop contraignante, car il faut faire des obéissants, mais non des esclaves.

Certaines pratiques d'ailleurs seraient éminemment propres à promouvoir l'éducation morale sous cet aspect. Nous citerons notamment le chant choral et les jeux collectifs.

Le chant et la danse constituent les deux arts que l'on pourrait enseigner à l'école, parce qu'ils sont les plus simples et qu'ils exigent très peu de frais. Mais la danse a toujours été négligée à l'école. On en aperçoit la raison. C'est que peu de personnes se contentent de tirer de cet exercice la jouissance profonde que l'on doit trouver à revivre de vieux états de l'humanité et à soumettre les mouvements de son corps à la mesure et à la cadence. De nos jours, elle cache la plupart du temps chez l'homme et chez la femme une arrière-pensée de séduction réciproque. Ce fait, joint d'ailleurs à celui de la séparation des sexes dans l'organisation scolaire, empêche que l'enseignement de cet art se généralise, et, en tout cas, ait beaucoup de rapports avec l'éducation morale de l'enfant. — Il n'en est pas de même du chant choral. F. Pécaut a écrit quelque part une belle page sur la question, page si séduisante même qu'elle nous inclinerait, si nous ne voulions pas réfléchir, à apporter des restrictions aux réflexions que nous avons présentées à la fin du chapitre précédent sur le peu d'importance au point de vue moral de l'acquisition de connaissances artistiques :

« Comment le chant, dit-il, le chant choral surtout, vient-il en aide à l'éducation de l'âme ? Comment est-il une force morale ? phénomène d'ordre délicat, mystérieux, profond, qui se sent mieux qu'il ne s'analyse, et toutefois si constant, si commun, qu'il n'en est pas qui soit d'une expérience plus générale. Lequel de nous ne garde pieusement le souvenir de certaines heures vraiment bénies où une harmonie grave ou puissante, un chant religieux, un hymne patriotique ont remué et soulevé tout son être dans un élan passionné vers le beau, vers le bien, vers le vrai ? Moments divins... moments rares et plus fugitifs que l'éclair, mais que l'âme ne traverse pas impunément et d'où elle rapporte une excitation fortifiante qui persiste quelque temps à travers la banalité et l'égoïsme de la vie journalière. A coup sûr, cette influence salutaire n'a rien de précis, de déterminé. La musique n'est pas l'excitatrice de telle ou telle catégorie de vertus; elle agit plutôt en remuant, par des moyens qui n'appartiennent qu'à elle, le fond commun à toutes les vertus, l'énergie spontanée de l'être, la force vive de l'âme. Cette action tire sa puissance extraordinaire de ce qu'elle est à la fois physiologique et psychologique, en sorte qu'elle touche et ébranle l'être à cette profondeur vague et mystérieuse où la vie physique et la vie morale ont leurs racines communes. Le principal élément de l'action musicale, c'est l'harmonie des sons qui éveille en nous, comme un écho involontaire, le sens de l'harmonie morale, de l'ordre, de l'accord, et par conséquent de la perfection, qui est notre rêve, c'est-à-dire notre destinée. Mais un autre élément d'action, c'est le rythme, c'est-à-dire le mouvement, l'allure, la marche ordonnée et réglée selon des lois variables, tantôt légère et joyeuse, tantôt inégale, douloureuse, plaintive, tantôt mâle, calme, puissante, tantôt rapide, emportée, furieuse, terrible. Joignez-y, dès qu'il s'agit de chant choral, l'idée de la communion de sentiments et d'action, l'accord de tous dans un même effort, la vie individuelle et isolée se perdant pour se retrouver d'autant plus intense dans la vie collective (1). »

(1) F. Pécaut, La musique ou le chant choral à l'école, dans l'Éducation publique et la Vie nationale, p. 118.

Il est à craindre que dans cette page Pécaut attribue au chant en lui-même une influence qui provient sans doute seulement de la nature des paroles chantées. Cette excitation fortifiante, ce sont les paroles qui la provoquent. Ce sont elles qui amènent l'évocation attendrissante des souvenirs de jeunesse, surtout de ceux qui se rattachent à la vie religieuse. Mais nous l'approuvons entièrement en ce qui concerne l'action du chant choral. Il est une des plus admirables expériences de vie collective qu'il soit donné à l'enfant de faire. Identité des paroles prononcées, identité de l'air, du rythme, communauté des sentiments provoquée par les paroles et par le chant, communauté d'efforts, nécessité de l'accord de chacun avec tous, puisqu'il faut chanter avec les autres et non pas pour soi, tels sont les principaux caractères ou les principales conditions du chant choral. On en voit les effets. L'enfant apprend par là à discipliner son action, à l'accorder avec celle d'autrui, à se rendre compte que l'effort isolé ne vaut pas l'effort collectif, et que ce dernier n'est pas seulement la somme des efforts individuels, mais l'ensemble des efforts individuels en tant qu'ils consentent à s'harmoniser. Et il est important que ces habitudes soient prises dès l'enfance, car elles serviront plus tard à l'homme pour s'adapter à la vie sociale.

Les jeux collectifs ont une influence analogue. Et cela n'apparaît nullement extraordinaire si l'on songe à l'étroite parenté, signalée par les psychologues, qui existe entre le jeu et l'art ! — Il est curieux de constater que les jeux de l'école tendent de plus en plus à imiter les sports qui sont aujourd'hui en faveur. Peut-être est-ce regrettable au point de vue du développement de l'esprit inventif de l'enfant qui ne trouve pas son compte à cette imitation. Mais il y a des avantages compensateurs. D'abord, parce que les sports des adultes sont généralement utiles à la culture physique, et que les corps des enfants se trouvent bien de les imiter; ensuite, parce que prenant dès l'école le goût de tels exercices, les enfants seront tout disposés à les continuer plus tard. Or la plupart de ces jeux sportifs sont des jeux collectifs. Ils exigent de celui qui y prend part la poursuite d'un but commun à plusieurs, un dévouement de chaque instant qui le fait renoncer à briller aux yeux des spectateurs pour son propre compte. Et en se dépensant pour son équipe, en obéissant aux ordres du chef, en coordonnant ses efforts avec ceux de ses camarades, ou en les rendant tout à fait identiques aux leurs, l'enfant fait déjà l'expérience de la vie sociale, telle qu'elle devrait être (1). M. Buisson l'a écrit en fort bons termes et nous ne pouvons mieux faire que de les reproduire.

« L'être humain n'est vraiment lui qu'en plein milieu social. On parle trop du *moi*, pas assez du nous. Et l'éducation intellectuelle en général devant s'appliquer à affiner la pensée sous la forme nécessairement individuelle tend à développer, du moins dans les classes cultivées, une sorte d'égoïsme supérieur, ou pour mieux parler d'isolement et d'indépendance réciproque qui est la première condition de la liberté de la pensée. — C'est à cette tendance légitime, mais qui ne doit pas être exclusive, que l'éducation physique apporte un tempérament, un correctif indispensable. Elle rappelle à l'enfant, au jeune homme, qu'il n'est pas seul au monde, que seul il ne peut rien, que la vraie action humaine est une action collective, que si la volonté est la condition *sine qua non* de la volonté de tous, celle-ci est la seule qui permette d'attendre les grands résultats. — Le mérite particulier des exercices et des jeux, c'est de supposer, d'exiger la coopération. Ils matérialisent en quelque sorte

---

(1) Une mention spéciale doit être faite en faveur d'un sport peu répandu dans nos écoles, mais fort goûté dans les collèges d'Angleterre. Nous voulons parler de l'aviron. Jamais aucun autre sport ne réclama en effet une telle abnégation de la part des individus et une telle égalité dans l'effort fourni, sans parler d'une telle grâce dans les attitudes et dans les mouvements nécessaires. Il est vrai que la nécessité d'avoir à proximité de l'école une rivière tranquille, la fragilité des bateaux, leur cherté, la condition rigoureuse de l'habileté à la natation empêchent ce sport de se développer comme il le mériterait. La France y gagnerait à tous les points de vue.

a solidarité, cette grande loi des choses humaines. Ils nous rendent sensible, en exemples infiniment petits, mais d'autant plus propres à frapper notre imagination et à nous devenir familiers, l'impossibilité de rien faire, de rien valoir, de rien être à soi seul et par soi seul. Volonté, disions-nous tout à l'heure, voilà le fond psychologique et du sport et du jeu et du travail et de tout effort physique. Ajoutons maintenant : volonté disciplinée, volonté coordonnée à celle d'autrui et subordonnée à celle de tous, exprimée par une loi. En effet ce qu'on appelle ici la règle du jeu, c'est ce que dans l'ordre social on appellera la loi (1). »

Tel est donc le triple avantage qui résulte de l'organisation scolaire : apprentissage de la solidarité et de la vie sociale, accoutumance précoce aux divers actes réclamés de l'homme par les lois dans les différents domaines de l'activité : cela pour l'élève ; — et pour l'éducateur la faculté de disposer de mobiles très puissants pour amener l'enfant à agir. — C'est donc l'école qui rend possible l'éducation morale et lui permet d'être efficace. Autant nous avions de raisons de craindre que les efforts pédagogiques restent sans résultat lorsque nous considérions l'enfant seul, autant nous en avons d'espérer, après avoir dit qu'ils s'appliquent à des enfants groupés et constituant des milieux bien définis. — Mais ces groupements d'écoliers présentent des caractères spéciaux suivant l'âge de leurs membres ou la nature des études qu'ils poursuivent. Il nous reste donc à indiquer dans quelles conditions particulières pour chacun de ces groupements se réalise ou pourrait se réaliser la formation morale des enfants.

(1) F. Buisson, L'éducation physique et l'éducation morale. *Revue encyclopédique*, 2 septembre 1899.

CHAPITRE III

LES CONDITIONS DE L'ÉDUCATION MORALE PARTICULIÈRE A CHAQUE DEGRÉ DE L'ENSEIGNEMENT PUBLIC.

I. L'éducation morale à l'école primaire. — II. L'éducation morale dans l'enseignement secondaire. — III. Le régime de l'internat et l'éducation morale. — IV. L'éducation morale des jeunes filles. — V. L'éducation morale dans l'enseignement supérieur.

I. — L'ÉDUCATION MORALE A L'ÉCOLE PRIMAIRE.

Nous n'avons pas grand'chose à ajouter aux réflexions précédentes en ce qui concerne l'éducation morale à l'école primaire. L'enfant en effet s'y trouve placé dans les conditions que nous avons décrites. Le régime général en est l'externat, c'est-à-dire que l'élève se trouve en fait et la plupart du temps soumis à la triple influence de la famille, de l'Église et de l'école. De plus, parfois pendant tout le cours de ses études, et au moins pendant toute la durée de la même année scolaire, il est en rapport avec un seul maître qui est son instituteur. Il n'y a pas dès lors à envisager la situation qui lui serait créée au point de vue moral s'il était en contact avec plusieurs maîtres, cas que nous rencontrerons dans les autres degrés d'enseignement.

Une remarque doit cependant être faite : L'école accepte les enfants à un âge très tendre : cinq ans dans les écoles ordinaires, trois ans dans les écoles maternelles. Or, à cet âge-là, il ne peut s'agir de donner un enseignement de la morale aussi complet que nous l'avons dit. Il n'y a pas lieu de faire aux petits bambins un cours dogmatique. Car il leur est difficile de comprendre les formules générales que l'on serait obligé d'employer. Les éducateurs religieux qui sont forts de l'expérience accumulée de plusieurs siècles — et cette force ne doit pas paraître méprisable pour notre enseignement laïque qui est une entreprise relativement nouvelle — les éducateurs religieux, disons-nous, l'ont bien compris. Ils n'entreprennent la préparation religieuse et morale de l'enfant conduite de façon dogmatique que vers l'époque où ce dernier a environ sept ans. Il convient de les imiter, c'est-à-dire de débarrasser l'école maternelle de tout souci de dogmatiser. Nous concevons mal une institutrice de ces écoles rassemblant à jour et heures fixés ses élèves et leur disant gravement: « Chers enfants, il ne faut pas tuer, il ne faut pas frapper, il ne faut pas voler, il ne faut pas porter atteinte à la liberté de conscience, etc. » Un tel enseignement serait inefficace et profondément ridicule (1). — Mais ce qu'il faut faire, c'est rendre aussi bienfaisante que possible cette influence de l'école sur l'enfant, influence dont nous avons indiqué les principaux caractères. L'éducation morale des tout petits se fera donc surtout par une application incessante de la maîtresse à faire observer à l'enfant cette morale de l'école qui imite de loin,

---

(1) « A l'école maternelle, l'enseignement serait un contresens. L'éducation consiste surtout en mille directions pour ainsi dire involontaires, un sourire à l'enfant qui joue, un froncement de sourcils à l'enfant qui boude, une douce parole à l'enfant qui pleure, un reproche à celui qui pleurniche ou qui frappe un petit camarade ; et tantôt c'est un endormi qu'on réveille, tantôt un insociable qu'on isole une minute pour lui faire sentir le prix de la société et du bon accord. » (R. Périé, L'instituteur et l'éducation morale. *Revue pédagogique*, 15 mars 1906.)

mais déjà, la morale de la vie ultérieure, par des observations placées à propos, par des punitions proportionnées évidemment à l'âge et aux forces des sujets, infligées lorsqu'ils auront commis quelques infractions. Il faut les moraliser « sans en avoir l'air », parce qu'il ne servirait de rien de prendre la figure et l'attitude du professeur de morale.

Il importe au contraire de la prendre lorsque l'enfant est parvenu à un âge plus avancé. Il faut alors faire jouer tous les ressorts, et ne pas négliger de donner un enseignement dogmatique de la morale, sans en espérer, comme nous l'avons nous-même fait observer, une influence exagérée. Y a-t-il lieu d'y consacrer un jour particulier et une heure déterminée ? Pécaut est de cet avis (1), et nous l'approuvons. Il y a profit à ce que l'attention des élèves soit attirée sur ce cours, à ce qu'ils aient le soupçon de son importance, à ce qu'ils ne le considèrent pas comme une matière accessoire et facultative. Sur la conduite de la leçon, nous différerions d'opinion. Pécaut ne veut pas d'un ordre méthodique rigoureux dans la succession des sujets de leçon. Nous pensons au contraire qu'il y a un intérêt essentiel à voir tous les sujets et à les présenter avec ordre, dans le cours de l'année scolaire, en allant par exemple des devoirs envers la famille aux devoirs envers nos semblables. Nous ne croyons pas, comme il en donne le conseil, à l'utilité de commencer la leçon de morale par un chant. Il serait difficile d'abord de trouver un chant avec paroles appropriées au sujet même de la leçon. Et ensuite on voit bien l'arrière-pensée du guide dont nous parlons. Ce n'est même pas une arrière-pensée, car il le dit lui-même à la fin de la note en question : « Je voudrais que l'idée religieuse fût partout et nulle part : qu'elle fût au commencement, au

---

(1) F. Pécaut, *Revue pédagogique*, 1881. Note en réponse à cette question : Comment enseigneriez-vous la morale à l'école primaire ? — « Un premier point est arrêté dans mon esprit. J'enseignerais la morale à part, à un certain moment, au lieu de me borner à la répandre dans toutes les parties de l'instruction, où elle se volatiliserait à force d'y être diffuse. »

milieu, à la fin, comme l'âme même de la morale, partout présente et agissante, le plus souvent invisible. » Or voilà bien un procédé qui rappelle un rite religieux et qui permet à des influences de nature analogue aux influences religieuses de s'exercer. La leçon de morale est encore pour Pécaut un acte de propagande religieuse. Nous ne pouvons accepter que notre enseignement laïque revête ce caractère. La leçon de morale dans les écoles de l'État doit être ni un prêche protestant ni une prédication catholique. Point n'est besoin de créer par le chant grave cet état de demi-hypnose qui prépare à écouter l'exhortation de l'orateur, à suivre ses conseils, mais qui ne fait pas prendre à l'auditeur la conscience qu'il accomplit un acte personnel en se conduisant comme on le lui dit. Un secours d'en haut lui est venu, une grâce lui a été accordée, une inspiration a soufflé, etc., voilà la façon dont il explique ses actes. Ce n'est pas le but que nous cherchons à atteindre. Il nous faut des hommes qui sachent où ils vont et qui connaissent les motifs de leurs actions. L'enseignement laïque de la morale doit, pour être original, être intellectualiste, disons notionnel, et l'on nous comprendra peut-être mieux. Si l'on n'accepte pas cette affirmation autant vaut renoncer franchement à donner l'éducation morale laïque, autant vaut, « se mettant tous les atouts en main », fortifier ces moyens religieux d'exhortation par l'appel à la vision terrifiante des châtiments futurs. Le succès est assuré si l'on forme les enfants de cette façon en s'appuyant en outre sur la force que l'organisation scolaire met au service de l'éducateur. Et les Jésuites, ces admirables « scholagogues » (1), en sont bien la preuve.
— Mais si nous voulons faire œuvre originale, et solide dans son originalité, il nous faut écarter ces procédés. Mais exposer clairement et nettement la conduite à tenir dans la vie ultérieure, en rendre plus compréhensible la notion

(1) Qu'on nous pardonne cette hardiesse d'expression. C'est bien un effort particulier de « scholagogie », et non pas seulement de pédagogie, que nous tentons nous aussi.

en apportant des exemples, des cas particuliers à l'appui, indiquer distinctement les motifs d'agir ainsi, montrer que déjà, dans la vie scolaire, une conduite pareille ou analogue doit être suivie, telle est la façon dont nous concevons le cours de morale.

Bien entendu, ce cours ne suffit pas. Nous l'avons déjà dit, et on ne le redira jamais assez. Il ne suffit pas de bien juger pour bien faire; il ne suffit pas de bien savoir ce qu'on a à faire pour l'exécuter. Mais encore y a-t-il quelque avantage à avoir une notion exacte de ces actions, une vision claire des conditions dans lesquelles elles doivent se réaliser. Et l'enfant ne l'aura pas si nous commençons par le placer dans cet « état second » qu'est l'état religieux. Encore une fois, il ne s'agit pas ici de dénier aux Églises le droit de donner une éducation morale, ni même de méconnaître le succès avec lequel elles l'ont déjà donnée ou pourraient la donner encore. Mais gardons en face d'elles nos moyens propres et ne renonçons pas à nos tendances fondamentales. N'employons pas des moyens religieux pour un but qui ne le serait pas. Il y aurait à craindre en même temps que l'insuccès l'accusation d'hypocrisie ou d'inconséquence. Une école sans Dieu doit être une école sans prêtre ou sans pasteur, véritables ou déguisés. Et puisque nous ne pouvons espérer de rationaliser l'Église, laïcisons au moins notre enseignement moral.

Laïciser veut dire ici recommander d'indiquer avec clarté la conduite conforme à la loi à des enfants qui soient dans leur état normal, et non pas dans cette disposition d'esprit spéciale où met une cérémonie religieuse ou tout rite qui la rappelle par quelques points. — Mais à côté de ce cours il y a place, et obligatoirement place pour les divers modes d'action auxquels nous avons vu que l'éducateur pouvait recourir (influence de l'exemple du maître, bonne direction imprimée à l'influence du groupe scolaire, surveillance des jeux, utilisation de procédés accessoires, application judicieuse des moyens disciplinaires, etc.). Il est inutile de dire qu'aucun instituteur ne devra négliger ces conditions pratiques de l'éducation morale. Nous les avons suffisamment décrites, pour n'avoir plus besoin d'y revenir (1).

II. — L'ÉDUCATION MORALE DANS L'ENSEIGNEMENT SECONDAIRE.

« L'enseignement secondaire, dit l'article 1ᵉʳ du décret de 31 mai 1902 modifiant les cours d'études de l'enseignement secondaire, est coordonné à l'enseignement primaire, de manière à faire suite à un cours d'études primaires d'une durée normale de quatre années. — L'enseignement secondaire, ajoute l'article 2, est constitué par un cours d'études d'une durée de sept ans, et comprend deux cycles : l'un d'une durée de quatre ans, l'autre d'une durée de trois ans. » L'âge auquel les élèves peuvent se présenter à la première partie du baccalauréat étant 16 ans, et la majorité des parents désirant que leurs fils passent l'examen à cette époque, il suit de là que l'enseignement secondaire s'adresse à des jeunes gens dont l'âge est compris entre 10 et 18 ans environ, et qui ont déjà reçu une certaine éducation morale à l'école primaire ou dans les classes de lycées qui en tiennent lieu. Il n'y a donc qu'à continuer l'œuvre entreprise et à fortifier les habitudes déjà reçues. Toutefois le nombre des classes, la diversité des maîtres, la double question de savoir quand et par qui doit se faire cet enseignement moral rendent nécessaires quelques remarques.

(1) Nous n'avons rien à dire, puisque nous bornons nos considérations à l'organisation actuelle de l'instruction publique, de l'éducation morale post-scolaire. Mais si l'enseignement professionnel post-scolaire pouvait être institué et organisé par l'État, comme le réclament beaucoup de bons esprits et notamment la « Ligue pour l'instruction post-scolaire obligatoire », il est évident qu'il y aura lieu de se préoccuper de l'éducation morale de ceux qui y seront soumis. L'effort particulier — s'ajoutant à ceux que nous avons indiqués par ailleurs — consisterait sans doute dans l'enseignement des obligations imposées par la loi aux travailleurs exerçant les différentes professions dont les élèves feraient l'apprentissage.

Le programme actuel de l'enseignement secondaire prévoit un cours de morale seulement pour les deux classes de 4ᵉ et de 3ᵉ. Ce programme commun aux divisions A et B comporte pour l'année de 4ᵉ : des « lectures, récits et entretiens méthodiques propres à fortifier les sentiments favorables au développement moral et à combattre les tendances contraires ». On y parle de la sincérité, du courage, de la délicatesse morale, de la probité, de la bonté. — Pour l'année de 3ᵉ : le programme prévoit des « lectures, récits et entretiens méthodiques propres à faire comprendre la valeur des fins de l'homme en société ». Il y est question de la solidarité, de la justice, de la famille, de la profession, de la patrie, de l'État et des relations internationales. « L'enseignement de la morale, dit la Circulaire, du 19 juillet 1902, du Ministre de l'Instruction publique relative à l'application du nouveau plan d'études des lycées et collèges de garçons dans les classes de 4ᵉ et de 3ᵉ, doit être en principe confié au professeur de français. Il pourra l'être aussi au professeur de philosophie. Le Conseil supérieur a émis le vœu que le chef de l'établissement puisse lui-même en être chargé. Il me paraît très désirable que ce vœu soit suivi d'effet, non seulement parce que l'enseignement peut y gagner en autorité et en efficacité sur les élèves, mais aussi parce qu'il y a intérêt à ce que la solidarité des proviseurs et des principaux avec le personnel enseignant qui résultera déjà, surtout d'après les nouveaux règlements, de leur origine, de leur titre et de leurs services, s'affirme encore par une participation effective à l'enseignement. » En fait, dans quelques établissements, des principaux chargés de classe se chargent de celle-ci ; dans très peu d'autres elle est confiée au professeur de français, presque partout au professeur de philosophie ! Des raisons administratives plutôt que pédagogiques amènent cette distribution : les proviseurs et principaux, fonctionnaires d'administration, ont suffisamment de travail pour ne pas s'attribuer cette tâche supplémentaire ou ne mettent aucun enthousiasme à participer à l'enseignement de cette façon effective ; les professeurs de français ayant généralement leur maximum d'heures de service ne se la voient pas imposer. Ce sont les professeurs de philosophie qui la recueillent : leur temps de service dans la classe de philosophie n'excédant pas neuf heures par semaine ou douze s'ils sont chargés de la classe de mathématique, les deux heures de morale qui leur sont attribuées viennent assurer au tableau d'emploi du temps un aspect d'honnête et à peu près équitable répartition entre tous les intéressés. La raison est même plus qu'administrative. Elle est humaine.

Tel est l'état actuel des choses. Nous y souhaiterions évidemment des modifications. D'abord au programme lui-même, ce qui résulte du chapitre où nous avons indiqué quelle était la base de l'enseignement moral. Ensuite à la place de cette matière dans le cours des études. Il est surprenant qu'on réserve aux deux seules classes de 4ᵉ et de 3ᵉ le privilège de recevoir un enseignement de cette nature. Considère-t-on les élèves de 6ᵉ et de 5ᵉ comme trop jeunes et inhabiles à comprendre les notions dont il est question ? Mais il ne semble pas qu'à l'école primaire on y entretienne les jeunes élèves d'autre chose que des devoirs généraux de justice ; et ils sont suffisamment aptes à s'en représenter la nature (1). Et d'ailleurs l'argument ne vaudrait pas pour le cas des élèves de 2ᵉ et de 1ʳᵉ. A-t-on trouvé trop peu étendu ce programme, et a-t-on estimé impossible de le répartir en six années d'études ? Mais pourquoi le placer plutôt au milieu qu'à la fin ou au commencement ? Et puis serait-ce un mal de

(1) La vraie raison, celle qu'on ne dit pas, était peut-être la crainte qu'un tel enseignement fit double emploi avec l'instruction religieuse qui prépare à la première communion, ou même s'opposât à lui. Cette raison n'aurait point de valeur à nos yeux, nous l'avons vu. Elle ne pourra d'ailleurs même plus être donnée dorénavant puisqu'un décret pontifical en date d'août 1910 porte que « l'âge de discrétion aussi bien pour la communion que pour la confession est celui où l'enfant commence à raisonner, c'est-à-dire vers 7 ans, plus ou moins, moins aussi » et que « dès ce moment commence l'obligation de satisfaire au double précepte de la confession et de la communion ».

revoir le même programme chaque année ? N'étudie-t-on les commandements de Dieu dans la religion catholique que durant une année de sa vie chrétienne ?

Voici, quant à nous, comment nous comprendrions l'organisation de cet enseignement. Chaque classe aurait son cours de morale dont le programme ne changerait pas. La différence consisterait seulement dans les méthodes employées, lesquelles seraient appropriées à l'âge et au développement des élèves. Il serait fait toutes les semaines, tous les quinze jours seulement si on craignait d'épuiser trop tôt le programme. Dans les établissements peu nombreux, on pourrait à la rigueur réunir dans la même salle des élèves qui ont entre eux un point commun : ceux de 5e et de 6e, ceux de 3e et de 4e, ceux de 1re et de 2e. Le proviseur ou principal, ou un membre de l'administration, y assisterait. Sa présence donnerait à penser aux enfants qu'il s'agit d'une chose sérieuse, à laquelle l' « école » elle-même est intéressée, puisqu'un représentant de l'administration de cette école serait là. La discipline, qui laisse trop souvent à désirer pour ces leçons surtout lorsque et parce qu'elles sont confiées à un maître spécial, serait par là même assurée. — On ne donnerait pas ce cours au professeur de philosophie de préférence. Il ne connaît pas les élèves la plupart du temps, ce qui est une cause de désordre, et entraîne un déchet dans l'emploi des moyens éducatifs. Et d'autre part, il n'est pas besoin d'avoir étudié l'*Analytique transcendentale* ou la *Critique de la théorie des idées* par Aristote pour enseigner à des enfants de 10 à 16 ans la morale implicitement contenue dans les lois de leur pays. — On ne donnerait même pas exclusivement ce cours au professeur de français, mais à tous les professeurs normaux de la classe qui le feraient à tour de rôle pendant l'année. Il n'y a pas de raison pour dire qu'un professeur de mathématiques, de sciences physiques ou naturelles, de langues vivantes, d'histoire et de géographie serait moins compétent qu'un professeur de français, de latin ou de grec pour exposer en termes clairs le genre de conduite qui est réclamé de l'enfant, pour indiquer les motifs qu'il a de s'y soumettre, pour choisir quelques lectures à l'appui, apporter quelques souvenirs personnels, etc. — Et d'ailleurs non seulement il est possible que tout professeur soit un éducateur en morale, mais encore tout professeur l'est en fait, involontairement, puisque les enfants l'imitent du moment qu'il est leur maître. Et par suite, il serait souhaitable qu'il le fût volontairement, souhaitable pour lui-même qui se sentirait tenu d'être moral s'il avait obligatoirement charge d'âme, pour l'université qui gagnerait à cet effort de chaque maître, pour les élèves enfin aux yeux desquels le caractère moral de la règle de conduite à suivre serait renforcé du prestige qui lui serait apporté par une multiplicité d'exemples vivants.

Reste la classe de philosophie. Nous n'en avons pas parlé encore ; et son cas, à première réflexion, apparaît assez embarrassant. Telle qu'elle est comprise actuellement, elle risque de détruire l'effort de neutralité et d'unité doctrinales que nous désirerions voir réussir. Chaque professeur en effet décide des questions psychologiques, logiques et morales à la lumière d'une solution des problèmes métaphysiques. Il n'y a évidemment pas autant de systèmes que d'hommes, l'enseignement philosophique actuel suivant trois ou quatre principaux courants. Mais il n'en reste pas moins une diversité qui peut avoir pour résultat de donner à l'enseignement d'un professeur un caractère diamétralement opposé à celui d'un de ses collègues. — De plus, il serait bien inutile d'avoir mis tant d'acharnement à débarrasser le cours de morale dans les basses classes de toute intervention métaphysique si, dans la classe terminale, l'élève devait retrouver tout ce que nous avions désiré éliminer. — C'est donc une révolution ou du moins une transformation très profonde que nous voudrions voir introduire dans l'enseignement philosophique. Il n'aurait plus, d'aucune façon, un caractère dogmatique, le professeur s'y abstenant rigoureusement, d'apporter ses vues personnelles, ou en tout cas de les présenter comme des vérités définitives. Il serait analogue d'un côté à l'enseignement scientifique, et de l'autre à l'enseignement historique. Analogue à l'enseignement scientifique en ce qui concerne la logique qui, bien comprise, est une simple description des méthodes employées par les savants, — et aussi pour la psychologie. Il serait facile de la considérer enfin comme une science de faits où l'on se contenterait d'observations exactes et précises, et d'inductions prudentes. On pourrait en écarter tout le fatras métaphysique qui l'encombre encore, et n'indiquer les théories ou les hypothèses qu'à titre de curiosité. Pour la métaphysique, l'enseignement en serait historique et consisterait dans une étude soit des principaux systèmes dans l'ordre chronologique, soit des réponses fournies aux grandes questions par les principaux philosophes. Étude conduite avec une impartialité sereine où le professeur ne prendrait pas parti, pas plus que le professeur de physique ne prend parti entre l'hypothèse de Thomson et celle de Maxwell. — Que deviendrait le cours de morale? Il contiendrait une part d'histoire : celle des systèmes de morale théorique. On ferait connaître les doctrines des philosophes sur la nature du Bien, sur les conditions de la responsabilité et sur les sanctions de la vie morale. Quant à la partie que l'on appelle la morale pratique, elle consiste actuellement dans un catalogue de devoirs dont le maître fait l'énumération en s'éloignant aussi peu que possible de la morale communément reçue dans le milieu où il vit et dont il tente la justification en les déduisant, quand cela se peut, des principes métaphysiques acceptés par ailleurs. — Or, elle ne saurait pour nous conserver ce caractère. Il serait inutile d'autre part qu'elle fût l'énumération des devoirs imposés par les lois du pays, car ce serait une répétition de l'enseignement moral, donné dans les six années précédentes. Mais il y aurait intérêt à ce qu'elle fût une étude, conduite avec la rigueur scientifique convenable, de cette morale diffuse que nous avons écartée comme base de l'enseignement moral, mais dont nous avons montré les rapports étroits avec la morale légale. L'élève apprendrait par là non pas ce que le professeur considère comme obligatoire, mais les prescriptions de la conscience collective. Il verrait quel en est le contenu et aussi quelle en est l'origine, et de plus comment les lois ne sont pas des institutions arbitraires des hommes. Le cours de morale pratique serait ainsi une « physique des mœurs et du droit ». — N'est-il pas à craindre, dira-t-on, que du spectacle changeant de ces mœurs, de la vue de ce défilé de systèmes divers et contradictoires, l'élève ne retire aucun principe ferme de conduite et ne se fasse aucune philosophie ? — Que l'élève, au sortir du lycée, n'ait pas de principes fermes de conduite, cela n'est pas à craindre. Il aura ceux qu'un enseignement poursuivi pendant sept ans avec ténacité lui aura inculqués. Il sera disposé à vivre selon les lois de son pays. Et ce sera déjà quelque chose. — Quant à une philosophie personnelle, nous le reconnaissons volontiers, il n'en aura probablement pas. Et il n'y a pas lieu de le regretter. Rien n'est si amusant, pour ne pas dire attristant, que de voir de petits jeunes gens de dix-huit ans se proclamer kantiens, néo-kantiens, pragmatistes ou évolutionnistes sans avoir jamais compris ni approfondi les doctrines dont ils se réclament, uniquement parce que leur maître a adopté telle d'entre elles, ou parfois parce qu'il l'a combattue. C'est avec son existence d'homme, ses tristesses et ses larmes, ses joies et ses triomphes, ses efforts poursuivis, ses connaissances pratiques, scientifiques ou artistiques acquises au sortir du collège, c'est avec tout cela que l'on doit se faire sa philosophie. Les systèmes des penseurs peuvent être objet d'enseignement ; mais sa philosophie à soi, on la vit et on se la fait en vivant.

III. — Le régime de l'internat et l'éducation morale.

A l'enseignement secondaire est liée l'institution de l'internat qui a une importance particulière au point de vue de l'éducation morale de l'enfant. Il n'est pas de méfaits dont on ne lui ait fait grief, et il a trouvé des détracteurs acharnés. Sans nous occuper de savoir s'il est avantageux ou non à la bonne poursuite des études — et l'on ne peut guère décider à première vue sur ce point en sa faveur ou contre lui — tenons-nous-en à la question de son influence en matière de moralité.

Le régime qui a été imprimé aux internats pendant presque tout le dix-neuvième siècle justifie certainement l'acerbité de quelques critiques. Casernes ou couvents, ils ont été propres à préparer à la vie militaire ou congréganiste plutôt qu'à l'existence dans un groupement social et politique. Ils ont surtout cultivé, sinon réussi à développer le sens de la discipline, la pratique de l'obéissance aux ordres d'une autorité qui sous-entend des menaces en formulant ses commandements. Notre démocratie n'est pas basée sur une pareille notion de l'obéissance. — De plus, la quasi-séquestration où l'internat place les adolescents les dispose très peu à être des hommes du monde et des pères de famille. L'absence de l'élément féminin dans cette période de vie est funeste. Le pensionnaire ne voit pas la femme dans ses occupations multiples de mère, de sœur, d'épouse, de personne en relations mondaines, etc. Sa mémoire ne retient et son imagination ne lui présente que le côté de l'existence des femmes le moins important dans la réalité, malgré la place énorme qu'il a prise dans la littérature, et même dans la littérature classique : son existence amoureuse. Il faut le dire : pour le jeune homme lancé au sortir de l'internat dans la vie sociale, toute femme n'est considérée que sous l'aspect d'une proie à conquérir. Le seul but qu'il assigne à ses relations féminines est de « faire des conquêtes ». Triste fin qui ramène l'homme à la disposition d'esprit de l'ancêtre des cavernes.

Aux inconvénients que l'internat présente quant à la vie postérieure, ajoutons ceux dont il est cause qui concernent la vie scolaire même. Il constitue par définition un groupement. Ce groupement a sa morale, c'est-à-dire ses façons de penser, de sentir et d'agir qu'il considère comme obligatoires et qu'il contraint ses membres à observer. Et cette conduite obligatoire étant, précisément parce qu'elle en a revêtu le caractère, celle qui répond à ses conditions d'existence, affecte presque toujours l'allure d'une protestation contre l'autorité. Une pareille réunion est la plupart du temps révolutionnaire. S'opposer est sa façon de se poser. Son ennemi est son maître. Il est vrai que cette attitude protestataire est généralement facile à réprimer pour un maître expérimenté et qui sait user des moyens de la discipline. Mais elle n'en constitue pas moins une disposition permanente qui peut amener des pratiques contraires à celles que l'éducation morale travaille à instituer. Tel internat connaît par exemple certaines brimades auxquelles les nouveaux doivent nécessairement se soumettre, et que les anciens doivent — car c'est un devoir pour eux — infliger aux nouveaux : voilà un article de la morale de ce groupe en contradiction complète avec celui de la morale des maîtres qui interdit à l'individu tout acte volontaire de nature à faire souffrir son semblable dans son corps. — Autre vice rédhibitoire. L'internat est non seulement un groupe où la contrainte s'exerce, mais encore un milieu où l'imitation se propage. Elle s'y propage d'une façon très intense, puisque les élèves sont perpétuellement présents les uns aux autres. Et elle a plus de chance de s'y propager dans le sens de la perversité que vers celui de l'amélioration parce que les mauvais sont en plus grand nombre que les bons. Les parents en effet n'ont pas eu le temps de donner une éducation complète ou y ont été inhabiles, ou enfin, par des douceurs, par des gâteries, ont mal préparé leurs enfants à la vie qu'ils devaient les obliger à mener pendant leurs années de jeunesse. Combien d'ailleurs d'épaves morales l'internat ne recrute-t-il pas : fils de ménages mal assortis, de divorcés, de demi-mondaines, enfants anormaux physiquement de cette anormalité qui est la cause fatale d'une immoralité ou tout au moins d'une impossibilité de se conformer aux « normes » établis par la discipline ou le corps politique. — Aussi n'y a-t-il pas lieu de s'étonner que soumis à l'influence forcément agissante de ces exemples, les bons élèves n'y deviennent pas meilleurs et que les mauvais y deviennent pires.

Ajoutons enfin un dernier trait ; et nous aurons beau le pousser, nous ne pourrons jamais dire sur ce point que la moitié de la vérité. Ce qui fait le mal de l'internat, c'est qu'en majeure partie les jeunes gens s'y trouvent soumis pendant la période de la puberté. La crise sexuelle est redoutable chez tous ; mais elle l'est particulièrement chez ceux qui ne sont pas en relations avec le monde extérieur. Les conversations avec des camarades plus avertis, leurs lectures ne tardent pas à leur faire deviner ou connaître le mode normal des satisfactions que réclame le besoin nouveau dont ils viennent de prendre conscience. Mais ce mode leur est doublement interdit, et par les prescriptions de la morale diffuse, et par le genre de vie même qu'ils mènent. Or le besoin ne tarde pas à s'aviver, du fait que l'imagination s'en représente la satisfaction à la fois théoriquement possible et pratiquement irréalisable. Des moyens détournés de se procurer cette satisfaction s'ébauchent en pensée et en fait ; les conseils des camarades déjà vicieux, et leur imitation font le reste. Le vice solitaire apparaît chez l'enfant et s'y implante. — C'est là un grave souci pour l'éducateur. Il est bien vrai qu'à prendre notre doctrine à la lettre, on nous demanderait de nous en désintéresser. Car après tout, l'interdiction de l'onanisme n'est pas un article du Code pénal, sauf quand il se manifeste publiquement. De quoi donc nous autoriser pour le réprimer ? Les raisons ne nous manquent pas cependant. Si la morale légale ne le prohibe pas, la morale scolaire, c'est-à-dire l'ensemble de conditions sans lesquelles l'école ne saurait subsister, intervient pour le proscrire. S'il se propage — et du fait qu'il est, il tend à se propager — c'en est fait de la réussite des travaux intellectuels en vue de quoi le groupement scolaire est précisément institué. Le maître sera donc invité à l'empêcher s'il veut que ses élèves atteignent le but vers lequel ils s'efforcent, en tant qu'ils sont élèves. — Mais il y a plus : un tel vice porte atteinte non seulement à la vigueur intellectuelle, mais encore à la vigueur physique et à la santé. Il en résulte que la morale y est triplement intéressée : la morale domestique, puisqu'il rend inhabile à remplir le devoir conjugal ; la morale professionnelle, puisqu'un débile a moins d'aptitudes qu'un autre à bien faire son travail ; la morale sociale, puisqu'un malade est un danger de contagion ou une cause permanente de trouble. Ceci est bien suffisant pour que le maître se préoccupe de prévenir cette funeste habitude, de la faire disparaître dès qu'il peut en constater l'existence, ce qui n'est pas toujours facile, ou qu'il peut l'établir par présomptions.

Tels sont les méfaits de l'internat. Ils sont, semble-t-il, suffisants pour souhaiter que cette institution disparaisse. Mais peut-être cette disparition n'est-elle pas possible, étant données les mœurs de notre pays, et la nature même des choses. L'enseignement secondaire ne peut être en effet communal, et à cette condition seulement il ferait disparaître l'internat. On pourrait, il est vrai, concevoir qu'en France, comme en Allemagne ou dans d'autres pays, les élèves, au lieu d'être groupés dans de vastes établissements, fussent répartis dans différentes familles qui se chargeraient de leur éducation et leur feraient suivre les cours du lycée. Mais les familles françaises ne se chargent pas volontiers des enfants des autres. Et d'ailleurs, si l'institution se généralisait, l'internat se reconstituerait finalement. Car telle famille acquerrait peu à peu la réputation d'être meilleure éducatrice que d'autres. Les demandes afflueraient chez elle, et le nombre des pensionnaires s'accroîtrait, à moins de limiter ce nombre pour chaque famille. Et les inconvénients que l'on aurait voulu écarter réapparaîtraient bientôt. — Il n'y a non plus rien à attendre de la plus grande facilité des communications. Car si elle permet à quelques familles d'envoyer leurs enfants comme simples externes au lycée ou collège voisin, elle en incite d'autres à les placer comme internes dans les établissements qui ont une vieille réputation et qui sont d'une grande importance par le nombre et la valeur intellectuelle du personnel. Le recrutement des grands lycées tend à devenir de plus en plus régional et ne reste pas départemental, comme il était autrefois.

Si donc on ne peut envisager la disparition de cette institution, il y a lieu de se préoccuper de son amélioration. Quelques-uns réclament à ce point de vue le relèvement de la discipline. Il n'est pas souhaitable, croyons-nous, de la rendre plus dure et de remonter violemment le courant qui porte à adoucir les relations de maître à interne. Mais ce qui est absolument nécessaire, c'est d'exiger une observation rigoureuse de cette discipline atténuée, et d'éliminer impitoyablement ceux qui, pervertis par une éducation mauvaise antérieure, ne s'y résignent pas. Il faudrait aussi avoir le courage d'en écarter les natures qui, loin d'être foncièrement mauvaises, sont trop fortes pour s'y plier. L'internat est un régime qui ne convient pas à tous. Il y a des organismes qui ont besoin d'une excessive dépense de forces chaque jour, et nos internats actuels ne peuvent le permettre. Ils sont faits pour les corps de vigueur moyenne, qui peuvent supporter la position assise pendant un très grand nombre d'heures. Un chef d'établissement devrait se faire une obligation de persuader aux familles qui ont des enfants trop vigoureux que ceux-ci souffriront à tous les points de vue de l'internat et qu'il vaut mieux, sans qu'il y ait là aucune disqualification, ne point les y plier. — Le régime intérieur de l'internat pourrait d'ailleurs être organisé de façon à diminuer dans une certaine mesure l'influence mauvaise due à l'imitation et à faire faire un peu à l'enfant l'expérience de la vie séparée. Il y aurait par exemple avantage, quand la chose serait possible, et comme elle a été faite dans certains lycées, à donner à chaque élève une chambre à part ou un local ressemblant à une chambre, et permettant néanmoins la surveillance facile. — Mais ce qui est urgent par-dessus tout, c'est d'aérer la « boîte » sur la vie sociale ; c'est de rendre l'existence des internes moins différente de celle qui sera leur lot plus tard. A ce double point de vue, nous ne verrions pas de mauvais œil, d'abord que des relations imitant les relations familiales y prennent un plus grand développement. Les femmes des administrateurs, du proviseur, du censeur, des surveillants généraux qui habitent dans l'enceinte même du lycée, pourraient et devraient se déléguer à la fonction maternelle vis-à-vis des pensionnaires. On s'est un peu égayé, au cours des travaux de la Commission extraparlementaire réunie en 1907 et chargée de coordonner les traitements du personnel enseignant, de la proposition de certains principaux demandant pour leur femme, une indemnité à titre de collaboratrice. « Nous n'avons pas trouvé cela si ridicule », pour notre propre compte. A une époque où l'on paie les soins des infirmières et des garde-malades, pourquoi ne rémunérerait-on pas les soins dévoués et affectueux qui devraient jouer un rôle dans l'existence de nos internats nationaux ? — Nous souhaiterions également une autre mesure qui aurait comme résultat de montrer au jeune homme la femme ou la jeune fille sous un jour autre que celui sous lequel il la voit, qui la lui présenterait comme une collaboratrice, parfois même comme une concurrente dans la vie professionnelle. Nous voulons parler non pas de la coéducation, dont le mot seul fait frissonner les prudes, mais de la coinstruction ou si l'on veut de la coéducation dans l'externat. Elle existe dans une proportion plus ou moins grande aux deux degrés extrêmes de l'enseignement. Il serait souhaitable qu'elle fût introduite au degré secondaire, dans la mesure où l'identité des programmes le permettrait, et avec un personnel enseignant indifféremment féminin ou masculin. Nous y gagnerions sûrement la disparition de la préoccupation, dont la constance s'aggrave de niaiserie, qui obsède le cerveau des jeunes gens et des jeunes filles, et qui leur fait envisager les relations d'homme à femme uniquement sous le côté sexuel. Nous en verrions naître et se développer des sentiments que l'humanité, encore jeune sur ce point, n'a presque jamais vu fleurir : la camaraderie et l'amitié entre personnes de sexe différent qui ont atteint l'âge de raison. On dira peut-être qu'il faut une grande dose d'illusion pour croire à la réalité de pareilles camaraderies, qui ne cacheront bien souvent que les timidités amoureuses d'adolescents à cet âge difficile de la puberté. Mais on ne constate pas généralement que le jeune homme qui vit continuellement avec ses sœurs, vers lesquelles des affinités physiques devraient préférablement le porter, soit conduit à de tels déguisements. — Peut-être même irions-nous plus loin, et demanderions-nous que non seulement l'instruction soit donnée en commun aux garçons et aux filles, mais encore que les distractions soient prises ensemble. On peut arguer, il est vrai, de l'impossibilité de la surveillance, mais impossibilité n'est pas le mot ; c'est difficulté qu'il faut dire, et encore n'est-ce pas vrai de tous les jeux. On peut prétendre aussi que les jeux physiques ont comme conditions des attouchements susceptibles de provoquer des excitations dangereuses. Mais le contact des corps n'est pas requis par tous. Le tennis, par exemple, est de ce nombre, et aussi certains concours de courses à pied, de natation, etc.

Quant à la difficulté spéciale créée par les exigences sexuelles de la nature adolescente, elle est peut-être moins ardue à résoudre qu'on ne le craindrait. Il convient ici de ruser avec le mal. L'homme qui se dépense beaucoup, au point de vue intellectuel ou physique, n'a ni la force ni le désir de se procurer fréquemment de pareilles satisfactions. Il faut donc occuper l'enfant et le fatiguer. Ce sont les paresseux en classe, et ceux qui ne jouent pas pendant les récréations qui ont de mauvaises pensées. Une bonne hygiène, des exercices physiques assez prolongés, un emploi du temps qui exige l'esprit en éveil et, à côté de tout cela, une bonne nourriture suffisante pour réparer les forces perdues de la veille, tel est le régime qui, avec l'élimination sans pitié des sujets atteints et corpus, réduirait, croyons-nous, au minimum, cette plaie affligeante des internats.

IV. — L'ÉDUCATION MORALE DES JEUNES FILLES.

La question se pose de savoir si le même enseignement moral convient aux deux sexes. Pour y répondre, il faut considérer l'objet de l'enseignement féminin. Il est moins facile à délimiter que pour l'enseignement masculin. On trouve bien un enseignement secondaire des jeunes filles, mais ce dernier a des caractères qui le rapprochent beaucoup de l'enseignement primaire supérieur. Le recrutement plus que les différences de fond des programmes les distingue. L'un se recrute chez les jeunes filles de petits employés, de petits fonctionnaires, jeunes filles qui, n'ayant pas de dot assurée, cherchent à se créer une situation indépendante. L'autre a comme élèves des jeunes filles d'un rang social plus élevé. Celles qui, parmi elles, sont les moins fortunées, se destinent à la fonction enseignante; quant aux autres, on ne les prépare à rien sinon à être des femmes cultivées pour ces jeunes gens de la bourgeoisie que l'enseignement secondaire masculin recrute. Il est à présumer que l'objet de l'enseignement secondaire féminin se modifiera peu à peu et sera, comme pour les garçons, la préparation aux carrières libérales. Un mouvement se produit de nos jours qui entraînera l'accession des femmes aux carrières libérales, administratives et politiques. Il serait puéril de le nier pour les carrières libérales et pour quelques fonctions administratives. Quant aux carrières politiques, elles seront ouvertes dès que le suffrage féminin sera institué, et il le sera parce que la famille tend à disparaître comme unité sociale élémentaire, parce que la femme devient de plus en plus une productrice au point de vue économique, et aussi peut-être parce que la maternité finira par apparaître comme une véritable fonction sociale (1). Le jour où l'enseignement secondaire féminin aura un tel but avoué, et sera franchement utilitaire, comme l'est déjà l'enseignement primaire supérieur féminin, il sera nécessaire alors de faire dans les programmes de morale une place plus grande aux devoirs professionnels.

(1) Voir sur ce point les considérations de M. BOUGLÉ dans les « Libres Entretiens », *Bulletin de l'Union pour la Vérité* du 21 novembre 1909. P. Desjardins, secrétaire.

Actuellement, il n'y a pas lieu de trop insister sur la moralité professionnelle pour la double raison que notre enseignement ne prépare pas formellement à une profession (1), et que les lois de l'État ne font pas à la femme française une obligation de choisir une profession. Il n'est pas non plus nécessaire d'approfondir toutes les prescriptions de la morale politique, bien qu'il ne faille pas oublier que la femme possède en quelques circonstances des droits électoraux, en matière judiciaire par exemple.

Ces réserves faites, le programme de morale des écoles de filles sera le même que celui des garçons. Et comme la loi considère surtout la moralité domestique et la moralité sociale de la femme, c'est sur ce double sujet qu'il conviendra d'insister. L'idéal est donc de former des « vierges fortes » pour le temps qui s'écoulera jusqu'à leur mariage, puis de bonnes épouses et de bonnes mères. Or si la dernière partie de cet idéal est chose relativement aisée, puisque l'éducation n'a qu'à suivre ici la nature, peut-être n'en est-il pas de même des premières. Tâche délicate que la formation morale de la jeune fille et de l'épouse future ! En cette matière, on s'aperçoit vite qu'il ne suffit pas de connaître le bien pour le faire. Quelle éducatrice n'a répété à ses élèves de dix à quinze ans que la femme modèle doit faire preuve de qualités nombreuses : fidélité, esprit d'ordre, bonne humeur, patience, etc. Toutes les femmes le savent ; et, le jour de leur mariage, l'officier de l'état civil lui-même le leur répète, du moins

---

(1) Sauf, répétons-le, l'enseignement primaire supérieur féminin, réorganisé par l'arrêté du 27 juillet 1909, qui comporte trois sections : section d'enseignement général, section commerciale et section ménagère, dont deux sont préparatoires à des professions féminines : savoir la section d'enseignement général dont les élèves se destinent à l'école normale ou à l'administration des postes et télégraphes, et la section commerciale qui convient aux jeunes filles désirant tenir la comptabilité du commerce paternel ou celle d'une autre maison. (Voir annexe B de l'arrêté du 27 juillet 1909 modifiant les art. 89, 118, 147, 151, 152, 203 à 207 de l'arrêté du 18 janvier 1887. *Bulletin administratif de l'Instruction publique* du 23 août 1909, n° 1892, p. 633.)

en partie. Et pourtant quel écart entre le bien connu et la conduite pratiquée ! Difficulté analogue pour amener l'enfant à bien vivre sa vie de jeune fille, sans l'attente puérile du « Prince charmant », attente qui lui fait supporter impatiemment l'existence auprès de ses parents, sans l'engouement ou la crédulité naïve à l'audition de paroles qu'un jeune homme aura voulu enjôleuses, sans les coups de tête qui font le désespoir des mères, sans les révoltes qui dressent en face de l'autorité paternelle des exigences irrespectueuses. Oh ! ces heures troubles de la dix-huitième année des jeunes filles ! Comme il leur faut des principes solides de conduite pour résister aux sollicitations de la nature, à l'influence de l'exemple, aux promesses subtiles des hommes ! Or, ces principes de conduite, l'éducation laïque, telle que nous l'avons indiquée dans ses grandes lignes, est-elle capable de les donner? Disons-le avec regret, mais franchement : non. Et nous ne voulons pas dire par là que l'éducation religieuse y soit plus apte. Nous voulons dire que ni l'une ni l'autre ne peut presque rien si à côté d'elles, en même temps qu'elles s'exercent, et après qu'elles se sont produites, ne se fait sentir l'influence bienfaisante et persistante de la mère de famille ou d'une personne qui la remplace.

Et pourtant — la remarque a son importance en ce qui concerne la méthode — la femme est plus accessible que l'homme à la peur, à l'amour et à l'imitation passive (1).

(1) Comme le remarque fort bien M. Leclère, « il ne faut pas oublier que la femme, moins faite que l'homme pour l'abstraction, ne considère pas volontiers les idées à part des faits et des hommes. Les actions qu'elle voit accomplir dans son milieu, et le caractère, la valeur, la tenue morale de ceux qui l'enseignent, exercent sur elle une influence décisive, car elle est plus passive que nous. On doit vouloir pour elle, en conséquence, une jeunesse très préservée, des exemples scrupuleusement choisis, des éducateurs d'élite. Ces précautions sont plus nécessaires encore en ce qui la concerne qu'en ce qui concerne le jeune homme. Toujours, pour lui paraître le bien, le bien doit avoir été accompli ; jamais guère les femmes n'oublient que les doctrines sont l'œuvre de quelqu'un ou sont professées par tel ou tel ; toutes les opinions, pour elles, portent

Les idées pures agissent peu sur elle. Aussi la représentation d'un danger détermine chez elle des réactions plus considérables. Et elle s'attache davantage aux objets ou aux personnes qui l'ont intéressée. En sorte que le maître ou la maîtresse peut faire intervenir avec plus de succès la vision des conséquences désagréables entraînées par les actes défendus ou faire jouer le ressort de l'affection qu'a l'élève pour ses parents ou pour ceux qui sont chargés de l'éduquer (1), ou enfin chercher à se faire imiter par elle. Assurément c'est un des mobiles les plus forts qui puissent peser sur les décisions d'une jeune fille que le désir de ne pas faire de la peine à sa mère ou à ses professeurs qu'elle aime. Mais cela même nous permet de faire cette remarque : si la présence de la mère, à défaut de ces dernières, n'est pas continuelle, la pensée qu'elle sera affligée n'aura pas souvent assez de force pour que la jeune fille se conduise comme elle le doit. Tant que les conditions actuelles seront mises par la loi et les mœurs à l'existence morale de la jeune fille, tant qu'on continuera à exiger d'elle la modestie dans les vêtements, l'attitude et le langage, la réserve dans ses relations masculines, la renonciation à toute espèce d'initiative, la quasi-absence de vie personnelle, il faudra désespérer de pouvoir obtenir par les seuls moyens dont dispose l'école tout cet ensemble de qualités et de bonnes dispositions. Il faut donc qu'à la sortie de l'école ou du pensionnat, la mère ou la sœur aînée soit là, forte de l'expérience de la vie, qui, par sa propre conduite, ses conseils, ses observations faites à propos et suivant les événements journaliers, s'oppose à ce que la nature et les plus muettes incitations des hommes demandent de celle qui

des noms propres... » (LECLÈRE, l'Éducation morale rationnelle, p. 251. — Cf. du même auteur : Le même enseignement moral convient-il aux deux sexes ? Revue de métaphysique et de morale, mars 1900.)

(1) Voir sur ce point particulier notre article relatif à l' « éducation des éducateurs » que nous reproduisons à la fin du présent travail.

devient femme. Peut-être un jour viendra où toutes ces vertus féminines, si prisées aujourd'hui, ne seront plus autant requises, et où l'on estimera que les jeunes gens des deux sexes doivent faire montre de qualités égales. Ce jour viendra probablement si l'évolution se poursuit qui tend à rendre moins forts les liens domestiques, à changer le caractère du mariage, et à mettre la femme en demeure de choisir une carrière. Mais nous n'avons pas le droit, étant donnée la position que nous avons prise, de former les jeunes filles de demain si différentes de celles d'aujourd'hui sous peine de retomber dans toutes les discussions de principes sur la nature du bien, sur la destination de l'être humain, etc. Il faut nous préoccuper de former moralement la femme telle que les lois et les mœurs de maintenant la réclament. Or nous pensons qu'une telle formation morale peut bien s'ébaucher dans l'école, mais ne peut se maintenir et porter ses fruits que si les liens qui attachent la jeune fille au foyer maternel ne sont pas rompus et si l'influence bienfaisante de la mère se fait toujours sentir sur elle.

Il arrive que des jeunes filles ayant choisi certaines carrières soient obligées de se séparer de leurs parents, et par exemple pour l'enseignement, ou pour les postes et télégraphes. Elles sont à plaindre, si elles ne trouvent pas dans le poste où elles sont envoyées l'équivalent du milieu domestique. Il faut alors à ces jeunes filles une éducation professionnelle singulièrement forte, et qu'en elles soit profondément développé le sentiment de la dignité corporative qui les met en garde contre des actes de nature à porter atteinte au prestige du corps administratif dont elles font partie. Aussi dans les écoles de jeunes filles dont le but est véritablement professionnel, ne saurait-on trop s'efforcer d'encourager de telles dispositions d'esprit. Cela doit importer surtout aux directrices des écoles normales d'institutrices. Et encore de telles dispositions ne suffisent-elles pas toujours. C'est une expérience dangereuse et douloureuse chaque fois à tenter pour un inspecteur d'académie ou un préfet qui ont le sens des réalités de la vie et qui gardent une certaine finesse de sentiment, que de prononcer la nomination d'une jeune élève de l'école normale dans un hameau isolé ou dans une commune éloignée du domicile de ses parents. Que de dangers pour elle ! Tant de sollicitations dans les regards l'assaillent, tant d'embûches se présentent, tant de tristesse naît de la solitude matérielle et morale, tant d'ivresse parfois vient de se sentir délivrée de toute surveillance qu'il est à craindre qu'à l'heure précise des « mauvais désirs » qui font frissonner les corps des adolescents, il n'y ait pas en elle assez d'énergie clairvoyante, il n'y ait pas auprès d'elle assez de complaisants dévouements pour l'empêcher de renverser en un instant le fragile édifice élevé péniblement par ses maîtres pour soutenir sa moralité.

V. — L'ÉDUCATION MORALE DANS L'ENSEIGNEMENT SUPÉRIEUR.

Si l'éducation de la moralité professionnelle est importante pour les carrières féminines, elle ne l'est pas moins pour les situations auxquelles l'enseignement supérieur prépare les hommes. A ce point de vue, nous avons dit dans la première partie de ce travail qu'il importait surtout de faire une place à l'étude de la législation concernant les situations auxquelles se destinent les jeunes gens après leur baccalauréat. Cette place n'est pas donnée actuellement dans les programmes des Facultés des Lettres et des Sciences dont beaucoup d'élèves se destinent aux fonctions enseignantes, secondaires ou supérieures. Elle n'est même pas donnée dans les programmes de l'École Normale supérieure de la Faculté des Lettres et des Sciences de Paris dont tous les élèves seront sûrement des professeurs. Il est souhaitable qu'elle le soit ; et ce n'est pas exiger beaucoup puisque la Faculté de Médecine donne aux futurs médecins un cours de médecine légale, et qu'à la Faculté de Droit les élèves apprennent forcément quelles sont les obligations auxquelles ils seront soumis dans les différentes carrières qui leur sont ouvertes. Il n'est pas surprenant d'ailleurs que cette lacune existe à la Faculté des Lettres et des Sciences, car il y en a d'autres plus graves. Non seulement on ne s'y préoccupe pas de former des professeurs connaissant les obligations de leurs fonctions, mais encore on ne s'était pas aperçu, avant ces dernières années, qu'il y avait un intérêt pressant à former des professeurs. On livrait des savants à l'administration de l'enseignement secondaire qui s'en tirait comme elle pouvait. Ce régime est en train de changer, mais il n'est pas téméraire de dire que la formation professionnelle des maîtres de l'enseignement secondaire laisse profondément à désirer (1).

A côté de cette préoccupation de l'éducation morale professionnelle, il convient aussi d'avoir celle de ne pas laisser péricliter et de fortifier si possible l'éducation morale qu'a déjà dispensée à l'adolescent le double enseignement primaire et secondaire dont il a bénéficié. Or le niveau moral auquel il est monté risque fort de baisser, étant données les conditions spéciales d'existence qui sont faites à celui qui reçoit l'enseignement supérieur. Nous ne parlons pas des élèves des grandes écoles pour qui la question ne se pose pas puisque les mêmes influences que celles qui existaient dans l'enseignement secondaire s'y retrouvent. Le sort des étudiants des Facultés nous intéresse seul. Ils sont brusquement séparés du milieu domestique ou scolaire dans lequel s'était déroulé leur existence, dégagés de toutes les contraintes qui pesaient sur eux dans la famille ou à la pension, jetés dans une grande ville, sans surveillance, sans l'obligation de travailler, sans parfois, comme dans certaines Facultés de Droit, l'obligation effective de l'assiduité. Les personnes avec lesquelles ils ont les relations les plus fréquentes sont des camarades qui ont déjà plusieurs années de liberté; leur tentation de les imiter est souvent bien grande; celle

(1) C'est avec le souci de contribuer à son amélioration que nous avons écrit l'article reproduit en appendice.

de céder aux multiples séductions qu'offre la cité populeuse l'est aussi. La perversion morale en résulte souvent.

Le remède est facile à indiquer ; mais il l'est moins à appliquer. Le mal vient de ce que l'étudiant est trop libre, et trop soudainement libre, surtout en France où ni la famille, ni le collège ne l'ont habitué à se diriger par lui-même. La guérison s'obtiendrait ou le mal serait prévenu si l'on pouvait restreindre cette trop grande liberté dont il jouit, le rattacher à des groupes ou à des individualités qui auraient sur lui une action bienfaisante. Le mieux serait évidemment de trouver l'équivalent du milieu familial. Mais les faits mêmes montrent qu'une telle solution n'est pas toujours réalisable, car aucun père ou aucune mère n'hésiterait, si la chose était possible, à assurer à son fils étudiant de telles conditions d'existence ; et pourtant il en est peu en fait qui bénéficient d'une pareille aubaine. — Quant à instituer des internats sur le modèle exact des internats secondaires, il n'y a guère à y songer. Ce qui rend l'internat des grandes écoles presque supportable à ses victimes, c'est la nécessité où elles sont de suivre de très nombreux cours chaque jour. Si les internes avaient plus de loisirs personnels, ils en souffriraient à l'excès. Ce serait le cas des étudiants des Facultés. On ne peut, sans multiplier le nombre des professeurs, ce qui serait coûteux, ou sans augmenter le nombre de leurs heures de conférences, ce qui serait nuisible à leurs travaux intellectuels, étendre la durée des moments pendant lesquels ils sont en relations pédagogiques avec leurs maîtres. Les étudiants sont obligés par la force des choses — et ils y trouvent d'ailleurs un certain avantage — de travailler seuls et de travailler pour eux seuls. Nous doutons que dans l'internat ils puissent trouver l'énergie suffisante ou des espérances de récréation journalière assez grandes pour leur faire supporter allégrement l'effort nécessaire.

Mais il serait possible, croyons-nous, de chercher des demi-équivalences de la vie familiale et scolaire. Les Universités devraient se préoccuper de fonder par elles-mêmes ou travailler à développer des maisons d'étudiants où groupés en petit nombre, ils seraient logés et nourris, où ils jouiraient d'une liberté suffisante, où, sans être entourés d'une surveillance mesquine, ils seraient l'objet de soins éclairés et de sollicitudes prévenantes. La gestion de ces établissements gagnerait à être confiée à des veuves âgées de professeurs qui trouveraient, avec un supplément de ressources, à dépenser leurs réserves d'affection maternelle, ou même à des ménages de professeurs retraités qui augmenteraient leur groupe familial par ces quasi-adoptions temporaires. — Les professeurs de Facultés ne devraient pas d'ailleurs, comme ils le font presque tous actuellement, se désintéresser de la vie morale de leurs élèves. Mais il leur est évidemment difficile d'être renseignés sur leur conduite, à moins qu'elle ne devienne un scandale public, et par suite de les avertir à temps et de les blâmer. Il vaudrait mieux dès lors qu'ils cherchent à moraliser leurs étudiants par l'influence de leur propre exemple, et pour cela qu'ils multiplient les occasions de se trouver avec eux. Ce n'est pas seulement par suite à son bureau que le vrai maître doit leur faire un accueil cordial, c'est à sa table ou tout au moins au salon familial. — Il faudrait aussi s'aviser de diriger dans un bon sens ce qui est pour le jeune homme l'analogue du groupement scolaire. Ce dernier se prolonge en effet dans une certaine mesure par les associations d'étudiants. Formées la plupart du temps pour les distractions seules, elles gagneraient à ce que leur objet soit élargi, à devenir des institutions presque officielles, à être non point surveillées, mais conseillées, guidées sans pédantisme par les professeurs eux-mêmes. Leur présence, à intervalles rapprochés, y serait salutaire; quelques causeries sans apparat, quelques entretiens sur les questions morales le seraient encore davantage.

Il en est une parmi elles, à laquelle on pense toujours quand il s'agit de jeunes gens, et dont il faut bien qu'on parle quelquefois; c'est celle de la conduite du jeune homme envers la femme. Une fausse honte empêche les professeurs de philosophie dans leur classe ou les membres de la famille de donner des indications sur ce point aux enfants. Quand un fils se prépare à quitter la première fois la maison paternelle pour aller vivre sa vie d'étudiant, la mère généralement s'attriste, et verse quelques larmes ; si elle a de fortes pratiques chrétiennes, elle lui recommande de continuer au moins à aller à la messe ou au temple le dimanche. Le fils dissimule le sourire de l'homme supérieur et promet. Le père l'accompagne à la gare, et sur le marchepied du train qui s'ébranle, dans la dernière embrassade, lui susurre : « Et surtout, ne fais pas de bêtises ! » Cela signifie dans sa pensée très vulgairement et très vilainement : Ne contracte pas de dettes chez ton tailleur, à ton restaurant ou au café ; sois assez habile pour ne pas lier ton existence à celle d'une petite ouvrière et ne pas la rendre mère ; sois assez heureux pour éviter d'être atteint de maladies vénériennes. Le fils comprend à demi-mot ; et c'est muni de ce viatique qu'il part vers sa destinée. — Puisque les parents le font si léger, il convient aux professeurs de le rendre plus important. Tâche délicate entre toutes, délicate surtout avec l'attitude que nous avons adoptée. La chasteté n'est pas un devoir légal ; la loi ne prohibe que les relations sexuelles avec la femme d'autrui, et la jeune fille au-dessous d'un certain âge. La conscience publique semble s'en moquer, c'est-à-dire qu'elle a quelques railleries pour le jeune homme « qui n'a pas jeté sa gourme ». Il faut mettre quelque hésitation dans cette constatation, car en cette matière l'opinion commune relève beaucoup de la mentalité catholique qui considère le maintien de l'état de virginité comme un idéal. Quant aux moralistes, tous, même les plus détachés des dogmes chrétiens, acceptent cette opinion et préconisent la chasteté du jeune homme. — Nous voudrions bien pouvoir en faire autant. L'étudiant qui n'est pas chaste, réduit à l'amour vénal ou indirectement tel, court évidemment de graves dangers et en fait courir à ses descendants. « Songez, dit M. Malapert, à ce qu'enveloppe de responsabilités individuelles et sociales cette chose terrible : l'hérédité. Toute faute se paie ; mais les fils quelquefois sont punis pour les pères. Vous n'êtes pas seuls en cause. L'abus du plaisir énerve le corps et abaisse le caractère, fait le cerveau vide et le sang pauvre. On lègue ce pitoyable héritage; dans la constitution de l'enfant se retrouve la trace de tous les excès; le système nerveux épuisé, débilité, usé, rend impossible la virilité morale et la puissance intellectuelle. On donne naissance à une race d'impuissants et de déséquilibrés qui constituent un véritable danger social (1). » A cette raison tirée de notre intérêt personnel et de celui de la race vient s'en ajouter une autre tirée du sentiment de la justice. Nous exigeons de notre compagne des conditions de pureté physique et morale dans lesquelles il est souverainement injuste de ne pas être placé soi-même. — Et pourtant cette prescription de la chasteté ne serait-elle pas une de ces vertus trop hautes, trop célestes, à laquelle des êtres exceptionnels pourraient seuls se tenir, mais que les conditions d'existence faites à la portion masculine du genre humain, à l'âge d'adolescence, rendraient impossible à pratiquer? Voilà des siècles que cette prétendue vertu lui est imposée et jamais elle n'a pu être le lot de la majorité. On a pu interdire avec fruit aux hommes de voler, de tuer; mais les protestations de l'instinct sexuel ont toujours été plus fortes que toutes les prescriptions de doctrines morales. On a obtenu quelques résultats dans les internats, dans les couvents, dans les prisons, dans les casernes, mais au prix de quelles menaces, et au prix surtout de quelles déviations, plus hideuses, et aussi dangereuses en leurs effets que les actes empêchés. — Les moralistes ont beau après cela demander à l'étudiant de « régler rigoureusement son sommeil », d' « éviter une nourriture échauffante », de s'astreindre « à une promenade qui le fatigue », de ne pas faire « pénétrer dans l'esprit d'images obscènes », de « s'appliquer à un travail continu et durable » (2), un jour, au moment où l'on s'y attendait le moins, le désir réapparaît, car le « génie de l'espèce » est prodi-

(1) MALAPERT, *Aux jeunes gens*, p. 19.
(2) PAYOT, *Éducation de la volonté*, livre IV, ch. I, § 3, *passim*. (F. Alcan).

gieusement subtil. — Bornons-nous donc à réclamer de nos étudiants ce qu'il est normalement possible d'exiger d'eux : non pas la chasteté absolue, mais une continence relative. On dira que là est précisément l'impossible. « C'est surtout, dit M. Payot, faire preuve d'une bien grande ignorance de soi que d'espérer maîtriser les appétits sexuels par des concessions. Ici, céder ce n'est point apaiser, c'est exaspérer. Pour maîtriser la sensualité, il n'est rien de tel que de lutter contre elle par tous les moyens (1). » Il ne faut pas laisser passer de telles assertions, mais protester hautement. Les instincts trop longtemps contenus dégénèrent en passions ; et ainsi la liberté donnée à qui fut toujours esclave devient licence. Mais des satisfactions modérées accordées à intervalles espacés, ne doivent pas pervertir l'appétit sexuel, pas plus qu'on ne devient gourmand parce qu'on donne chaque jour satisfaction à son besoin de manger. Évidemment, pour que des causes secondes n'interviennent pas et ne risquent pas d'exagérer ces exigences, il y faut quelques précautions. A ce point de vue, les moyens indiqués tout à l'heure par M. Payot reprennent toute leur valeur. Impuissants à maintenir dans la condition de chasteté totale, ils sont éminemment propres à assurer une continence relative. Nous y ajouterons la pratique des exercices physiques et des jeux sportifs dont quelques-uns, par la dépense de forces qu'ils demandent, sont les meilleurs auxiliaires de celui qui veut rester dans un tel état. — Quant aux dangers que fait courir à l'organisme l'usage même modéré et espacé des plaisirs sexuels, il serait puéril de les nier. Ils existent ; mais ils ne sont pas certains ; la modération apportée les rend moins graves ; quelques précautions permettent de les éviter ; moins de honte à avouer leurs conséquences et plus de hâte à les soigner les guérissent presque toujours, et les progrès de la médecine les feront peut-être totalement disparaître. — Ce serait donc, à notre avis, une étrange chose de faire grief à un jeune homme d'accomplir, exception-

---

(1) Payot, *Éducation de la volonté*, livre IV, p. 212.

nellement, sur les sollicitations pressantes de sa nature normale un acte qui n'est pas interdit par la société, qui est même exigé par elle dans l'état de mariage, puisque le non-accomplissement du devoir conjugal est considéré comme une injure grave pouvant donner lieu à l'ouverture d'une action en divorce (1).

Nous savons bien que tout le monde ne sera pas de notre avis. Il choque un peu trop les habitudes reçues de la pédagogie traditionnelle. Et peut-être faut-il avoir un certain courage pour le produire. Mais nous ne demandons qu'une chose : c'est qu'on reconnaisse les liens qui unissent notre opinion aux prémisses que nous avons posées. Non seulement, d'ailleurs, nous avons pour nous la force de la logique, mais encore celle de la bonne intention. Car nous ne voulons pas trop réclamer à la nature humaine. A trop exiger d'elle, on risque de ne rien obtenir. C'est une morale praticable que nous avons entendu donner comme base à l'éducation. On dira : Qu'importe ! Il est bien vrai que jamais, malgré toutes les exhortations et toutes les menaces, nous ne pourrons obtenir la continence de l'adolescent ; mais il faut, pour l'honneur de la morale humaine, pour ne pas se faire complice de cette plaie sociale de la prostitution en consacrant son utilité, maintenir contre tout les conseils et les ordres aux jeunes d'être chastes. — Nous, nous répondons qu'il faut se résigner à ne pas demander beaucoup pour obtenir un peu. — On objectera encore que ce peu est précisément ce qui choque, et qu'il y a je ne sais quoi de révoltant à tolérer chez les jeunes gens cette profanation de l'amour qu'est l'accomplissement de l'acte sexuel, alors que la passion ne l'excuse pas. Erreur. Notre jeune homme ne profanera pas l'amour parce qu'il saura l'éliminer de la satisfaction du besoin sexuel. C'est notre vieille humanité qui l'a souillé en le liant à l'acte sexuel, en exigeant que celui-ci s'accompagne

(1) Mais il faudra veiller et s'efforcer pour que l'étudiant se renferme dans les limites qu'impose la loi aux relations sexuelles. Nous lui demanderons le respect absolu de la femme mariée et l'observation stricte des articles 330 à 335, 354 à 357 du Code pénal.

de la parodie de celui-là. Mais il faut n'avoir jamais approfondi la psychologie des sentiments et la physiologie animale pour ne pas savoir que « chez l'immense majorité des animaux et souvent chez l'homme la satisfaction de l'instinct sexuel n'est accompagnée d'aucune émotion tendre (ce que nous appelons amour). L'acte accompli, il y a séparation et oubli. Bien mieux, dans certains cas, il y a plus que de l'indifférence : les mâles de la reine-abeille sont mis à mort comme inutiles, et l'on sait que le mari de l'araignée court souvent le risque d'être dévoré (1). » Et il faut que nos jeunes gens s'habituent à ne pas faire de l'amour physique un mimodrame sentimental.

(1) Ribot, *Psychologie des sentiments*, p. 258 (F. Alcan).

CONCLUSION

Résumons en quelques mots la nature et les caractères de notre programme, les résultats que nous attendons de son application et les conditions qui la rendent possible.

En ce qui concerne sa nature, notre théorie peut se résumer en trois affirmations que l'on voudra considérer comme bien établies :

1º Un État ne doit prendre comme base d'éducation morale que la morale implicitement contenue dans les lois même de l'État.

2º L'éducation morale basée de cette façon devrait être entreprise et conduite selon les procédés généraux de l'éducation de l'action, mais ces procédés généraux ne peuvent être employés tous et dans leur intégralité.

3º Il y a lieu de parer à cet inconvénient en se préoccupant de faire l'éducation de l'action à travers le milieu scolaire où se trouve l'enfant. D'où il suit que l'éducation morale se trouve essentiellement liée à l'organisation et à la discipline scolaire.

Les caractères de notre programme sont les suivants : il nous apparaît propre à un pays, valable pour une époque et en même temps rationaliste dans son esprit.

C'est d'abord un programme national. Il convient à des Français et ne convient pas à d'autres peuples, ou tout au moins il n'y serait pas applicable sans quelques modifications. Il convient aux Français en premier lieu quant au fond même, puisqu'il comprend l'ensemble des règles de conduite que la collectivité organisée qui est la France a déclaré obligatoire. Il leur convient aussi quant aux méthodes puisqu'elles tiennent compte de l'état actuel des institutions domestiques, des doctrines religieuses auxquelles la majorité des habitants de ce pays se rattachent, de leurs aptitudes intellectuelles, des qualités et des défauts de la race. Nous n'avons pas écrit ce livre pour l'univers tout entier. Les théoriciens laïques de la pédagogie tombent souvent dans ce défaut : ils se forment par l'observation ou par leurs lectures une certaine conception du Français ; ils y ajoutent quelques traits qui le rendraient plus conforme à leurs vœux ; et ce Français idéal, oubliant son caractère national, ils en font le prototype de l'homme universel. Les éducateurs religieux tombent aussi dans la même faute ; mais eux au moins, lorsqu'ils vont évangéliser les nègres ou les jaunes, se rendent bien vite compte de leur erreur. Ils cherchent alors la monnaie de leur idéal, et échangent cette dernière contre celle du pays. C'est-à-dire qu'ils consentent, en conservant l'arrière-pensée de les amener plus tard à leur religion, d'élever les nègres comme il convient qu'ils soient élevés : en nègres. Tant il est vrai, suivant la comparaison d'Aristote, qu'en matière pédagogique la règle de fer n'est pas d'un emploi facile, et qu'il vaut mieux se servir de la règle de plomb des Lesbiens qui épouse tous les contours. Dans cet esprit, on présente un programme dont on peut dire, pour employer une formule récente et qui a eu du succès, qu'il est un « programme de réalisations ».

De plus ce programme est susceptible de variations. Il n'a pas la prétention d'enfermer l'humanité ou une portion de l'humanité dans une attitude figée ou dans des actes se répétant identiques à travers les siècles. La morale qui en est la base changera. Elle changera parce que les conditions d'existence dont elle dépend changeront aussi par suite d'événements cosmiques, de transformations physiques ou de découvertes scientifiques ou même de la propagation de nouvelles doctrines morales. — Les méthodes changeront également, tant parce que l'organisation sociale se modifiera (par exemple l'influence de la famille se fera sentir moins fortement) que parce que la constitution physique de l'enfant subira quelques transformations. Les sens deviendront plus affinés, le système nerveux plus excitable, les réactions ou les réflexes plus variés. De plus, nous aurons peut-être, grâce aux travaux des savants, une connaissance plus exacte des conditions de l'action réflexe, imitative et volontaire.

Ajoutons enfin que notre système est un système rationaliste. Car il s'appuie sur la loi, et, si l'on en veut convenir, la loi est la manifestation de la raison humaine s'appliquant à régler les rapports des individus composant le groupe national; elle implique une réflexion sur la vie sociale instinctive; elle est une adaptation progressive et poursuivie avec conscience aux conditions d'existence physiques et sociales. Et nous ne faisons par cette indication que paraphraser la réflexion géniale de Montesquieu : « La loi, en général, est la raison humaine, en tant qu'elle gouverne tous les peuples de la terre (1). »

Les résultats immédiats que nous attendons de l'application de notre programme nous apparaissent avantageux. Car elle assurerait d'abord l'unité des efforts pédagogiques. C'est un spectacle attristant que de voir la diversité de tels efforts. Chaque père de famille, chaque instituteur, chaque professeur a son système à lui, quand il en a un. Ce système est fait de ses engouements irréfléchis, de sa modeste expérience, de son inclination à imiter en les déformant des procédés qu'il voit appliquer autour de lui. Et tout cela n'est pas même lié, et la divergence des systèmes individuels s'aggrave encore de leur incohérence interne (2).

---

(1) MONTESQUIEU, *Esprit des lois*, livre I, chap. III.
(2) « Ce qui manque aux instituteurs », dit M. Fouillée dans *la France au point de vue moral*, un livre qui n'a pas le défaut que nous reprochions tout à l'heure aux ouvrages pédagogiques, puisqu'il comporte tout un programme d'éducation morale nationale, basé il est vrai sur la philosophie personnelle de l'auteur, « ce qui manque, c'est un ensemble de convictions morales raisonnées, d'où puisse venir une direction précise et sûre de leur enseignement. » (*La France au point de vue moral*, p. 262.)

De tels inconvénients disparaîtraient s'il n'était pas laissé à la conscience de chaque éducateur, en tant qu'il accomplit sa fonction, le soin de décider du bien et du mal, de prescrire de lui-même aux enfants certains actes et d'en proscrire d'autres. L'éducation morale a été, au dix-neuvième siècle, dans notre État laïque qui s'inspire des principes de 1789, trop longtemps individualisée ; il est temps qu'elle se socialise, ou, à mieux parler, qu'elle se nationalise. — L'unification des efforts pédagogiques aurait comme complément l'unité morale ou plus proprement l'unité de conduite morale des jeunes Français, puisque tous seraient élevés de façon à observer les obligations de la loi. Et, remarquons-le, nous ne demandons pas davantage que l'unité de conduite. Nous souhaitons au contraire (et les méthodes dont nous avons préconisé l'emploi nous en assurent) que chacun conserve assez de pouvoir de réflexion pour se faire une philosophie personnelle et pour juger plus tard à son point de vue de la valeur de cette morale légale, et nous admettons qu'il s'efforce par ses paroles, par ses écrits, de la faire modifier, s'il l'estime nécessaire. Quand on demande à un pianiste ou à un orchestre d'exécuter une œuvre musicale déterminée, il n'a pas à faire intervenir ses préférences, il n'a qu'à se plier aux règles de la bonne exécution. Nous voulons de même de bons exécutants de la loi. Ils auront toute liberté ensuite de composer leur musique personnelle, c'est-à-dire de se former un idéal particulier. S'il est jouable, c'est-à-dire s'il convient aux mœurs du pays, il se répandra, s'imitera, et passera peut-être plus tard à l'état de loi. — Et enfin la formation morale résultant de l'effort pédagogique que nous proposons serait intégrale. Un système de morale personnel a beau être poussé dans le détail; quand il s'agit de l'appliquer, de l'imposer aux enfants qui sont à ses ordres, l'éducateur hésite. Il en prend certaines parties. Ce sont généralement celles qui sont en harmonie avec les lois du pays ou les indications de la conscience collective. Il y a bien peu de révolutionnaires en matière pédagogique, et surtout pour l'éducation morale. Mais comme il y a beaucoup de maîtres qui ne veulent pas conseiller une conduite qu'ils ne considèrent pas comme morale, sur les points où leurs doctrines diffèrent de la loi ou des mœurs, ils se taisent, et c'est une lacune pour l'éducation morale. Le maître partisan de l'application des doctrines socialistes glisse vite sur la moralité des formes actuelles d'acquisition de la propriété ; celui qui appelle de tous ses vœux la suppression des armées permanentes et la disparition des groupements nationaux ne s'étendra guère sur les devoirs du citoyen envers la patrie et l'obligation du service militaire. Avec notre système, de tels inconvénients ne sont pas à redouter. Le maître est chargé d'atteindre un but par des moyens appropriés. Il suit tout le programme, et il emploie toutes les méthodes qui conviennent. Il est chargé d'une mission, d'une fonction sociale, il l'exerce, quelles que soient ses opinions sur l'utilité et la portée de cette fonction. Il n'est pas incompatible avec son rôle que ses opinions soient diamétralement opposées aux affirmations implicites ou explicites de la loi. Il le serait seulement que sa conduite ne s'harmonise pas avec cette dernière.

Mais pour que de tels résultats soient obtenus, une triple condition est nécessaire. La première est que ce programme devienne un programme collectif, que la résolution de l'appliquer devienne générale et prenne la forme d'une loi ou d'un règlement. Il serait contradictoire d'en faire une application isolée, car le maître qui l'appliquerait seul ne ferait qu'ajouter un système de plus à ceux qui seraient déjà en usage et augmenterait ainsi la diversité qu'on a l'intention de faire disparaître. Il est d'ailleurs avantageux que l'effort de l'éducateur bénéficie de la force conférée par la loi, que l'enfant sente derrière son maître la collectivité tout entière collaborant à son entreprise, et l'autorisant, et l'imposant même. Il faut qu'aux questions importunes de l'élève, le professeur puisse faire la réponse définitive suivante : Je te commande telle chose parce qu'elle est la loi et parce qu'une loi spéciale m'ordonne de te commander d'observer les lois.

Et la seconde condition est que ce programme ne peut être appliqué avec fruit que si l'enfant est plongé dans ce milieu particulier que constitue pour lui le groupe scolaire. Malheur à l'enfant seul! C'est avec ses camarades qu'il apprendra à être l'homme que réclament nos lois. Aussi l'importance de ces groupements au point de vue de la formation morale de l'enfant justifie-t-elle la sollicitude dont une démocratie les entoure et exige-t-elle une application constante de sa part à améliorer l'organisation scolaire. Tout ce qu'un peuple fait pour l'école, pour la construire hygiénique, agréable, pour relever la situation des maîtres, contribue indirectement à assurer le succès de l'effort entrepris pour moraliser les enfants.

Et il faut une troisième condition, plus essentielle encore que les deux premières. Les méthodes nécessaires ne sont pas applicables par n'importe qui, mais par des maîtres habiles, habiles surtout à régler la vie journalière de l'école. Mais cette habileté n'est point affaire d'instinct. On ne naît pas éducateur. On le devient. On ne le devient même pas, ou du moins il n'est pas souhaitable qu'on le devienne par la seule pratique du métier. On le devient par une éducation appropriée. Il y a donc lieu de se préoccuper de la formation morale des maîtres qui plus tard seront chargés de l'éducation morale. Et comme tout maître doit, nous l'avons vu, être appelé à jouer ce rôle, c'est à tous les éducateurs futurs, instituteurs, institutrices, professeurs de n'importe quelle spécialité qu'il faut assurer une éducation morale et philosophique (1). Elle se donnera évidemment suivant les mêmes principes et les mêmes méthodes que celles qui conviennent à la masse, mais avec plus de soins minutieux si cela est possible, avec une conscience plus nette de l'importance de la chose, avec une insistance plus marquée sur les qualités profes-

---

(1) « Nous ne demandons pas, dit M. Fouillée, avec Platon que les philosophes soient rois ; mais nous n'avons jamais cessé de demander que les éducateurs de la jeunesse (une royauté qui vaut l'autre) soient philosophes. » (Fouillée, *la France au point de vue moral*, p. 389.)

sionnelles requises. — Oui, il importe surtout de faire passer chez les futurs pédagogues la conviction profonde de la noblesse et de la difficulté de leur fonction. « C'est d'une certaine manière, dit Épictète (1), qu'il faut se mettre à enseigner [la morale] ; c'est là une grosse affaire qui a ses mystères, et qui ne peut être entreprise à la légère, ni par le premier venu. Peut-être même ne suffit-il pas d'être vraiment sage (savant) pour se charger du soin des jeunes gens. Il y faut encore, par Jupiter, certaines dispositions et certaines aptitudes ; il y faut même un certain extérieur, et, avant tout, que ce soit la divinité qui nous pousse à prendre ce rôle. » En exceptant cette dernière affirmation — car nous ne croyons plus aux vocations intérieures d'origine divine ni même aux dispositions pédagogiques héréditaires — ces remarques du philosophe stoïcien sont profondément vraies. Ce n'est pas à la légère, certes, qu'on doit se décider d'aller vers la destinée d'éducateur. Un bon apprentissage y est nécessaire. Et aussi il faut avoir cette flamme vivifiante qu'est la foi, c'est-à-dire, en termes psychologiques, la pensée permanente et obstinée de la beauté et de la valeur d'une telle existence. Si l'auteur de ce travail avait une devise à prendre, il choisirait celle-ci : « Je voudrais être un Pécaut rationaliste. » Et une telle formule pourrait paraître prétentieuse, et contradictoire, ou tout le moins inattendue à cause du demi-mysticisme chrétien qui a enveloppé toute l'œuvre du maître, l'œuvre pratique comme l'œuvre littéraire. Mais le mot « rationaliste » est là pour l'accorder avec les tendances du système préconisé par nous. Quant à la première partie de la phrase, elle indique notre idéal. Être un Pécaut, c'est-à-dire avoir la flamme intérieure qui éclaire tous les efforts pédagogiques, avoir la passion de l'apostolat, faire de sa vie publique et privée un long acte éducateur, avoir courage, avoir confiance en l'influence bienfaisante de l'école, avoir de plus la force morale qui, dans la mêlée de la vie, sait faire supporter les coups et les échecs

---

(1) ÉPICTÈTE, *Entretiens*, trad. Courdaveaux, pp. 270-271.

t permet de suivre le chemin qu'on s'est tracé, voilà ce
ue, tout en prenant conscience de la modestie des résul-
ats possibles comparés à la grandeur de nos ambitions,
ous désirerions nous efforcer d'être ou essayer d'avoir.
t nous souhaitons ce désir aux autres.

ANNEXE I

LA MORALE A L'ÉCOLE PRIMAIRE

A. — Instructions pédagogiques officielles pour l'enseignement de la morale a l'école primaire.

Objet et méthode. — L'éducation morale se distingue profondément par son but et par ses caractères essentiels des autres parties du programme.

But et caractères essentiels de cet enseignement. — L'enseignement moral est destiné à compléter et à relier, à relever et à ennoblir tous les enseignements de l'école. Tandis que les autres études développent chacune un ordre spécial d'aptitudes et de connaissances utiles, celle-ci tend à développer dans l'homme, l'homme lui-même, c'est-à-dire un cœur, une intelligence, une conscience.

Par là même l'enseignement moral se meut dans une tout autre sphère que le reste de l'enseignement. La force de l'éducation morale dépend bien moins de la précision et de la liaison logique des vérités enseignées que de l'intensité du sentiment, de la vivacité des impressions et de la chaleur communicative des convictions. Cette éducation n'a pas pour but de faire *savoir*, mais de faire *vouloir*; elle émeut plus qu'elle ne démontre; devant agir sur l'être sensible, elle procède plus du cœur que du raisonnement; elle n'entreprend pas d'analyser toutes les raisons de l'acte moral, elle cherche avant tout à le produire, à le répéter, à en faire une habitude qui gouverne la vie. A l'école primaire surtout, ce n'est pas une science, c'est un art, l'art d'incliner la volonté libre vers le bien.

Rôle de l'instituteur dans cet enseignement. — L'instituteur est chargé de cette partie de l'éducation, en même temps que les autres, comme représentant de la société. La société laïque et démocratique a en effet l'intérêt le plus direct à ce que tous ses membres soient initiés de bonne heure et par des leçons ineffaçables au sentiment de leur dignité et à un sentiment non moins profond de leur devoir et de leur responsabilité personnelle.

Pour atteindre ce but, l'instituteur n'a pas à enseigner de toutes pièces une morale théorique suivie d'une morale pratique, comme s'il s'adressait à des enfants dépourvus de toute notion préalable du bien et du mal : l'immense majorité lui arrive au contraire ayant déjà reçu ou recevant un enseignement religieux qui les familiarise avec un Dieu auteur de l'Univers et père des hommes, avec les traditions, les croyances, les pratiques d'un culte chrétien ou israélite ; au moyen de ce culte et sous les formes qui lui sont particulières, ils ont déjà reçu les notions fondamentales de la morale éternelle ou universelle. Mais ces notions sont encore chez eux à l'état de germe naissant et fragile; elles n'ont pas pénétré profondément en eux-mêmes ; elles sont fugitives et confuses, plutôt entrevues que possédées, confiées à la mémoire, bien plus qu'à la conscience à peine exercée encore. Elles attendent d'être mûries et développées par une culture convenable. C'est cette culture que l'instituteur public va leur donner.

Sa mission est donc bien délimitée : elle consiste à fortifier, à enraciner dans l'âme de ses élèves, pour toute leur vie, en les faisant passer dans la pratique quotidienne, ces notions essentielles de moralité humaine, communes à toutes les doctrines et nécessaires à tous les hommes civilisés. Il peut remplir cette mission sans avoir à faire personnellement ni adhésion ni opposition à aucune des diverses croyances confessionnelles auxquelles les élèves associent et mêlent les principes généraux de la morale.

Il prend ces enfants, tels qu'ils lui viennent, avec leurs idées et leur langage, avec les croyances qu'ils tiennent de la famille, et il n'a d'autre souci que de leur apprendre à en tirer ce qu'elles contiennent de plus précieux au point de vue social, c'est-à-dire les préceptes d'une haute moralité.

Objet propre et limites de cet enseignement. — L'enseignement moral laïque se distingue donc de l'enseignement religieux sans le contredire. L'instituteur ne se substitue ni au prêtre, ni au père de famille ; il joint ses efforts aux leurs pour faire de chaque enfant un honnête homme. Il doit insister sur les devoirs qui rapprochent les hommes et non sur des dogmes qui les divisent. Toute discussion théologique ou métaphysique lui est formellement interdite par le caractère même de ses fonctions, par l'âge de ses élèves, par la confiance des familles et de l'État ; il concentre tous ses efforts sur un problème d'une autre nature, non moins ardu, par cela même qu'il est exclusivement pratique : c'est de faire faire à tous ces enfants l'apprentissage effectif de la vie morale.

Plus tard, devenus citoyens, ils seront peut-être séparés par des opinions dogmatiques, mais du moins ils seront d'accord dans la pratique pour placer le but de la vie aussi haut que possible, pour avoir la même horreur de tout ce qui est bas et vil, la même admiration de ce qui est noble et généreux, la même délicatesse dans l'appréciation du devoir, pour aspirer au perfectionnement moral, quelques efforts qu'il coûte, pour se sentir unis dans ce culte général du bien, du beau et du vrai qui est aussi une forme et non la moins pure du sentiment religieux.

Que, par son caractère, par sa conduite, par son langage, il soit lui-même le plus persuasif des exemples. Dans cet ordre d'enseignement, ce qui ne vient pas du cœur ne va pas au cœur. Un maître qui récite des préceptes, qui parle du devoir sans conviction, sans chaleur, fait bien pis que perdre sa peine, il est en faute : un cours de morale régulier, mais froid, banal et sec, n'enseigne pas la morale parce qu'il ne la fait pas aimer. Le plus simple récit où l'enfant pourra surprendre un accent de gravité, un seul mot sincère vaut mieux qu'une longue suite de leçons machinales.

D'autre part — et il est à peine besoin de formuler cette prescription — le maître devra éviter comme une mauvaise action tout ce qui, dans son langage ou dans son attitude, blesserait les croyances religieuses des enfants confiés à ses soins, tout ce qui porterait le trouble dans leur esprit, tout ce qui trahirait de sa part envers une opinion quelconque un manque de respect ou de réserve.

La seule obligation à laquelle il soit tenu — et elle est compatible avec le respect de toutes les croyances — c'est de surveiller d'une façon pratique et paternelle le développement moral de ses élèves avec la même sollicitude qu'il met à suivre leurs progrès scolaires; il ne doit pas se croire quitte envers aucun d'eux, s'il n'a fait autant pour l'éducation du caractère que pour celle de l'intelligence. A ce prix seulement, l'instituteur aura mérité le titre d'*éducateur*, et l'instruction primaire le nom d'*éducation libérale*.

B. — PROGRAMMES.

I. — *Programme de morale pour l'école maternelle.*

1. *Section des petits enfants de 2 à 5 ans.* — Soins donnés aux enfants en vue de leur faire prendre de bonnes habitudes, de gagner leur affection et de maintenir entre eux l'harmonie. Premières notions du bien et du mal.

2. *Section des enfants de 5 à 6 ans.* — Causeries très simples mêlées à tous les exercices de la classe et de la récréation. — Petites poésies apprises et récitées par cœur. — Historiettes morales racontées et suivies de questions propres à en faire ressortir le sens et à vérifier si les enfants l'ont compris. — Petits chants. — Soins particuliers de la maîtresse à l'égard des enfants chez lesquels elle a observé quelque défaut ou quelque vice naissant.

II. — *Programme de morale pour l'école primaire.*

1. *Section enfantine de 5 à 7 ans* (même programme que pour la deuxième section de l'école maternelle).

2. *Cours élémentaire de 7 à 9 ans.* — Entretiens familiers. — Lectures avec explications (récits, exemples, préceptes, paraboles et fables). Enseignement par le cœur.

Exercices pratiques tendant à mettre la morale en action dans la classe même : 1° Par l'observation individuelle des caractères (tenir compte des prédispositions des enfants pour corriger leur défauts avec douceur et développer leurs qualités). — 2° Par l'application intelligente de la discipline scolaire comme moyen d'éducation (distinguer soigneusement le manquement au devoir de la simple infraction au règlement; — faire saisir le rapport de la faute à la punition; — donner l'exemple dans le gouvernement de la classe d'un scrupuleux esprit d'équité, inspirer l'horreur de la délation, de la dissimulation, de l'hypocrisie; mettre au-dessus de tout la franchise et la droiture, et pour cela ne jamais décourager le franc parler des enfants, leurs réclamations et leurs demandes, etc.). — 3° Par l'appel incessant au sentiment et au jugement moral de l'enfant lui-même (faire souvent les élèves juges de leur propre conduite, leur faire estimer, surtout chez eux et chez les autres, l'effort moral et intellectuel, savoir les laisser dire et les laisser faire, sauf à les amener à découvrir par eux-mêmes leurs erreurs et leurs torts). — 4° Par le redressement des notions premières (préjugés et superstitions populaires, croyance aux sorciers, aux revenants, à l'influence de certains nombres, terreurs folles, etc.). — 5° Par l'enseignement à tirer des faits observés par les enfants eux-mêmes; à l'occasion, leur faire sentir les tristes suites des vices dont ils ont parfois l'exemple sous les yeux, de l'ivrognerie, de la paresse, du désordre, de la cruauté, des appétits brutaux, etc., en leur inspirant autant de compassion pour les victimes du mal que d'horreur pour le mal lui-même; — procéder de même par voie d'exemples concrets et d'appels à l'expérience immédiate des enfants pour es initier aux émotions morales, pour les élever par exemple au sentiment d'admiration pour l'ordre universel et au sentiment religieux en leur faisant contempler quelques grandes scènes de la nature, au sentiment de la charité en leur signalant une misère à soulager, en leur donnant l'occasion d'un acte effectif de charité à accomplir avec discrétion; aux sentiments de la reconnaissance et de la sympathie par le récit d'un trait de courage, par la visite à un établissement de bienfaisance, etc.

3. *Cours moyen de 9 à 11 ans.* — Entretiens, lectures, explication, exercices pratiques. — Même mode et même moyen d'enseignement que précédemment, avec un peu plus de méthode et de précision. — Coordonner les leçons et les lectures de manière à n'omettre aucun point important du programme ci-dessous.

1° L'enfant dans la famille. — Devoirs envers les parents et les grands-parents. Obéissance, respect, amour, reconnaissance. Aider les parents dans leurs travaux, les soulager dans leurs maladies; venir à leur aide dans leurs vieux jours. — Devoirs des frères et sœurs. S'aider les uns les autres; protection des plus âgés à l'égard des plus jeunes; action de l'exemple. — Devoirs envers les serviteurs. Les traiter avec politesse, avec bonté.

2° L'enfant dans l'école. — Assiduité, docilité, travail, convenance. Devoirs envers l'instituteur. Devoirs envers les camarades. — La patrie. La France; ses grandeurs et ses malheurs. — Devoirs envers la patrie et la société.

3° Devoirs envers soi-même. — Le corps, propreté, sobriété et tempérance, dangers de l'ivresse et de l'alcoolisme, affaiblissement de l'intelligence et de la volonté, ruine de la santé. Gymnastique.

Les biens extérieurs. Économie, éviter les dettes, funestes effets de la passion du jeu; ne pas trop aimer l'argent et le gain; prodigalité, avarice. Le travail (ne pas perdre de temps, obligation du travail pour tous les hommes, noblesse du travail manuel).

L'âme. Véracité et sincérité; ne jamais mentir. Dignité personnelle, respect de soi-même. Modestie; ne pas s'aveugler sur ses défauts. Éviter l'orgueil, la vanité, la coquetterie, la frivolité. Avoir honte de l'ignorance et de la paresse. Courage dans le péril et dans le malheur; patience; esprit d'initiative. Dangers de la colère. Traiter les animaux avec douceur; ne point les faire souffrir inutilement. Loi Grammont, sociétés protectrices des animaux. Devoirs envers les autres hommes. Justice et charité (ne faites pas à autrui ce que vous ne voudriez pas qu'on vous fît; faites à autrui ce que vous voudriez qu'il vous fît). Ne porter atteinte ni à la vie, ni à la personne, ni aux biens, ni à la réputation d'autrui. Bonté, fraternité. Tolérance, respect de la croyance d'autrui. L'alcoolisme entraîne peu à peu à violer tous les devoirs envers les hommes (paresse, violence, etc.).

N. B. — Dans tout ce cours, l'instituteur prend pour point de départ l'existence de la conscience, de la loi morale et de l'obligation. Il fait appel au sentiment et à l'idée du devoir, au sentiment et à l'idée de responsabilité, il n'entreprend pas de les démontrer par exposé théorique.

4° Devoirs envers Dieu. L'instituteur n'est pas chargé de faire un cours *ex professo* sur la nature et les attributs de Dieu; l'enseignement qu'il doit donner à tous indistinctement se borne à deux points : D'abord il leur apprend à ne pas prononcer légèrement le nom de Dieu, il associe étroitement dans leur esprit à l'idée de la Cause Première et de l'Être Parfait un sentiment de respect et de vénération; et il habitue chacun d'eux à environner du même respect cette notion de Dieu, alors même qu'elle se présenterait à lui sous des formes différentes de celles de sa propre religion; — ensuite, et sans s'occuper des prescriptions spéciales aux diverses communions, l'instituteur s'attache à faire comprendre et sentir à l'enfant que le premier hommage qu'il doit à la divinité, c'est l'obéissance aux lois de Dieu, telles que les lui révèlent sa conscience et sa raison.

4. *Cours supérieur de 11 à 13 ans.* — Entretiens, lectures, exercices pratiques comme dans les deux cours précédents. Celui-ci comprend de plus, en une série régulière de leçons dont le nombre et l'ordre pourront varier, un enseignement élémentaire de la morale en général, et plus particulièrement de la *morale sociale,* d'après le programme ci-après :

1° La famille. — Devoirs des parents et des enfants ; devoirs réciproques des maîtres et des serviteurs ; l'esprit de famille.

2° La société. — Nécessité et bienfaits de la société. La justice, condition de toute société. La solidarité, la fraternité humaine. L'alcoolisme détruit peu à peu ces sentiments en détruisant le ressort de la volonté et de la responsabilité personnelle. Application et développement de l'idée de justice ; respect de la vie et de la liberté humaines, respect de la propriété, respect de la parole donnée ; respect de l'honneur et de la réputation d'autrui. La probité, l'équité, la loyauté, la délicatesse. Respect des opinions et des croyances. Applications et développement de l'idée de charité ou de fraternité. Ses divers degrés ; devoirs de bienveillance, de reconnaissance, de tolérance, de clémence, etc. Le dévouement, forme suprême de la charité : montrer qu'il peut trouver place dans la vie de tous les jours.

3° La patrie. — Ce que l'homme doit à la patrie (obéissance aux lois, le service militaire, discipline, dévouement, fidélité au drapeau). L'impôt (condamnation de toute fraude envers l'État). Le vote (il est moralement obligatoire ; il doit être libre, consciencieux, désintéressé, éclairé). Droits qui correspondent à ces devoirs : liberté individuelle, liberté de conscience, liberté du travail, liberté d'association. Garantie de la sécurité de la vie et des biens de tous. La souveraineté nationale. Explication de la devise républicaine : Liberté, Égalité, Fraternité.

Dans chacun de ces chapitres du cours de morale sociale, on fera remarquer à l'élève, sans entrer dans des discussions métaphysiques : 1° la différence entre le devoir et l'intérêt, même lorsqu'ils semblent se confondre, c'est-à-dire le caractère impératif désintéressé du devoir ; 2° la distinction entre la loi écrite et la loi morale : l'une fixe un maximum de prescriptions que la société impose à tous ses membres sous des peines déterminées; l'autre impose à chacun dans le secret de sa conscience un devoir que nul ne le contraint à remplir, mais auquel il ne peut faillir sans se sentir coupable envers lui-même et envers Dieu.

ANNEXE II

LA MORALE A L'ÉCOLE PRIMAIRE SUPÉRIEURE
(PROGRAMMES DE JUILLET 1909)

A. — ÉCOLES DE GARÇONS.

Première année.

Instructions. — Le directeur ou à son défaut le professeur chargé des leçons de morale et d'instruction civique n'est pas seulement professeur. Si tout professeur doit faire, autant qu'il est en lui, œuvre d'éducateur, cette vérité est d'une application encore plus évidente et plus directe lorsqu'il s'agit de celui qui enseigne la morale. Ici surtout, il n'y a pas d'enseignement sans éducation.

Le *but* à poursuivre est de créer et d'entretenir chez les élèves un ensemble de dispositions morales, propre à les préparer à la vie qui les attend dans la société.

Les *moyens* d'action à employer sont de trois sortes :

Action sur le cœur, par l'appel aux sentiments moraux qu'une première culture a développés en eux ;

Action sur l'intelligence, par l'explication et la démonstration des vérités de l'ordre moral ;

Action sur la volonté par la pratique de la vie morale dans la mesure de leur expérience propre et de leur caractère individuel ; formation de bonnes habitudes.

A chacun de ces trois modes d'action, correspondent divers ordres d'exercices scolaires tendant à produire une éducation morale effective.

Faire *aimer* le bien ; faire *connaître* le bien ; faire *vouloir* le bien : tel doit être l'objet de ces trois séries d'exercices scolaires.

I. — Exercices tendant à développer le sentiment moral.

Lectures, récits et entretiens propres à faire naître et à fortifier chez les enfants les divers sentiments qui favorisent le développement du sens moral (par exemple : le respect et l'amour filial, l'amour fraternel ; l'amour de la famille ; l'affection pour ses camarades, la reconnaissance ; le respect de la grandeur morale et de la beauté morale, l'admiration pour la vertu, considérée particulièrement comme un triomphe sur l'égoïsme, la sincérité, la droiture, la probité, l'expérience personnelle des joies de la conscience et du remords, indépendamment de la récompense et de la punition externes ; le mépris de la grossièreté, des plaisirs bas ; le dégoût des actions et des paroles indécentes ; le sentiment de l'honneur ; l'horreur pour le mal, le désir de venir en aide à ceux qui souffrent), et d'une manière générale de toutes les émotions saines qui prédisposent au bien.

II. — Exercices tendant à faire pénétrer dans l'esprit les notions fondamentales de la morale.

Ce cours ne doit pas être sèchement didactique ; il sera méthodique, dans le même esprit qu'à l'école primaire élémentaire, mais avec un ordre plus rigoureux, conformément aux indications du programme.

On fixera l'attention des élèves sur quelques fortes maximes tirées des plus hautes doctrines morales de tous les temps, et qui paraîtront propres à se graver dans leur conscience et à leur servir de règle de vie.

On appliquera et surtout on conduira l'élève à appliquer à sa propre conduite les principes précédemment acquis, en dégageant de ses principes non plus seulement l'idée générale du devoir, mais celle des devoirs propres à chaque condition et à chaque âge ; devoirs de l'enfant dans la famille, dans l'école, dans la société.

Programme. — 1° La conscience, sentiment intime du devoir. Pouvoir de l'homme sur lui-même.

Faire saisir à chaque élève dans sa propre expérience et par des exemples choisis le phénomène de la conscience morale ; lui montrer qu'il a comme d'instinct la notion du bien et du mal moral, qu'il a le sentiment de l'obligation du devoir, qu'il se sent capable de l'accomplir au prix d'un effort et que, s'il s'est refusé à cet effort par faiblesse, par égoïsme, ou en cédant à l'entraînement d'une passion quelconque, il a conscience de la faute qu'il a commise, d'où la honte, le regret, le remords. Indiquer la nécessité d'éclairer et de perfectionner par la réflexion ces intuitions de la conscience.

De ces expositions, le plus souvent dialoguées, tirer la définition et l'affirmation pratiques des idées de conscience, d'obligation morale, de devoir, de liberté, de responsabilité, de mérite et de démérite, de dignité personnelle, de justice.

Faire observer les différences fondamentales qui distinguent la condition de l'homme, son régime de vie des lois constantes et fatales que la nature suit en les ignorant et sans pouvoir les modifier (exemples très simples tirés des phénomènes les plus familiers à l'enfant et des parties des sciences qui lui sont enseignées).

Montrer l'animal doué de sensibilité, d'impulsions instinctives, mais dépourvu de la faculté de perfectionnement, l'homme au contraire inventant, perfectionnant incessamment ses œuvres, en telle sorte qu'elles forment, grâce à la continuité sociale, un héritage accumulé ; l'homme seul maître de lui-même et responsable.

Différents types d'homme : l'hypocrite, l'homme sincère, le paresseux, le laborieux, l'imprévoyant, l'économe, l'intempérant, le tempérant, le lâche, le courageux, le héros (exemples empruntés à l'histoire de l'humanité). Faire sentir la beauté ou la laideur de ces différents types et quelle émulation ou quelles répugnances ils doivent nous inspirer. — L'égoïsme et le désintéressement ; caractères distinctifs de l'obligation morale.

2° La société et les devoirs qu'elle impose.

A mesure que l'élève aura pris une certaine habitude de la réflexion personnelle, l'amener à reconnaître que l'individu est peu de chose par lui-même, qu'il est incomplet et dépendant, qu'il fait partie d'un tout ; que son but n'est pas la satisfaction de son orgueil, ni celle de ses appétits, qu'il a une dette envers les autres êtres, ses semblables, sans lesquels ou il ne serait pas, ou il ne serait pas tel qu'il est : d'où notion de société.

Insister sur la solidarité sociale, considérée soit comme fait naturel, soit comme principe moral.

La famille, la nation, la patrie ; insister sur ce que l'individu doit à chacune d'elles.

Deuxième et troisième années.

Programme et instructions. — I. — La vie humaine et ses devoirs ; l'homme dans la société, dans la famille, dans la nation et la patrie. Développer les notions qui n'ont été que sommairement exposées dans le précédent cours.

1° La société. Ce qu'est la société. L'homme n'est pas né pour vivre solitaire. La société nécessaire à sa sécurité et au progrès indéfini qui est sa loi ; elle est son but, sa raison d'être.

Sociétés barbares et sociétés civilisées. Traits qui les distinguent : le droit substitué à la force ; le travail obligation commune ; plus d'esclaves et plus de supplices. La fortune intellectuelle de l'homme garantie et complétée chaque jour par voie de transmission.

Solidarité sociale dans l'ordre économique, dans l'ordre scientifique, dans l'ordre moral. Importance du devoir professionnel.

Inégalité native des aptitudes. Diversité inévitable des fonctions. Comment ces deux faits sont compatibles avec l'égalité morale et juridique des personnes.

La justice sociale. Respect de la personne humaine, à quelque degré qu'elle soit placée, et comme conséquence de ce respect impératif, l'esclavage et le servage reconnus intolérables.

Respect de l'honneur d'autrui. La diffamation et la calomnie.

Respect des produits du travail. Principes de la propriété ; sa nécessité. Le capital et le travail. Respect des contrats et de la parole donnée. La probité dans le travail et dans l'échange.

Respect des personnes dans leurs croyances, leurs opinions. Liberté religieuse et philosophique. La tolérance.

La fraternité sociale. Nécessité d'étendre l'idée de justice.

Les hasards de la naissance, les inégalités physiques et intellectuelles ; les hasards de l'éducation ; les accidents de la vie.

L'instruction publique.

L'assistance publique.

La bonté, l'amour du prochain, le dévouement, le désintéressement.

2° La famille et l'homme privé. La famille société particulière, mais non exclusive dans la société. Sa fonction dans l'ordre social auquel elle est soumise. Son fondement moral. Sa constitution, ses membres ; solidarité qu'elle implique. Le respect de la femme, base de la famille, dans le monde moderne.

Les époux, les parents, les enfants, leurs devoirs réciproques.

L'esprit et les vertus de famille,

Les vertus privées : loyauté, travail, tempérance, courage, épargne, charité.

3° La nation et la patrie. Comment notre société est en même temps une nation. L'idée de nation et l'idée de patrie. Leur fondement historique et leur fondement moral.

Solidarité des générations. L'esprit national. Continuité de la vie nationale.

Le patriotisme ; défense de l'intégrité de la patrie ; respect et défense des lois de la patrie, de l'armée, le service obligatoire ; la discipline militaire, le courage.

4° L'État et les lois. Ce que c'est que l'État ; ses origines, son rôle.

Formes diverses de cette autorité.

La forme républicaine. Son principe et sa supériorité. Issue de notre consentement et modifiée par notre volonté, elle ne peut avoir rien d'arbitraire.

La souveraineté nationale ; la démocratie ; l'élite dans la démocratie.

Les lois ; leur fondement social et national.

Devoirs du citoyen ; obéissance aux lois : impôt ; vote, etc.

La répression des infractions aux lois : légitimité sociale de la pénalité.

Droits du citoyen : liberté individuelle, liberté de conscience ; liberté des cultes dans la limite du respect des lois ; liberté d'association.

Les libertés publiques.

Dangers sociaux et nationaux de l'arbitraire ; dangers sociaux et nationaux de l'absence de gouvernement.

5° Rapport des nations entre elles. Devoirs et droits internationaux. Solidarité internationale. L'humanité. L'amour de l'humanité et sa conciliation avec les devoirs envers la patrie.

Le droit des gens. Aspiration à un idéal juridique des rapports entre les nations : l'arbitrage.

II. — Retour sur les principes de la morale et leurs applications essentielles.

Le professeur suit à peu près le même ordre que dans les deux années précédentes, en insistant d'une part sur l'explication, la discussion et la démonstration des principaux points de doctrine, d'autre part sur les interprétations erronées qui pourraient se faire jour.

Envisager chez l'homme trois ordres de faits qui ne tombent pas sous les sens : faits de sentiments ou émotions, faits intellectuels ou pensées; faits de volonté ou actes libres.

Montrer que notre nature nous porte à aimer le beau, à affirmer le vrai, à vouloir le bien; faire remarquer l'analogie entre ces trois objets de notre activité spirituelle, répondant à nos inclinations naturelles et à la vie normale; montrer que le mal est un désordre, une régression contraires au véritable idéal humain.

Le professeur s'attachera à ne parler des croyances religieuses qu'avec un grand respect et de manière à ne jamais froisser la conscience des enfants.

III. — Exercices tendant à éprouver ou à éclairer la conscience et à former le caractère.

Le maître étudiera assidûment les tendances bonnes ou mauvaises qui s'accusent chez chaque élève; conseils individuels résultant de cette observation, indépendamment des recommandations collectives.

Il entrera autant que possible en relations avec les parents soit pour réclamer leur concours, soit pour leur prêter assistance en vue de l'éducation morale des enfants.

Constatation de la moralité pratique de chacun d'après les circonstances qui la mettent à l'épreuve de la vie quotidienne.

Appel incessant à la sincérité absolue, première et indispensable condition du progrès ou du relèvement.

Appel à l'énergie de la volonté, au courage moral sous toutes les formes (courage de rompre un défaut, courage se manifestant par une décision énergique ou par une persévérance obstinée, courage contre la souffrance, contre le plaisir, courage de braver le ridicule par respect pour sa conscience, courage de s'accuser ou de se défendre, de maintenir ce qu'on croit la vérité ou de convenir de ses torts, etc.).

Nécessité d'un long apprentissage pour arriver à n'être

pas l'esclave de ses passions, à se gouverner, à se maîtriser soi-même.

Transformation graduelle de l'effort en habitude; surveillance des habitudes de l'enfant et de l'adolescent en vue d'encourager les bonnes et d'extirper les mauvaises.

Étude de quelques maximes et d'exemples propres à fixer les notions morales sous une forme saisissante et concrète.

Observations destinées à éveiller dans la conscience un sentiment de plus en plus vif, et à développer une notion de plus en plus précise du bien à faire, des maux à corriger, de l'injustice souvent inconsciente à éviter dans la vie commune.

Recherche attentive de toutes les occasions de mettre la morale en action, d'exercer la conscience de l'élève et de provoquer de sa part un ensemble de résolutions réfléchies le portant à vouloir le bien et à s'en faire une habitude.

B. — ÉCOLES DE FILLES.

Première, deuxième et troisième années.

Le programme des écoles de filles est, dans son ensemble, le même que celui des écoles de garçons. Toutefois les maîtresses chargées de l'éducation morale dans les écoles de filles devront approprier leurs leçons au caractère de leur auditoire et insister sur certains devoirs particuliers qui s'imposent à la jeune fille et à la femme.

Devoirs de la jeune fille envers elle-même. — Fortifier son jugement et sa volonté est une des obligations qui lui sont propres et des devoirs qui l'attendent dans la société. Ces recommandations familières s'étendent à la modestie dans le vêtement, l'attitude et le langage.

Devoirs de famille. — Rôle à la fois discret, modeste et efficace de la jeune fille dans la famille. Devoirs naturels de la sœur aînée. Devoirs pour les jeunes filles de prendre part à tous les soins domestiques, non seulement sans répugnance, mais avec empressement.

Devoirs sociaux. — Il appartient à la femme, par la bonté, par la patience, par l'égalité d'humeur, de faire prévaloir l'idée de la concorde pour la vie. Sans discuter et sans récriminer, elle fera sentir ce que peuvent la persuasion, l'esprit de conciliation, l'amour de la paix, le respect mutuel.

Devoirs civiques. — Fille, sœur, épouse, mère de citoyens, la femme a exercé dans tous les temps une influence plus ou moins forte sur nos mœurs. Elle peut aujourd'hui, en raison de l'instruction plus variée et plus approfondie qu'elle reçoit, fortifier, ennoblir notre activité. La pitié et la charité sont ses dons naturels, et c'est tout naturellement encore qu'elle nous rappellera, dans la paix et dans la guerre, le respect des lois et l'amour de la patrie.

La maîtresse devra se préoccuper, sans cesse, de vivifier les cours de morale, par des lectures, des récits et des entretiens.

ANNEXE III

LA MORALE DANS L'ENSEIGNEMENT SECONDAIRE DES GARÇONS

A. — Programme de la classe de quatrième.

Lectures, récits et entretiens méthodiques, propres à fortifier les sentiments favorables au développement moral et à combattre les tendances contraires.

La sincérité. — La franchise et l'esprit de ruse. La véracité et le mensonge. Être et paraître. L'hypocrisie.

Le courage. — Le brave et le lâche. Énergie et mollesse. Persévérance et caprice. Courage contre la souffrance, contre le plaisir. Courage de résister à l'opinion par respect pour sa conscience; courage de reconnaître ses torts, de s'accuser. La faiblesse morale.

La délicatesse morale. — Le dégoût des plaisirs grossiers.

La probité. — Le vol, la fraude, les passe-droits. Le respect des engagements. La probité de l'écolier.

La bonté. — L'affection pour les parents, pour les frères. La bonne camaraderie. L'amitié. La politesse. La pitié et la cruauté. La générosité. La bonté envers les animaux.

L'éducation de soi-même. — Le sentiment de la dignité morale distingué du point d'honneur. Le gouvernement de soi-même. La fermeté du caractère et le désintéressement. L'autorité intérieure de la conscience et le respect de la règle. L'homme de devoir.

B. — Programme de la classe de troisième.

Lectures, récits et entretiens méthodiques propres à faire comprendre la valeur des fins de l'homme en société.

La solidarité. — Action et réaction des individus les uns sur les autres. Ce que l'individu reçoit de la société ; répercussion de ses actes dans le milieu social. Les devoirs qui résultent de la solidarité. Obligations créées par l'instruction que l'on a reçue.

Justice et fraternité sociales. — Les droits de l'individu. La liberté de penser ; la tolérance. L'assistance

La famille. — Rôle social et moral de la famille.

La profession. — L'obligation morale et sociale du travail. Le travail professionnel comme fonction sociale. Les vertus professionnelles. Esprit d'initiative et esprit d'association.

La nation. — L'idée de patrie. Éducation du patriotisme : le sentiment de la patrie dans l'accomplissement des devoirs professionnels.

L'État et les lois. — La légalité. Les fonctions de l'État. La démocratie et les principes de 1789.

L'humanité. — Les relations des nations entre elles : justice internationale. La civilisation humaine.

Liberté individuelle et discipline sociale. — Le bon citoyen.

C. — Programme des classes de philosophie et de mathématiques.

Objet et caractères de la morale.

Les données de la conscience morale : obligation et sanction.

Les mobiles de la conduite et les fins de la vie humaine : le plaisir, le sentiment et la raison. L'intérêt personnel et l'intérêt général. Le devoir et le bonheur. La perfection individuelle et le progrès de l'humanité.

Morale personnelle. — Le sentiment de la responsabilité. La vertu et le vice. La dignité personnelle et l'autonomie morale.

Morale domestique. — La constitution morale et le rôle social de la famille. L'autorité dans la famille.

Morale sociale. — Le droit. Justice et charité. La solidarité. Les droits : respect de la vie et de la liberté individuelle. La propriété et le travail. La liberté de penser.

Morale civique et politique. — La nation et la loi. La patrie. L'État et ses fonctions. La démocratie. L'égalité civile et politique.

ANNEXE IV

LA MORALE DANS L'ENSEIGNEMENT SECONDAIRE DES JEUNES FILLES

A. — Programme de troisième année.

Le cours de morale pratique doit se proposer de provoquer la réflexion, d'éclairer et de fortifier le sentiment, de développer le sens de la vie morale. C'est ainsi qu'il deviendra une préparation à l'enseignement moins concret de la morale et de la psychologie. Méthodique et suivi quant au fond, ce cours sera varié de forme, entremêlé de lectures et de récits, et animé par la part directe que les élèves seront invitées à y prendre.

1º La famille. — Nécessité et bienfaits de la famille. Devoirs des enfants et des parents, des frères et des sœurs, des maîtres et des serviteurs. Rôle de la femme et de la jeune fille au foyer domestique. Le respect dans la famille. L'esprit de famille.

2º La société. — Nécessité et bienfaits de la vie sociale. Solidarité.

a) La justice. — Respect de nos semblables dans leur vie, dans leur liberté, dans leur honneur et leur réputation. La calomnie et la médisance. Respect de nos semblables dans leurs croyances, leurs opinions, leurs sentiments, etc. Respect de la propriété, des contrats et des promesses. La probité. L'équité.

b) La charité. — Bienfaisance. Aumône, autres modes d'assistance. Bonté, dévouement, bienveillance. La politesse.

L'amitié. Devoirs des amis. La charité chez l'enfant et la jeune fille. Devoirs relatifs aux animaux.

3° La patrie. — L'idée de patrie. Le patriotisme. L'État, la Constitution et les lois. Devoirs des citoyens. Obéissance aux lois, service militaire, impôts, vote. Devoirs des nations entre elles. La guerre; les devoirs des femmes pendant la guerre.

4° Les devoirs personnels. — Devoirs relatifs au corps. La tempérance. Devoirs relatifs aux biens extérieurs. Le travail. Devoirs relatifs à l'âme : sincérité, force d'âme, dignité et beauté morale. Le perfectionnement moral et l'éducation de soi-même. Les vertus féminines.

5° Devoirs religieux. — Rôle du sentiment religieux en morale. Les sanctions de la morale; rapports de la vertu et du bonheur, la vie future et Dieu. La tolérance.

B. — Cours de quatrième année.

Morale théorique et notions historiques.

I

La conscience morale et l'idée du devoir.

Part à faire au sentiment, à l'intérêt, au désir de bonheur dans la vie morale. La vertu.

La responsabilité morale. Les sanctions morales.

L'idée du droit. La personne humaine et les principaux droits.

II

Les grandes idées morales et les grands moralistes, lectures et commentaires des passages choisis de leurs ouvrages.

Moralistes anciens.

Socrate : les lois non écrites; la famille; le travail; la Providence.

Platon : le sentiment de l'idéal; la justice; le châtiment.

Aristote : la vertu et le bonheur ; l'amitié ; les vertus pratiques ; l'éducation.

Les Stoïciens : Épictète, Marc-Aurèle : le devoir, la liberté, la force d'âme, l'amour des hommes.

Moralistes modernes.

Montaigne, Descartes, Pascal, Bossuet, Nicole : pages choisies.

La philosophie morale au dix-huitième siècle : le droit, la justice, la tolérance.

Kant : le devoir absolu, le respect ; la personne morale ; le mensonge ; les croyances nécessaires impliquées par la vie morale.

La philosophie morale au dix-neuvième siècle : l'humanité, la solidarité.

ANNEXE V

L'ÉDUCATION DES ÉDUCATEURS (1)

La pratique de l'art de l'éducation est délicate. La preuve c'est qu'elle a été l'objet à travers les siècles d'une spécialisation croissante, pour ne pas dire d'une monopolisation progressive de la part de l'État. Or, la spécialisation, tout comme la division du travail, est l'indice que des obstacles se rencontrent dans l'exécution d'une tâche et que les sociétés ont été amenées par la force des choses à « diviser les difficultés pour les mieux résoudre ». Ces difficultés dérivent avant tout de la complexité, de la mobilité et de la variété sans cesse renaissantes de la matière sur laquelle opère cet art.

Un seul art est peut-être compliqué : la politique. « Deux choses, dit Kant, peuvent être regardées comme ce qu'il y a de plus difficile dans le travail de l'homme : l'art du gouvernement et celui de l'éducation (2). » Si les difficultés de cette tâche sont telles, il ne sera donc pas sans doute inutile de donner quelques indications sur les personnes auxquelles doit être confiée l'entreprise (ou plus exactement sur celles à

---

(1) Cet article, qui a paru dans *l'Éducateur moderne* en 1910, est le dernier chapitre d'un mémoire qui a été présenté au concours ouvert par l'Académie des Sciences morales et politiques sur : les Principes philosophiques de la Pédagogie, et auquel il a été décerné une mention honorable (1909). Un résumé de ce mémoire a paru dans le numéro de février 1910 de la *Revue philosophique* sous le titre : *L'art de l'éducation*.

(2) MARION, Leçon d'ouverture du cours sur la science de l'éducation (*Revue pédagogique*, 1883).

qui l'État déléguera le côté psychologique de sa mission éducative) et sur les conditions de leur préparation à cette charge.

I

Il y a plusieurs façons de se représenter l'habileté pédagogique. Une conception mystique la considérerait comme un instinct, une théorie empiriste comme le résultat d'une habitude individuelle; une philosophie rationaliste y voit enfin le fruit d'une éducation, enrichie de toutes les ressources de la tradition et de la science.

La conception mystique a été longtemps répandue. On naît éducateur; on ne le devient pas. Il y a des natures d'apôtre. Et, disent quelques-uns, tout savant est aussi un apôtre. Quiconque a du goût pour une chose, est apte à la faire connaître. « Il est inutile d'apprendre à enseigner, disait Fustel de Coulanges. Quand on aime bien une science, on l'enseigne par cela seul qu'on l'aime profondément. La pédagogie est une digestion ; mon médecin sait que je digère ; je me contente de digérer (1). »

Nous reconnaissons tout de suite les tenants de cette théorie. Elle en implique une autre : celle de l'arrivée dans le monde d'êtres préformés, venant s'insérer dans un corps, de personnalités complètes dans leurs puissances et ne demandant qu'à faire passer leurs dispositions à l'acte. — Mais la seule hérédité que nous admettions est une hérédité physiologique qui ne semble jouer aucun rôle en l'espèce. On comprend qu'on naisse musicien et, à la rigueur, poète. Car l'aptitude musicale réclame des conditions physiologiques, parmi lesquelles la finesse d'oreille ; l'aptitude poétique est liée à une certaine facilité de combinaison d'images visuelles ou auditives, ce qui suppose la possibilité de les acquérir, et donc des organes des sens normaux ou même plus développés qu'à l'ordinaire. Mais nous ne voyons pas que l'on puisse naître éducateur, à moins de parler des dispositions corporelles telles que le volume de la voix, le port de la tête, la flamme du regard. Au fond, on naîtrait plutôt non éducateur,

(1) D'après LANGLOIS, *Questions d'histoire et d'enseignement*, t. I, p. 191.

en ce sens que certaines infirmités natives interdisent parfois à un individu la possibilité pour jamais d'acquérir un prestige et une autorité morale suffisants pour mener à bien cette tâche éducative. — Quant à dire que quiconque aime une science est capable de l'enseigner par là même, cela constitue un paradoxe auquel on peut faire simplement une concession. Il est vrai, en effet, que la perpétuelle préoccupation d'un savant peut l'amener à s'efforcer de faire adopter à son entourage ses opinions, qui finissent par devenir en lui des idées fixes, et de l'initier à ses découvertes. Mais combien de penseurs et de chercheurs qui n'ont aucun goût pour une pareille mission d'apostolat ! Combien même qui, l'ayant, ne parviennent pas à traduire assez clairement leur pensée pour la rendre accessible à leurs auditeurs ! En matière d'instruction, la chaleur des convictions ne suffit pas ; elle ne doit être qu'un épiphénomène de la clarté de l'idée et de son expression.

Si, d'une part, on ne naît pas éducateur, et si, de l'autre, la possession de la connaissance n'est pas « pédagogique », faut-il donc dire qu'on le devient par la seule pratique du métier ? *Fit fabricando faber*. Cette conception est plus répandue qu'on ne le pense. Elle se traduit par le sentiment de l'opinion publique qui s'étonne de voir confier des postes d'enseignement à de tout jeunes hommes et qui se représente volontiers le pédagogue sous les traits d'un vieillard ou d'un personnage auquel la gravité tient lieu de vieillesse. On en retrouve l'écho jusque dans le Talmud, qui exprime cette pensée de façon pittoresque : « Celui qui apprend quelque chose d'un maître jeune ressemble à un homme qui mange des raisins verts ou boit du vin sortant du pressoir (1). » — Évidemment, la vieillesse présente une garantie : celle de l'expérience, c'est-à-dire tout cet ensemble complexe d'efforts heureux et d'échecs, d'observations personnelles, de conseils reçus, d'ordres exécutés mécaniquement ou modifiés par des initiatives individuelles. Mais cet avantage est si chèrement payé que l'État ne doit pas se résigner à un recrutement uniquement empirique. Car d'abord, comme dans tous les métiers, la longue pratique engendre un attachement immodéré à la tradition. Or, s'il faut se garder, en pédagogie plus que partout ailleurs, des

(1) Cité par Compayré, *Histoire de la pédagogie*, p. 8.

engouements révolutionnaires, il faut également se défier de la routine. « Le secret de l'éducation, dit un écrivain contemporain, qui a teinté la pédagogie féminine d'assez de littérature pour y intéresser les lectrices mondaines, c'est la tradition corrigée, adaptée, perfectionnée (1). » Le danger serait qu'on oubliât les épithètes pour s'en tenir au substantif. — En outre, la compétence des vieillards suppose leur imperfection technique dans la période de leur jeunesse. C'est acheter par celle-ci celle-là. Et bien chèrement, car l'inexpérience des jeunes peut avoir des conséquences autrement désastreuses que dans l'apprentissage d'autres métiers.

Il faudrait donc pouvoir échapper à de pareils inconvénients et éviter le « sabotage » fatal de l'œuvre pédagogique confiée à des inhabiles. Le seul moyen consiste à ne plus faire foi à l'instinct éducatif ou à ne pas attendre miracle d'une expérience individuelle de l'éducateur, et à établir une préparation scientifique et raisonnée à ce métier. Mais avant d'étudier les conditions de cette dernière, nous pouvons déterminer en quelques mots les modes de recrutement des apprentis pédagogues. Aucune cause très générale ne peut se démêler à travers les influences diverses qui le font actuellement tel qu'il est. Ni le désir d'une situation brillante, ni la pression des parents ne peuvent être invoqués en l'espèce comme entrant en ligne de compte dans la décision d'un enfant de se consacrer à l'éducation. Le choix reste souvent « irraisonné »; quelquefois même, ce n'est plus un choix; c'est un pis aller accepté par ceux qui n'ont pas pu triompher des difficultés d'un examen ou d'un concours ouvrant la porte à d'autres carrières. Somme toute, il se produit ici un phénomène analogue à celui que l'on constate pour le choix des métiers en général. Une grande anomie le caractérise. Il y a lieu de la faire disparaître. Dans un système pédagogique bien compris, l'enfant serait destiné dès sa jeunesse à la tâche éducative. Ce ne serait pas trop d'ailleurs dans ce cas-là de hâter la spécialisation, la période de préparation étant infiniment longue, parce que la préparation est minutieuse. — La détermination des futurs éducateurs ne se ferait pas au hasard. Il y aurait évidemment lieu de tenir compte des aptitudes des enfants. Ce n'est pas là une affirmation contradictoire avec la négation de l'hérédité psychologique for-

---

(1) MARCEL PRÉVOST, *Lettres à Françoise*, p. 189.

mulée tout à l'heure. Les aptitudes dont nous voulons parler sont celles dont peut faire preuve l'enfant, lorsque l'État entreprend son éducation. Mais il en a déjà reçu une de la famille ou du milieu social où il a vécu, laquelle a pu déterminer déjà cette orientation vers la mission pédagogique. Ainsi les fils d'éducateurs, lorsqu'ils n'ont pas été de trop bonne heure séparés de leur famille, sont mieux préparés que personne à choisir la carrière de leurs parents.

Il n'y a point là, encore une fois, hérédité psychologique, mais simplement acquisition de tendances due à l'influence continuelle des exemples. Dès leur plus tendre jeunesse, ils ont reçu l'initiative nécessaire ; ils connaissent certains procédés ; ils ont le goût d'une pareille tâche. Ainsi encore les enfants qui ont grandi dans un milieu familial ou social assez austère pour créer en eux une vie morale très active. Ce sont là des promesses de personnalités fortes. Et ces dernières sont, volontairement ou non, éminemment éducatives, étant susceptibles de devenir objets d'imitation. Reconnaissons d'ailleurs que si une telle mise de jeu est avantageuse, elle n'est ni suffisante, ni indispensable. Elle ne peut suppléer à la préparation directe que l'État peut donner et dont nous avons à indiquer maintenant les conditions.

II

La première est évidemment d'imposer au futur pédagogue la connaissance des matières qu'il aura plus tard à enseigner. Il est tout naturel qu'on exige un savoir plus approfondi et plus étendu que celui qu'il devra distribuer. La possession de telles connaissances se prouve, dans nos sociétés actuelles, par des examens ou des concours, suivant que l'on désire rechercher les esprits compétents sur des points déterminés ou un nombre déterminé d'esprits choisis parmi les plus compétents. Il n'est pas sûr que ces épreuves soient les meilleures possibles et les seules praticables en fait. On en a depuis longtemps fait la critique. Elle a une portée générale ; elle vaut par suite pour les examens et les concours mis à l'entrée des carrières pédagogiques. Trop d'importance y est donnée — et nécessairement — à une fonction inférieure de l'ordre intellectuel : la mémoire ; trop d'importance y prend également le trouble plus ou moins grand apporté aux dispositions physiologiques par le surmenage qui les précède. Dans une éducation bien organisée, l'examen ou le concours ne seraient qu'un acte entouré d'un peu de solennité qui consacrerait le travail et la science de l'élève, prouvés par ses efforts fournis durant un long espace de temps et par des appréciations de ses maîtres.

Ajoutons que le futur éducateur ne doit pas seulement apprendre les matières qu'il enseignera plus tard. Jamais la nécessité d'un enseignement libéral ne fut plus marquée que pour la préparation à la fonction pédagogique. Le meilleur moyen d'avoir de bons professeurs de grammaire ou d'histoire naturelle est encore d'avoir des hommes intelligents. L'éducateur n'est pas, en effet, un phonographe qui répète mécaniquement ses connaissances enregistrées dans sa mémoire. La véritable instruction se donne sous forme de cours, ce qui suppose un agencement personnel de connaissances antérieurement acquises. Pour cela, il faut que l'esprit possède des qualités d'ordre, de clarté et une puissance de raisonnement que fournit seul l'enseignement libéral. Ce n'est pas tout, car un instructeur ne doit pas s'endormir sur son acquit intellectuel. Il lui faut, dans la mesure des moyens, être un « savant », c'est-à-dire s'efforcer d'augmenter la somme du savoir humain. Et le plus humble instituteur de village, à défaut de recherches et de découvertes scientifiques, peut, donc doit, par une constante réflexion sur les procédés de son art, y apporter une contribution non inutile.

III

Mais si le savoir est la première condition nécessaire pour pouvoir enseigner, il ne suffit pas cependant. L'opinion contraire a pourtant régné longtemps, ou du moins on a tout fait comme si on l'acceptait. L'éducateur débutant, son diplôme attestant sa science une fois conquis, était jeté au milieu de ses élèves, semblable à un dompteur parmi les bêtes féroces. Il lui arrivait souvent d'être mangé, c'est-à-dire de perdre toute autorité et de n'instruire personne. Il ne faut pas, d'ailleurs, parler à un temps passé, car le mal existe encore. Dans l'enseignement primaire français, la possession du brevet supérieur, parfois même du brevet élémentaire, peut suffire pour obtenir un poste d'instituteur. Dans l'enseignement secondaire, celle de la licence, parfois même du baccalauréat, peut suffire de même pour obtenir un poste de professeur. Seuls, les élèves de l'École normale supérieure et les candidats aux agrégations sont censés avoir fait un apprentissage pédagogique. Nous disons qu'ils sont censés, car le stage préalable aux concours d'agrégations ne fut jamais que la plus ridicule des formalités. Et nous ne pensons pas que, même depuis les réformes récentes touchant le statut des agrégations, il ait beaucoup changé de caractère. Dans l'enseignement supérieur, la situation est analogue, car seuls quelques professeurs des Facultés des Lettres et des Sciences provenant de l'enseignement secondaire ont effectué un apprentissage. Il n'en est point ainsi des professeurs des Facultés de Droit et de Médecine. — Le remède à cet état de choses, n'est pas dans l'institution d'un stage imposé au début de la carrière, et durant la première ou les deux premières années. C'est courir l'aventure à plaisir et s'exposer à sacrifier l'éducation de nombreux enfants pour permettre à quelques pédagogues de parfaire ou de faire leur apprentissage. Ledit stage ne saurait d'ailleurs, eu égard à nos mœurs et au respect que l'homme pourvu d'un titre ou d'un diplôme impose même à ses supérieurs, avoir une très grande valeur probatoire. Il met en lumière, si l'on peut s'exprimer ainsi, des qualités uniquement négatives, la titularisation signifiant simplement que le fonctionnaire a eu assez de souplesse et de sagesse pour ne pas mécontenter ses chefs et qu'il ne s'est pas révélé trop incompétent dans l'accomplissement de sa tâche. Mais ainsi elle prouve la médiocrité aussi bien que l'excellence.

Un apprentissage avant, et non après, l'entrée en fonctions s'impose donc. Le futur éducateur doit apprendre à enseigner. La délicatesse de cet apprentissage nécessite son organisation et sa remise entre les mains des spécialistes qui le donneront dans des écoles spéciales. Les écoles normales pour l'enseignement primaire, l'École normale supérieure pour l'enseignement secondaire, sont, en France, des types de ce que pourraient être les séminaires pédagogiques (1). — Cet

(1) Ces remarques nous permettent de comprendre en quoi sont exagérées les plaintes des Facultés des Lettres et des Sciences de province vis-à-vis d'un prétendu accaparement de celle de Paris

apprentissage comporte, comme tous les autres, l'emploi des procédés éducatifs que nous avons déjà signalés (1). Il faut faire exception, cependant, en ce qui concerne la contrainte qui, en l'espèce, n'a plus de raison d'être. Les apprentis éducateurs, par le choix même qu'ils auront fait de leur carrière, ou parce qu'ils savent faire de nécessité vertu, sont disposés à faire preuve de bonne volonté. L'instruction et l'imitation seront donc les deux moyens dont on se servira pour mener à bien leur éducation professionnelle.

Quelles seront donc d'abord les matières sur lesquelles il conviendra d'instruire les futurs éducateurs, outre celles qu'ils seront chargés d'enseigner et pour les mettre en état de le faire ? La question amène tout de suite la solution. Il faut leur faire connaître les procédés employés par leurs anciens et par leurs contemporains, ainsi que les sciences auxquelles ils se rattachent. Elles se résument sous la rubrique de science pédagogique. On voit tout ce qu'elle embrasse : histoire non seulement des doctrines de l'éducation, mais encore de l'éducation elle-même, c'est-à-dire des tentatives plus ou moins heureuses accomplies en fait, et des modes privés ou officiels d'instruction ; études pédologiques ; études psychologiques plus générales ; méthodes d'enseignement communes à toutes les parties du savoir, et celles qui se rapportent à la partie spéciale à laquelle le futur maître doit

touchant la préparation à l'agrégation. Tant qu'on a considéré le savoir comme la condition suffisante pour donner accès aux carrières de l'enseignement secondaire, il était naturel que la préparation fût menée par les mêmes organes qui distribuent dans les diverses parties de la France l'enseignement le plus élevé. Mais dès qu'on a voulu donner au concours un caractère plus pratique, il a fallu concentrer cette préparation sur un point déterminé. Par le nombre de ses éducateurs et les ressources d'ordre pédagogique qu'elle offre, la Sorbonne était toute désignée pour devenir une École normale agrandie.

(1) Nous avons consacré un chapitre de notre Mémoire à indiquer que l'éducateur avait, et avait seulement, trois moyens à sa disposition pour remplir sa tâche : faire appel à l'instinct d'imitation, user de la contrainte (physique ou morale), et enfin instruire. Nous avons montré la valeur respective de ces trois procédés, la supériorité énorme du premier sur les deux autres, mais la nécessité où se trouve le pédagogue rationaliste qui tient compte du réel de faire une part à ceux-ci et de ne pas employer uniquement l'instruction.

se consacrer. Remarquons combien il y a encore à faire en France pour en arriver à donner à nos apprentis professeurs l'instruction de toutes ces matières. Car elle reste élémentaire dans les écoles normales d'instituteurs; et dans les facultés, elle est tantôt embryonnaire quand elle veut être générale, tantôt fragmentaire. Il importerait donc d'établir un cours complet d'enseignement des sciences pédagogiques, cours qui devrait être suivi par tous ceux qui se destinent à la carrière de l'éducation, primaire, secondaire ou supérieure.

Un tel cours ne suffirait pas, d'ailleurs. Les sciences pédagogiques ne sont pas achevées, et bien des lacunes s'y trouvent. Elles ne sont ni suffisamment étendues, ni suffisamment profondes pour permettre l'élaboration d'un art entièrement fondé sur elles. C'est dire que l'art pédagogique reste — et pour longtemps encore peut-être — un art empirique. Dès lors, l'apprenti n'a pas seulement à apprendre, mais à imiter. Ce que nous appelons une initiation pratique doit donc s'ajouter à l'initiation théorique dont nous venons de parler. Pour des raisons facilement appréciables, cette initiation doit être plus passive qu'active. L'élève maître ne mettra pas « la main à la pâte », la main trop inhabile risquant de gâcher toute la « fournée ». Il se contentera donc de voir plutôt que de faire. Aussi, est-ce sous la forme de présences multipliées aux classes conduites par un ou plusieurs maîtres expérimentés que se fera son apprentissage. Par ce moyen, il gravera dans sa mémoire les procédés d'enseignement de ses modèles, la façon dont ils asseoient leur influence et les modes de discipline dont ils font usage. Il ne convient pas, pensons-nous, d'aller plus loin, à condition de faire durer cette présence effective pendant un assez long cours du temps. Il serait trop dangereux de transformer l'apprenti en professeur adjoint, considéré comme apte à suppléer le titulaire dans sa tâche et à l'alléger dans sa besogne. Le stade pédagogique actif ne se comprend pas plus, et bien moins encore, pour les futurs brevetés ou agrégés que pour ceux qui, possédant leur diplôme, se verraient attribuer la direction d'une classe en toute indépendance. Le maître se formera donc, — non pas en forgeant mais en voyant forger. Il ne se contentera pas, d'ailleurs, d'un regard morne et désintéressé. Au contraire il devra faire flèche de toute son intelligence pour arriver à justifier rationnellement les procédés qu'il verra mis en œuvre, pour rechercher les fins, inapparentes parfois, des actes accomplis en sa présence. Au cas où son effort ne serait pas couronné de succès, le modèle est là, personnalité vivante et pensante, qui connaît la plupart du temps les raisons et les buts derniers de ses actions, qui en a pris conscience, et qui peut en livrer le secret au questionneur, impatient de les imiter.

Toutefois, quelques moyens restent à notre disposition pour imposer un effort proprement pédagogique aux futurs éducateurs. On pourrait d'abord leur donner à faire quelques classes à de grands élèves. Les inconvénients seraient moins forts que vis-à-vis des plus petits, car leur développement intellectuel leur permet déjà de juger de l'inexpérience du débutant — et de rectifier ses fautes. Le second moyen consisterait — et il est universellement employé ailleurs — dans des exercices de conférences prononcées devant des camarades ou des concurrents, et sous la direction d'un professeur. Cependant il ne faut pas se faire illusion sur la grande efficacité de ces moyens. Car si le premier est bon, son application ne peut pas être étendue démesurément. Quant au second, il donne prise à quelques critiques, la conférence différant trop de la classe, et par les matières traitées, et par les auditeurs, et par l'état d'âme du discoureur.

IV

Mais le savoir et le savoir-enseigner ne suffisent pas pour former le véritable éducateur. Il faut encore autre chose, et ceci provient de l'état d'imperfection et d'incomplétude des sciences relatives à la pédagogie, état qui oblige à recourir à des procédés autres que ceux de l'instruction. Le maître doit, on l'oublie généralement trop, se faire imiter et se faire obéir. Comment y parviendra-t-il ? Et d'abord, à être objet d'imitation ?

L'instinct d'imitation de l'enfant joue au début d'une façon mécanique. L'enfant est comparable, à cet égard, à la corde d'un piano qui résonne lorsque la corde correspondante d'un autre piano voisin est entrée en vibration. Si cet état se perpétuait, il ne serait pas fort difficile de faire imiter. Il suffirait de présenter un modèle, ou de se présenter comme tel, et l'enfant singerait. — Mais le jeu mécanique de l'instinct imitatif ne se maintient pas. Il ne se déclenche plus guère que sous l'action d'une cause d'ordre affectif. Nous avons eu, à maintes reprises, l'occasion de recueillir les souvenirs d'anciennes élèves d'institutions publiques ou privées de jeunes filles. Une phrase nous amusait par sa répétition presque constante : « Oh ! disaient-elles toutes, j'ai travaillé avec tel professeur (femme), parce que je *l'aimais* bien ! » Il serait évidemment dangereux de tirer parti de cette constatation pour y chercher un idéal et présenter à l'éducateur comme principal objectif d'éveiller ce mobile chez l'élève, d'autant plus, d'ailleurs, que ce phénomène affectif a presque un caractère pathologique, dérivant de son apparition au sein d'un groupe fermé, replié sur soi et agité d'une vie intérieure intense. — Mais il n'en reste pas moins que, tout en évitant les déviations inquiétantes et maladives, l'éducateur ne doit pas négliger de faire naître autour de lui cette forme discrète, moins aveugle en ses effets, de l'amour, qu'est l'attachement. — Or, le maître a deux manières de provoquer l'attachement chez l'élève. Il pourra se donner artificiellement une certaine attitude vis-à-vis de lui, gestes, paroles, intonations, caresses, qui conduiront ce dernier à croire à une sympathie active de la part du maître. Engendré par cette illusion, l'attachement naîtra. Mais qui ne sent que, produit par la grimace et l'hypocrisie, il ne peut être très solide, la moindre distraction du comédien devant la faire évanouir chez l'élève ? Il nous faut plus de sincérité, plus d'affection vraie en la matière. L'amour de celui-ci pour le maître doit avoir comme contre-partie, et même pour générateur, un élan de ce dernier, élan naturel ou devenu tel par l'éducation. Ce n'est donc pas trop d'exiger que pendant la jeunesse de l'apprenti éducateur sa puissance affective soit développée et fortifiée et que des mesures, telles que l'interdiction du mariage et de la vie de famille, ne viennent pas la limiter plus tard.

Un autre facteur peut encore contribuer à faire fonctionner l'instinct d'imitation. Ce facteur est le sentiment d'admiration. L'enfant imite à la fois ses supérieurs et ses égaux, ceux-ci parce qu'il les aime, ceux-là parce qu'il les admire. L'affection est, en effet, un sentiment non seulement niveleur dans ses conséquences, mais aussi égalitaire dans ses origines. L'amitié, qui en est la forme la plus élevée et la plus subtile, ne saurait naître et s'exercer qu'entre égaux, comme Aristote l'a remarqué avec finesse. Il n'est donc pas surprenant que l'attachement de l'élève pour le maître n'existe pas toujours : ainsi lorsqu'il n'y a pas condescendance suffisante de la part de l'un ou lorsque l'autre est atteint d'une excessive timidité qui l'empêche de se hausser jusqu'au premier. — Mais l'admiration peut alors intervenir. Elle naîtra de la constatation par l'élève d'une supériorité énorme du maître sur lui au point de vue intellectuel et au point de vue moral. Ici encore, celui-ci a deux sortes de moyens pour provoquer le développement d'un tel état d'âme. Les uns sont artificiels. L'un d'eux consiste dans un étalage de connaissances qui fait prendre conscience à l'élève de l'étendue du savoir de son professeur. Mais l'artificialité de tels moyens fait leur faiblesse. C'est l'art de la modestie plutôt que celui de la parade qui convient au maître. L'enfant est bien plus frappé par la découverte inattendue d'un savoir qui se cache que par la constatation de la supériorité intellectuelle du maître produite par un savoir qui s'affiche. Mais, plus encore que les qualités intellectuelles, les qualités morales de l'éducateur provoquent la naissance d'un sentiment d'admiration chez l'enfant. Kant a suffisamment insisté sur ce point. Sans reprendre ces analyses classiques, et tout en nous gardant du formalisme qui les entache, nous pouvons avancer avec lui que la vue d'une personnalité forte, maîtresse d'elle-même, qui ne laisse pas d'empire à ses instincts, à ses tendances ou à ses habitudes ou qui leur en donne dans la mesure où il lui semble nécessaire, engendre forcément le respect de la part de ceux qui n'ont pas encore acquis une telle puissance de caractère. Ceci revient à dire que l'éducation morale du futur pédagogue doit être particulièrement soignée. Or, on ne semble pas en avoir eu beaucoup de préoccupation en France. A part quelques tentatives dans les écoles normales d'instituteurs et d'institutrices, et à Sèvres, à Fontenay, on s'en est fié, la plupart du temps, à l'influence supposée heureuse des études scientifiques ou littéraires poussées à un très haut degré. Or si, comme nous le pensons, un certain tempérament doit être apporté à cette confiance, il suit de là la nécessité de développer les qualités de pondération, de gravité, de puissance méditative, de fixation dans l'esprit d'une résolution prise et à réaliser, toutes choses qui donnent à la volonté sa force et à la volonté son énergie.

V

Ajoutons enfin une autre exigence. Et pour celle-ci, nous demandons grâce, car, rapportée aux habitudes et aux idées régnantes, elle apparaît comme inattendue. Nous voulons parler de la nécessité d'une éducation physique. Cette nécessité est double. Au simple point de vue individuel d'abord. Car la préparation à la carrière pédagogique, par l'effort mental qu'elle exige, s'accompagne généralement d'un surmenage du système nerveux. Si un contrepoids n'est pas donné par une observation des prescriptions hygiéniques et par une application constante à le faire fonctionner normalement, nous obtiendrons peut-être des savants, mais sûrement des dégénérés physiologiques et des détraqués intellectuels dont l'état maladif s'accroîtra encore par suite des fatigues causées par l'enseignement. — Mais sans s'attarder à ce point de vue, la nécessité d'une éducation physique s'impose au futur professeur, si l'on considère aussi l'avantage pédagogique. Il pourra, en effet, se trouver plus tard dans l'obligation de recourir à l'emploi de la contrainte. Il faut pour cela, ou du moins il est utile (car parfois l'absence de prestige physique peut être compensée par le prestige moral) qu'il soit lui-même une force physique ou qu'il en donne l'impression. — On comprend tout de suite quels principaux articles nous donnerions au programme d'une éducation destinée à la lui procurer. Et tout d'abord nous désirerions que l'éducateur ait — nous forçons un peu les termes — l'adoration de la santé. Un corps vigoureux et souple est encore ce qui vaut le mieux pour assurer l'exercice de la pensée, dans ses conditions normales, et la tâche éducative ne demande pas davantage. L'enseignement n'est pas une œuvre de génie qui réclame pour s'accomplir une « mortification » préalable et momentanée. Il se dégage d'ailleurs de la compagnie de l'éducateur bien portant des influences heureuses sur ses auditeurs, qui n'ont pas été suffisamment étudiées. Le malade, au contraire, a une action pernicieuse. Toute la jeune vigueur, l'aspiration vers la plénitude de vivre de ses élèves se révolte contre la subordination à une nature qui se révèle ainsi inférieure, sans compter la discipline tâtillonne et soupçonneuse à laquelle elle recourt habituellement. Nous ne voudrions pas, assurément, nous donner le ridicule d'émettre des aphorismes prétentieux, mais nous pourrions résumer ce qui précède dans une formule plus pittoresque qu'exacte, puisqu'elle est partielle et ne s'applique pas à tout le défini, en disant : « Méfions-nous des éducateurs qui ont une maladie de foie ! » — L'éducation physique n'aurait pas seulement pour objectif d'assurer le bon fonctionnement des organes internes et l'intégrité de la cœnesthésie. L'instructeur devrait encore porter son attention sur certains organes dont il a spécialement à faire usage dans l'exercice de son métier. Quelques-uns jouent, pourrait-on dire, un rôle passif : ceux de la vision et de l'audition. Il n'est pas indifférent toutefois de les perfectionner. Combien d'échecs éducatifs sont imputables à une défectuosité (demi-myopie négligée, demi-surdité frisant l'inattention), à laquelle il aurait pu être remédié ! D'autres organes sont encore plus importants. Ainsi ceux qui sont affectés à l'expression de la pensée. L'instructeur est, en effet, avant tout un discoureur. Et il n'est pas donné à tout le monde de savoir, je ne dis pas exprimer sa pensée, c'est trop évident, mais prononcer les mots qui expriment la pensée. Une éducation des cordes vocales dans le but de faciliter cette opération ne serait donc pas inutile, tant est grand le nombre des professeurs qui ne sont pas capables de donner à leur voix le volume suffisant. — Les cordes vocales ne sont pas, d'ailleurs, seules intéressées à l'expression de la pensée, celle-ci se traduisant par des attitudes, des gestes, des jeux de physionomie, etc. Pourquoi négliger d'apprendre, dans la mesure où cela est possible, le gouvernement des muscles qui interviennent dans ces manifestations ? Bien que l'enseignement ne soit pas une comédie et qu'on n'ait pas la prétention de l'y assimiler, le professeur n'en est pas moins toujours en scène. Et tout son corps doit participer à la « représentation » qu'il donne. Les gestes maladroits, l'inhabileté à se conduire dans le monde physique, à s'adapter aux situations nouvelles, rendent bien souvent le maître ridicule. Et il n'est pas de pire cause d'échec de son effort d'éducateur. Or on a, jusqu'ici, méconnu lamentablement de telles vérités, ou du moins on a négligé de les mettre en pratique.

VI

Telles sont les conditions dans lesquelles devrait être effectué l'apprentissage pédagogique. Leur nombre et leur importance ne peuvent manquer de frapper. Si, en effet, nous tracions maintenant le portrait du pédagogue idéal produit par l'éducation professionnelle dont nous venons de développer les principaux points, ce portrait ressemblerait prodigieusement à celui de l'homme moral. Mais, si l'on réfléchit, la surprise s'évanouit et, dès lors, la notion de mission éducative prend un aspect nouveau. Car, vue sous cet angle, une telle tâche n'est que la forme la plus rationnelle du dévouement, débarrassé de tout l'aveuglement qui en fait presque toujours la maladresse. Du moment que l'éducateur est tenu d'être un individu hautement moral, la moralité est pédagogique par là même. Car, en s'efforçant d'assurer sa perfection individuelle, l'homme se pose, consciemment ou non, comme objet d'imitation, et, en travaillant au progrès de l'humanité, il essaie de rendre les autres semblables à lui ou à un idéal qu'il s'est tracé. En un sens seulement, l'éducation réclame des spécialistes, car tous, plus ou moins, sont appelés à la donner. Le rôle des spécialistes est de la donner avec la pleine conscience du but poursuivi et des moyens employés.

On voit d'ailleurs dans quel esprit doivent être déterminés et ceux-ci et celui-là. Nullement ennemi des audaces, mais estimant nécessaire de les « filtrer » à travers la tradition, nous préconisons une méthode qui, idéalement, serait assez souple pour unir le passé et l'avenir, la bonne routine et la bonne réforme, assez ample pour contenir les indications de l'empirisme et de la science. Souplesse d'ailleurs nécessaire, puisque l'objet auquel elle s'applique est essentiellement vie et progrès, c'est-à-dire plongeant dans le passé et préformant l'avenir. Il y a un atomisme pédagogique, analogue à l'atomisme psychologique, qui, séparant les êtres dans le temps et dans l'espace, émiette les résultats de l'effort éducatif.

C'est au contraire sur la considération de la pérennité de ces résultats que nous voulons clore cet article. L'éducateur qui est parvenu à former des personnalités fortes, à engendrer en elles la bienheureuse puissance de réfléchir et du vouloir, a véritablement travaillé pour l'éternité. Non pas qu'il ait contribué à la création de ces monades jalousement fermées et substantiellement éternelles (ou du moins nous n'en savons rien expérimentalement), mais parce que son influence n'est pas limitée à l'être sur lequel elle a surtout porté. Pareille aux ondes qui vont s'élargissant à l'infini, l'action de l'éducateur rayonne à travers les siècles. Mais de cet avenir trop lointain, il sait aussi dissiper le mirage. Il sait que son action éternelle est avant tout d'un temps. Et il fait des « hommes » pour la vie présente. Et c'est le meilleur moyen d'en faire pour l'avenir.

Il va donc à sa tâche avec l'allégresse joyeuse de celui qui fait crédit à l'existence et n'en craint pas la banqueroute. Comme le remarque M. Thamin, « l'enfant est d'ailleurs l'ennemi toujours renaissant du pessimisme. Il guérit les sceptiques et les blasés, non seulement par la toute-puissance de son sourire, mais par les devoirs qu'il leur impose. Pour l'élever, nous croyons à bien des choses et à l'éducation elle-même. Car on n'élève pas avec des doutes, en laissant faire la nature et l'enfant (1)... » Aussi l'éducateur ne blasphème-t-il pas en répétant réellement ou symboliquement l'apostrophe de Schopenhauer au démon créateur : « Comment as-tu osé interrompre le repos sacré du néant pour faire surgir une telle masse de malheurs et d'angoisses (2) ! » Oui, l'existence est mauvaise si on la laisse sous la domination de l'instinct et de l'habitude. Mais il fait bon vivre lorsque la raison en est instituée la directrice. Et à son « institution » chez les autres, l'éducateur sacrifie ses jours.

(1) THAMIN, Introduction du *Traité de pédagogie* de Kant, *in fine*.
(2) SHOPENHAUER, *Pensées et Fragments*, trad. Bourdeau, p. 77.

ANNEXE VI

L'ENSEIGNEMENT DE LA MORALE DANS LES ÉTATS ÉTRANGERS

I. — L'ÉTAT ET L'ENSEIGNEMENT DE LA MORALE EN ALLEMAGNE, EN ANGLETERRE, AUX ÉTATS-UNIS, EN ITALIE, AU JAPON.

Bien que, dans la composition du présent ouvrage, nous ayions eu en vue l'État français, il ne sera pas inutile de rechercher brièvement dans quelle mesure les pays étrangers se préoccupent de l'enseignement de la morale. Nous diviserons cette étude en deux parties, et nous donnerons au début de la seconde la raison de cette division. Dans la première, nous allons nous occuper des diverses nations selon l'ordre alphabétique.

A. *Allemagne.* — Les différents pays qui forment la Confédération allemande ont conservé dans leurs écoles publiques l'enseignement religieux. L'éducation morale a donc une base chrétienne. Cet enseignement est confessionnel. L'école primaire n'est pas mixte ou, comme disent les Allemands, simultanée (*Simultanschule*), c'est-à-dire qu'elle n'est pas ouverte aux enfants de confessions diverses, ou plutôt qu'il n'est donné par école qu'un enseignement religieux se rattachant à une confession déterminée.

Le cours de religion fait partie des matières obligatoires. Toutefois, en Wurtemberg, une loi votée en 1909 a permis aux familles dissidentes de demander pour leurs enfants la dispense de l'instruction religieuse. Mais ce n'est là qu'une permission exceptionnelle. En fait, dans toute l'Allemagne, l'école publique primaire reste étroitement rattachée à l'organisation religieuse. Cela est si vrai que, généralement, le ministre du culte est président de la Commission scolaire locale.

Le lien entre les Églises et les écoles est également étroit en ce qui concerne l'enseignement secondaire (1). Dans les gymnases, réalgymnases et écoles réales supérieures, la religion est enseignée à raison de 3 heures par semaine en 6ᵉ et de 2 heures dans les autres classes (règlement de 1892 et décret du 30 avril 1901). Toutefois l'État a cru bon de prendre quelques précautions et d'affirmer la suprématie et la liberté du pouvoir civil en ce qui concerne le droit de confier la charge de l'enseignement religieux dans les institutions publiques. « Les fonctions de professeur de religion, dit une décision ministérielle en Prusse, du 21 décembre 1874, ne sont pas des fonctions ecclésiastiques ni des fonctions relevant d'une Église quelconque. Ce sont des fonctions de l'État. De même la mission de donner l'enseignement religieux dans une école publique ne saurait être considérée comme se rattachant à une fonction ecclésiastique, car le droit de donner cet enseignement ressort uniquement de l'attribution de ces fonctions par l'État. » — En Wurtemberg d'ailleurs, le règlement prévoit que pour les classes moyennes et inférieures l'enseignement est donné par le professeur principal de la classe.

Ajoutons que des organismes scolaires, en dehors des écoles primaires et des écoles secondaires, se sont créés peu à peu, la plupart sous l'impulsion des municipalités et des Chambres de commerce. Leur création a répondu au besoin que nous ressentons également en France : celui de former de bons ouvriers et de bons employés de commerce. Ce sont des écoles de perfectionnement industriel et commercial (*Fortbildungschule*) dont les villes ont rendu la plupart du temps l'enseignement obligatoire de 14 à 17 ans. Or, dans ces institutions, on s'est rendu compte de la nécessité de compléter l'éducation purement technique par une éducation morale. « Les leçons, dit un visiteur de ces écoles, ont lieu suivant un programme d'éducation morale, civique et nationale, identique pour toutes les professions. On y traite de la

(1) Cf. PINLOCHE, *l'Enseignement secondaire en Allemagne.*

conduite à la maison, à l'atelier, à la fabrique, au chantier et dans la rue; de la propreté et de l'ordre; de la fidélité, de la loyauté et de l'exactitude; de l'honnêteté, du travail et de l'activité; de l'amitié; des bonnes et des mauvaises lectures; de l'alcoolisme; des conséquences de l'oisiveté, de la prodigalité et de l'intempérance; de la sanctification et de la profanation du dimanche (1). » — Voilà une tentative qui, si elle ne revêt pas un caractère entièrement laïque, est malgré tout suffisamment intéressante pour que nous ayions à nous en inspirer en France lorsque l'enseignement professionnel y sera devenu obligatoire.

B. *Angleterre.* — En Angleterre, nous ne trouvons pas plus qu'en Allemagne un enseignement laïque de la morale. C'est l'enseignement religieux qui est la règle. Toutefois l'obligation est moins forte que dans les pays germaniques. L'organisation de l'école primaire est cependant depuis quelques années dans un état de crise où les adversaires de l'école confessionnelle ont éprouvé des désagréments, et indirectement la cause de la morale laïque.

Pour comprendre cette crise, il faut se rappeler que l'enseignement public en Angleterre ne connaît pas l'excessive centralisation qui règne en France (2). D'abord l'enseignement supérieur et l'enseignement secondaire sont à peu près complètement indépendants de l'État, car ils ont des revenus importants, et comme ils n'ont pas besoin de subventions, l'État n'a pas été amené à intervenir dans leur fonctionnement. — Il en est autrement de l'enseignement primaire dans lequel l'intervention du pouvoir central est devenue de jour en jour plus grande depuis une cinquantaine d'années (3). Avant 1870, l'enseignement primaire n'était donné que dans des écoles libres. Ces écoles libres étaient

---

(1) Cf. H. Frixon, L'enseignement professionnel en Allemagne. *Revue pédagogique*, 15 juillet 1908.

(2) Un simple détail montre que chez nos voisins l'instruction publique apparaît comme un rouage national moins important que les autres administrations; le traitement du ministre de l'Instruction publique (le directeur du *Board of Education*) n'est que de 50.000 francs, alors que les chefs des autres départements reçoivent 125.000 francs.

(3) Cf. sur cette question J. Bourdeau, La crise de l'éducation en Angleterre. *Revue des Deux-Mondes*, 15 mars 1903.

presque toutes dirigées par l'Église anglicane. Et l'État se contentait de les subventionner. — Les autres Églises, moins riches et ne pouvant concurrencer l'Église anglicane, protestaient contre ce régime qui mettait l'enseignement au pouvoir d'une seule confession.

La loi de 1870 essaya de leur donner satisfaction en instituant des écoles administrées par des comités locaux (*schoolboards*), distincts des autorités ecclésiastiques. Ces écoles reçurent des subventions de l'État. L'enseignement religieux put y être donné, mais les comités scolaires avaient le droit de l'exclure. Peu, d'ailleurs, usèrent de ce droit. En 1898, en effet, sur 7.198 écoles avec bureaux scolaires, 57 seulement n'admettaient qu'un enseignement purement laïque. — Quant aux écoles libres, les subventions de l'État leur furent continuées, à condition de respecter la « clause de conscience », c'est-à-dire d'admettre les dissidents et de laisser les parents retirer de l'école leurs enfants aux heures où se donnait l'enseignement religieux.

Les conservateurs demandaient des modifications à cette loi et firent voter l'*Education Act* de 1902. D'après ce bill, des subventions plus larges étaient accordées par l'État aux écoles libres confessionnelles. — Pour les écoles administrées par les schoolboards locaux, l'autorité scolaire fut transférée aux Conseils de comté ou aux Conseils de municipalité de comtés ou enfin aux conseils municipaux dans les villes de plus de 100.000 habitants. — Ces mesures ont été tout à l'avantage des conservateurs, car ils sont en majorité dans les Conseils de comté. Aussi ces nouvelles autorités scolaires ont-elles subventionné de préférence des écoles confessionnelles et spécialement des écoles anglicanes.

De là les protestations des libres penseurs et des non-conformistes, appuyées par le parti libéral. Elles ont un écho dans le Parlement anglais depuis l'arrivée des libéraux au pouvoir (1905). Mais toutes les propositions des ministres libéraux pour apporter des modifications à l'état de choses actuel ont dû être retirées devant le mauvais vouloir de la Chambre des Communes ou ont été repoussées par la Chambre des Lords. Tel a été le sort des quatre bills déposés par les trois ministres de l'Instruction publique : le bill Birrell, déposé en avril 1906, repoussé par la Chambre des Lords ; le premier bill Mac Kenna, déposé en février 1907, retiré en juillet de la même année ; le deuxième bill Mac Kenna, déposé en février 1908 puis abandonné, et enfin le bill Runcimann, déposé en novembre 1908 et retiré par la suite. Le dernier débat important, croyons-nous, a eu lieu à la Chambre des Communes le 16 mars 1909. Un des membres demanda au ministre de l'Instruction publique de rendre obligatoire à l'école l'enseignement de la morale. Il était en cela l'interprète de la *Moral Education League*, dont le président est M. J. Gould qui fit, au Congrès d'éducation morale tenu à Londres en septembre 1908, une intéressante leçon de morale devant les membres du Congrès. Il se défendait de toute hostilité contre l'éducation religieuse. Mais la Chambre des Communes fit un accueil assez froid à cette proposition et le ministre, M. Runcimann, répondit qu'il s'en tenait à la législation en vigueur qui permet mais n'impose pas aux autorités scolaires d'introduire un enseignement spécial de la morale.

Les choses en sont là. Si la question n'est pas résolue et n'est pas près de l'être, elle n'en préoccupe pas moins vivement l'opinion publique et le monde pédagogique. Cette préoccupation nous a valu deux ouvrages fondamentaux, où l'on trouve à côté de théories particulières de philosophes des renseignements sur les pays étrangers. Ce sont : 1° *Moral Instruction and Training in Schools. Report of international Inquiry*, édité by M. E. SADLER, 2 vol. in-8, Londres, Longmans, Green and C°., 1908; et 2° *Report on Moral Instruction and on Moral Training in the Schools of Austria, Belgium, the Britisch Empire, China, Denmark, France, Germany*, etc., by GUSTAV SPILLER, 1 vol. in-8, Londres, Watts and C°., 1909.

C. *États-Unis.* — En matière d'instruction publique, il est difficile d'apporter quelques indications générales concernant les États-Unis, chaque État ayant son indépendance sur ce point. Dans chaque État, le régime de l'école est analogue à celui de l'Angleterre : un comité local fonde une école qui est seulement surveillée par un inspecteur de l'État à l'instruction publique. La nationalisation de l'école n'est donc pas chose accomplie, ni même tentée.

Il faut ajouter cependant que les écoles des États-Unis sont le théâtre des expériences pédagogiques les plus hardies. Beaucoup ont été faites dans le but de rendre moralisateur l'enseignement. Ces efforts s'appuient, cela va sans dire, sinon sur des dogmes chrétiens étroits, du moins sur des aspirations chrétiennes ou mieux religieuses. Un idéal commun à tous les éducateurs se révèle à travers toutes ces tentatives :

celui de former des caractères assez souples pour s'adapter aux nécessités de la pratique, mais capables de pénétrer leur labeur journalier d'une inspiration élevée. C'est à ce point de vue qu'il faut se placer pour comprendre l'emploi fréquent de la méthode du self-government, l'institution des règles de discipline par les écoliers eux-mêmes, l'organisation de l'école comme un petit État. Les pédagogues américains se sont convaincus que si l'école veut livrer à la société des producteurs, au vrai sens du mot, il importe avant tout que ces producteurs soient des caractères, des êtres moraux. La nécessité d'un enseignement moralisateur leur a apparu bien vite. Encore quelques années, et c'est celle d'un enseignement de la morale qui leur apparaîtra. Enfin quelques progrès dans la centralisation de l'organisme politique et des institutions scolaires, et l'urgence d'un enseignement national de la morale deviendra évidente. C'est le point où, comme il a été dit, nous en sommes arrivés en France.

D. *Italie*. — La loi fondamentale qui régit l'enseignement primaire italien est la loi du 15 juillet 1877 complétée par celle du 8 juillet 1904. Elle énonce le principe de l'obligation qui n'est d'ailleurs établie qu'en théorie. Car la création des écoles et leur entretien sont à peu près entièrement laissés aux soins des communes dont la plupart, trop pauvres, n'ont pu rien faire en cette matière. De là, d'ailleurs, l'existence de plusieurs millions d'illettrés en Italie.

En même temps que le principe d'obligation, la loi du 15 juillet 1877 mentionne dans son article 2 comme une des branches de l'enseignement primaire les premières notions des devoirs de l'homme et du citoyen. Elle ne parle pas de l'instruction religieuse. Théoriquement on devrait donc trouver un programme de morale laïque dans les écoles primaires italiennes. Mais un avis du Conseil d'état du 17 mai 1878 a décidé que si les pères de famille le demandent, les communes doivent faire donner l'enseignement religieux. En fait, presque toutes les communes agissent de la sorte. Tantôt c'est le prêtre de la localité qui le donne dans les locaux scolaires. Tantôt c'est l'instituteur. Cela ne soulève aucune difficulté lorsque l'instituteur est, comme dans beaucoup de communes, un prêtre, ni curé, ni vicaire de la paroisse, avec lequel la municipalité a traité. La chose est plus délicate lorsqu'il s'agit d'un instituteur laïque. Aucun pouvoir ne le défend contre les exigences des autorités communales. L'État n'intervient que très peu dans l'organisation de l'instruction (1). Il se contente de subventionner les communes et quelques maîtres, et de surveiller les instituteurs par un système de délégués communaux, d'inspecteurs d'arrondissements, et de « provéditeurs », sorte d'inspecteurs d'académie qui ont une province comme circonscription. Mais c'est le Conseil municipal qui nomme et paie l'instituteur avec lequel il passe contrat. — Rien d'étonnant à ce qu'il y ait parmi les instituteurs italiens un mouvement d'opinion en faveur d'une intervention plus étendue de l'État dans l'enseignement. Mais l'obstacle à cette extension a précisément des rapports avec la question morale et religieuse, étant données l'attitude et les relations forcément hostiles du gouvernement royal et de la papauté. S'il y a un enseignement national italien, il ne peut être que franchement laïque. Mais le peuple ne le laisserait pas s'établir sans résistance.

E. *Japon.* — Il faut aller jusqu'au Japon pour trouver un régime qui présente quelques analogies avec celui de la France en ce qui concerne l'enseignement de la morale dans les institutions d'instruction publique. Comme chez nous, l'enseignement est en principe obligatoire et laïque, laïque dans son personnel pour les écoles publiques et dans ses programmes pour les écoles de toutes sortes.

Cette laïcité présente en effet les caractères suivants. Il n'y a, dans les écoles publiques, aucun enseignement d'une des religions adoptées au Japon. Et cet enseignement est également proscrit dans les écoles privées ordinaires, c'est-à-dire les écoles privées qui n'ont pas pour objet de former des prêtres d'une certaine religion. C'est une des dispositions de la loi du 3 août 1899 qui a consommé la séparation des Églises et de l'État au Japon. On sait que, à côté des nombreuses sectes chrétiennes imitées d'Europe ou d'Amérique, du bouddhisme et du confucianisme empruntés à l'Asie, le Japon a deux principales religions autochtones : la religion des ancêtres, culte familial, et le shintoïsme. Le shintoïsme comporte la croyance à l'existence de divinités dans lesquelles on a essayé de voir des forces de la nature, et dont quelques-unes sont considérées comme les ancêtres de l'empereur. Lors de

(1) On trouve sur ce point d'intéressants renseignements dans une œuvre du populaire romancier pédagogue italien, ED. DE AMICIS : *Il romanzo d'un maëstro.* Cf. *Revue pédagogique*, nov. 1909.

la révolution de 1848, qui rétablit le pouvoir du mikado, et le débarrassa de la tutelle du « chôgoun », le shintoïsme fut en grande faveur et apparut un certain temps comme la religion officielle. Mais le pouvoir laïque ne tarda pas à briser toutes ces attaches religieuses. Plusieurs lois ont successivement séparé l'Église shintoïste comme les autres de l'État ou plutôt subordonné à lui et interdit toute immixtion dans les affaires politiques.

Mais il ne faudrait pas en conclure que l'État au Japon ne donne d'aucune sorte un enseignement religieux. Car le programme des études comporte un enseignement de la morale, et cette morale a un principe fondamental que les enfants doivent admettre : c'est que l'empereur est d'origine divine. L'enseignement japonais n'est donc qu'en apparence laïcisé, et le baron Kikuki le faisait remarquer au Congrès d'éducation morale tenu à Londres en septembre 1908 (1).

Cet enseignement de la morale a été introduit dans les écoles primaires et secondaires du Japon par un rescrit impérial en date d'octobre 1890. On lui consacre deux heures par semaine. Un exemplaire du rescrit se trouve dans chaque école ; on le lit de temps en temps aux élèves qui écoutent la lecture, la tête inclinée. — De plus, — et le Japon nous a devancés sur ce point, — il y a un manuel officiel pour cet enseignement. L'empereur a fait composer par une commission un cours de morale qui a été publié à la fin de 1903 et qui comprend huit livrets progressifs appropriés aux différentes classes.

Le rescrit de 1890 contient les dispositions essentielles suivantes : « Nos ancêtres, grâce à leurs vertus éminentes, fondèrent l'État sur une base solide, et nos sujets, en montrant unanimement un grand loyalisme et une affection fidèle envers nos ancêtres n'ont cessé de pratiquer parfaitement ces vertus. Voilà la source de notre système d'éducation. Vous, nos sujets aimés, soyez pleins de respect envers vos parents; affectueux pour vos frères; aimez vos maris et vos femmes, soyez des amis sûrs, conduisez-vous avec modestie. Soyez bienveillants envers tous. Développez vos facultés intellectuelles et perfectionnez vos qualités morales en accroissant vos connaissances et en exerçant une profession. En outre,

---

(1) Voir le rapport du baron Kikuki dans le *Report an moral Instruction and on moral Training in the Schools of Austria...* etc.

travaillez au bien général; obéissez aux lois, et si les circonstances l'exigent, sacrifiez-vous courageusement au bien public. Soyez l'appui de notre dynastie impériale, qui durera autant que l'univers. A ce prix, vous serez non seulement nos loyaux sujets, mais vous développerez un caractère aussi noble que celui de vos ancêtres. Tel est le testament que nous ont laissé nos ancêtres, et qui doit être observé par leurs descendants. Ces préceptes s'appliquent parfaitement à tous les temps et à tous les lieux. Nous voulons qu'ils soient gravés dans votre cœur comme dans le nôtre. »

Depuis cette époque, l'empereur a lancé pour l'enseignement de la morale de nouveaux rescrits. Le dernier en date (1909) recommande d'insister particulièrement dans les écoles sur la nécessité d'être modéré dans ses goûts et dans ses dépenses.

Telle est la façon dont l'enseignement officiel de la morale est compris au Japon (1). Qu'il suffise, tout le monde n'est pas de cet avis. Depuis la guerre avec les Russes, beaucoup de savants et de pédagogues de là-bas se demandent si la morale nationale et traditionnelle, à qui le pays a dû un peu son triomphe, est capable de lui donner les vertus pacifiques. Inquiets des symptômes visibles de corruption et de décadence, ils cherchent s'il ne conviendrait pas de mettre une autre morale à la base de l'enseignement. Il y a trois ans, une société d'études morales, la « Teiya Rinrikwai », avait mis cette question à son ordre du jour, et un de ses membres, M. Yokoï Tokio, proposait de revenir au confucianisme (2).

Quoi qu'il en soit, la tentative du gouvernement actuel est très curieuse. Dépouillée du manteau de mysticisme dans lequel elle s'enveloppe, elle apparaît à la fois comme un dis-

---

(1) Nous devons la plupart de ces renseignements à l'obligeance de M. Henri Labrouc, professeur agrégé d'histoire au lycée de Bordeaux, ancien boursier de voyage autour du monde, qui a fait un séjour prolongé au Japon. M. H. Labrouc publiera incessamment un ouvrage sur les questions japonaises sous le titre : *l'Impérialisme japonais*. La conclusion en a paru dans le numéro du 1ᵉʳ juillet 1911 de la *Revue Bleue*.

(2) *Mélanges japonais*, 5ᵉ année, nᵒ 20, octobre 1908, p. 463 (Revue française en vente à la librairie Sansaisha, à Tokio, Kandaku, Nishikicho).

cernement avisé des conditions présentes ou lointaines, nécessaires pour assurer le bonheur du peuple ou des intérêts du pouvoir, et comme un effort pour créer dans la masse des tendances capables de la pousser à les promouvoir. Quand le gouvernement prévoit la guerre future, il présente les vertus guerrières comme l'idéal moral ; quand il s'aperçoit que l'achat à l'extérieur des objets manufacturés empêche de consacrer suffisamment d'argent au commerce et à l'industrie du pays, il prêche la modération dans les goûts et la sobriété. Et ce n'est point si ridicule, cette confiance en la puissance lointaine de l'éducation. Le but poursuivi serait d'ailleurs assez conforme aux conseils des moralistes européens qui préconisent avant tout la recherche du bonheur du groupe patriotique, si l'intérêt dynastique n'était pas dans certains cas, au Japon, trop violemment placé au-dessus de l'intérêt du peuple. Et, en fin de compte, les procédés employés sont assez analogues à ceux qu'admettent nos mœurs d'Europe, où, par le moyen plus rapidement efficace de la presse, les gouvernements savent, aux temps opportuns, créer une opinion publique favorable à leurs desseins, suggérer des idées aux lecteurs qui ne pensent pas, inspirer des haines profondes à qui avait de vagues désirs belliqueux, et au contraire, si la diplomatie l'exige, fortifier chez les citoyens le goût naturel de la tranquillité par les mirages d'un avenir pacifique.

II. — L'ÉDUCATION MORALE DANS LES ÉCOLES SUISSES D'APRÈS UNE ENQUÊTE PERSONNELLE.

Nous consignons ici les principaux résultats d'une enquête que nous avons menée en Suisse pendant les mois d'août et septembre 1911. Elle a porté essentiellement sur les institutions qui correspondent à nos lycées et collèges de France. Et elle a eu pour objet d'étudier la façon dont y est entreprise l'éducation morale des élèves et la collaboration apportée par le personnel enseignant dans cette tâche. L'enquête a été rendue difficile par le nombre des établissements scolaires, et surtout par l'extrême variété des règlements cantonaux. Aussi, pour introduire quelque clarté dans l'exposition des résultats, nous nous occuperons d'abord des institutions publiques, puis des établissements privés. En dernier lieu, nous relèverons quelques théories des pédagogues de ce pays, relatives à la question. Mais, auparavant, indiquons à grands traits l'organisation générale de l'instruction publique en Suisse.

La confédération des XXII Cantons (25, si l'on tient compte que 3 sont dédoublés) n'exerce en matière d'instruction et d'éducation publiques qu'une influence restreinte. Les droits du pouvoir central sont établis par les articles 27 et 27 *bis* de la Constitution fédérale du 29 mai 1874. Les obligations consistent spécialement en subventions aux cantons pour les établissements scolaires. Elles ont été réglées le plus récemment par la loi du 25 juin 1903 (1). — Sous ces réserves, chaque canton organise librement ses institutions scolaires. Malgré la diversité des détails, on peut cependant dégager les lignes générales suivantes : au premier degré, un enseignement populaire comprenant des écoles primaires dans chaque commune, et des écoles dites ordinairement écoles secondaires, ou encore, selon les cas, complémentaires professionnelles ou complémentaires commerciales. Ce groupe d'écoles correspond à peu près à ce que nous désignons en France par les mots d'enseignement primaire supérieur et d'enseignement professionnel. On les trouve dans les communes les plus importantes. Quelques-unes ne sont pas des institutions cantonales, mais municipales. Au second degré, un enseignement secondaire supérieur qui est distribué dans les collèges, gymnases, lycées ou encore, dans la Suisse allemande, dans les *Kantonsschulen*. Ces établissements, à la tête desquels se trouve un recteur choisi par l'autorité cantonale, sont pour la plupart divisés en quatre sections, après un cours de 3 ou 4 ans commun à tous les élèves : une section classique (latin et grec), une section réale ou commerciale (latin-langues), une section technique ou industrielle (langues

---

(1) Le chiffre de ces subventions est peu élevé si on le compare à celles des organisations cantonales. Ces dernières ont dépensé (avec les communes qu'elles comprennent), pour l'instruction publique, la somme de 77.413.285 francs en 1908 (population de la Suisse : 3.741.970 habitants). Or le montant de la contribution fédérale a été de 6.312.118 francs en 1909. Encore faut-il remarquer que dans cette somme rentre celle de 1.426.526 francs, consacrée à l'entretien du Polytechnicum à Zurich (école fédérale de 2.400 étudiants), qui est entièrement à la charge de la Confédération.

et sciences) et une section pédagogique (1) qui forme les maîtres primaires (2). — Enfin au troisième degré, l'ensei-

(1) Remarquons en passant que la Suisse ne connaît pas l'antagonisme qui existe ou que d'aucuns se plaisent à entretenir entre primaires ou secondaires, en France. Est-ce qu'elle ne gagnerait pas sur ce point à imiter la Suisse et à instituer dans les lycées la préparation au concours des écoles normales primaires ?

(2) A titre d'exemple, voici quelle est l'organisation du collège de Genève (Règlement du 1ᵉʳ octobre 1901 et du 7 juin 1907, en application de la loi sur l'Instruction publique du 5 juin 1886) :

ARTICLE PREMIER. — Le collège comprend une division inférieure et une division supérieure ou Gymnase.

ART. 2. — La division inférieure du collège comprend trois années d'études.

ART. 3. — Dans la division inférieure du collège, l'enseignement porte sur les branches suivantes : français, latin, allemand, géographie, histoire, notions constitutionnelles, arithmétique et notions élémentaires de géométrie, premiers éléments des sciences physiques et naturelles, dessin, calligraphie, chant et gymnastique.

ART. 4. — La division supérieure du collège comprend quatre années d'études.

Elle est subdivisée en quatre sections : une section classique, une section réale, une section pédagogique et une section technique.

ART. 5. — Dans la section classique, l'enseignement porte sur les branches suivantes : la langue et la littérature françaises, la langue et la littérature latines, la langue et la littérature grecques, la langue et la littérature allemandes, l'histoire, la géographie et la cosmographie, les mathématiques, les sciences physiques et naturelles, les éléments de la logique et de la psychologie, le dessin et la gymnastique.

Dans la section réale, l'enseignement porte sur les branches suivantes : la langue et la littérature françaises, la langue et la littérature allemandes, le latin, l'anglais, l'histoire, la géographie et la cosmographie, les mathématiques, les sciences physiques et naturelles, des notions de droit usuel, le dessin, la comptabilité et la gymnastique. Exceptionnellement, le département de l'Instruction publique peut dispenser de l'étude du latin. Dans les deux classes supérieures, l'anglais peut être remplacé par l'italien.

Dans la section pédagogique, l'enseignement porte sur les branches suivantes : la langue et la littérature françaises, la langue et la littérature allemandes, l'histoire, la géographie et la cosmographie, les mathématiques, les sciences physiques et naturelles, des notions de droit usuel et d'instruction civique, la comptabilité, le

gnement supérieur qui est donné dans des Universités cantonales (Genève, Lausanne, Neuchâtel, Fribourg, Berne, Bâle, Zurich, Lucerne et Coire, ces deux dernières pour la théologie) et par le Polytechnicum fédéral dont le siège est à Zurich. — Dans la plupart de ces établissements (primaires, secondaires et supérieurs), l'enseignement est donné en commun aux garçons et aux filles.

A. — *L'éducation morale dans les collèges et gymnases officiels de la Suisse.*

Afin de ne laisser aucun point dans l'ombre, nous crûmes que notre enquête devait comporter les interrogations suivantes :

1° *L'enseignement de la morale :*
a) L'enseignement d'une morale non rattachée à une religion est-il inscrit parmi les matières des programmes de ces institutions ?
b) N'y a-t-il au contraire qu'un enseignement de la religion ou qu'un enseignement moral à base religieuse ?
c) Est-il obligatoire ou facultatif ?

2° *L'action morale collective des maîtres :*
a) Les professeurs forment-ils un corps constitué ?
b) Quels sont les pouvoirs de cette assemblée en matière disciplinaire ?
c) Dans le cas où un internat officiel est annexé à l'établissement, quel rôle y jouent respectivement le recteur et les professeurs ?

3° *L'influence individuelle des maîtres :*
a) Les professeurs doivent-ils réglementairement se contenter de donner l'instruction ou au contraire sont-ils obli-

dessin, la calligraphie, la musique, la pédagogie, la gymnastique, l'hygiène et les cours normaux.

Dans la section technique, l'enseignement porte sur les branches suivantes: la langue et la littérature françaises, la langue et la littérature allemandes, l'anglais, l'histoire, la géographie et la cosmographie, les sciences physiques et naturelles, les mathématiques générales et les mathématiques spéciales, la géométrie descriptive, le dessin technique, le dessin à main levée et la gymnastique.

gatoirement tenus de pénétrer leur enseignement d'intentions moralisatrices ?

b) En l'absence de dispositions réglementaires, dans quelle mesure font-ils de leur enseignement un facteur d'éducation morale, et selon quels procédés ?

Nous avons essayé d'obtenir réponse à ces diverses questions en nous adressant nous-même aux établissements ci-après énumérés :

Canton de Appenzell (Rhodes Extérieures) : École cantonale de Trogen.

Canton de Argovie : École cantonale de Aarau.
— Bâle (ville) : Gymnase de Bâle.
— Berne : Gymnase de Berne.
— Berne : Gymnase de Berthoud.
— Fribourg : Collège Saint-Michel de Fribourg.
— Genève : Collège de Genève.
— Grisons : École cantonale de Coire.
— Lucerne : École cantonale de Lucerne.
— Neuchâtel : Gymnase de Neuchâtel.
— Saint-Gall : École cantonale de Saint-Gall.
— Schaffhouse : École cantonale de Schaffhouse.
— Soleure : École cantonale de Soleure.
— Tessin : Lycée de Lugano.
—   — Gymnasio de Mendrisio.
— Thurgovie : École cantonale de Frauenfeld.
— Unterwald : École cantonale de Sarnen.
— Valais : Collège Saint-Maurice.
—   —   — de Sion.
— Vaud : Collège et gymnase classique et scientifique de Lausanne.

Canton de Zoug : École cantonale de Zoug.
— Zurich : École cantonale de Zurich.
—   —   — de Winterthud.

Ajoutons à cette liste deux établissements qui, quoique privés et ne recevant pas de subventions cantonales, n'en sont pas moins des institutions quasi officielles par leur antiquité et le droit reconnu à leurs élèves qui ont satisfait aux examens intérieurs de s'inscrire aux Universités comme s'ils possédaient le diplôme de maturité (1) :

---

(1) Examen passé dans les collèges l'année de sortie et qui correspond à peu près à notre baccalauréat.

Canton de Appenzell (Rhodes Intérieures) : Collège Saint-Antoine, à Appenzell.

Canton de Schwyz : Stiftschule (école de l'abbaye), à Einsiedeln.

Soit, en tout, 25 établissements, ce qui, à une exception près, constitue la totalité des collèges et gymnases suisses.

Voici les réponses aux questions indiquées plus haut.

1° *L'enseignement de la morale.*

a) Sauf dans la seule ville de Lausanne, aucun établissement collégial ne connaît un enseignement de la morale d'inspiration purement laïque. La vivacité de la foi religieuse dans les pays de religion protestante ou catholique, l'intimité encore très grande de la vie domestique expliquent qu'on n'en ait pas senti le besoin ou du moins qu'il n'ait pas été assez fort pour exiger satisfaction. Toutefois il ne serait pas surprenant, et nous en avons retiré l'impression de conversations particulières avec des personnes autorisées, que, dans un délai assez proche, quelques cantons se décident à inscrire, parmi les matières du programme, l'enseignement moral.

La tentative de Lausanne remonte à 1900. Sur l'initiative de M. Millioud, professeur à la Faculté des Lettres, un cours de morale a été introduit d'abord à l'École industrielle (actuellement : Collège scientifique). Le Collège classique a suivi l'exemple. Dans la pensée de son fondateur, il était lié à l'application d'un système disciplinaire qui n'a pas été maintenu intégralement. Mais le cours subsiste, coexistant avec un cours d'histoire de la religion. Il est facultatif. Il est donné en quatrième et en troisième. — Ce n'est pas un cours de morale théorique. Il n'est pas consacré à la théorie ni à l'énumération des devoirs, ce qui serait trop abstrait et manquerait d'efficacité. « On réserve, sans les supprimer ni les dédaigner, écrivait M. Millioud en 1902, tous les problèmes d'ordre métaphysique. On part de l'hypothèse que l'élève se propose de devenir un honnête homme ou plus simplement un homme, car on lui montre tout d'abord que la qualité d'être humain comprend essentiellement la raison et le sens moral. Puis on étudie les moyens de développer chez l'homme ce qu'il y a d'humain. » L'esprit de ce cours est en somme conforme aux indications contenues dans les circulaires françaises pour l'enseignement de la morale à l'école primaire. — Quant aux méthodes (lectures et entretiens) elles sont également en honneur en France.

b) Seuls les collèges de Genève et de Neuchâtel ne font pas figurer dans leur programme l'enseignement religieux. Il est donné dans *tous les autres*, tantôt exclusivement catholique, tantôt exclusivement protestant, tantôt enfin selon les deux confessions. Au Gymnase de Soleure se donnent même trois sortes d'enseignements religieux : Römisch-katolische, Kristkatolische et Reformierte. Observons que dans la plupart des établissements, cet enseignement religieux paraît se borner à un enseignement de l'histoire de la religion ou à un cours d'apologétique et qu'il ne se prolonge qu'accidentellement en enseignement moral. Néanmoins quand il est donné par le pasteur ou le prêtre, la nature même des fonctions ordinaires de ce maître auxiliaire le fait incliner vers ce que nous concevons être un enseignement moral.

c) Parmi les 23 collèges dont le programme comporte l'enseignement religieux, 9 l'ont rendu facultatif. Ce sont : Aarau, Berne, Berthoud, Lugano, Mendrisio, Schaffhouse, Lausanne, Zurich et Winterthur. — Dans les 14 autres, le régime est variable dans ses applications. Les collèges des cantons où la majorité des habitants est catholique (Appenzell, Einsiedeln, Fribourg, Lucerne, Saint-Maurice, Sion et Zug) inscrivent l'enseignement religieux comme obligatoire dans toutes les classes. Ailleurs, il est en règle ordinaire obligatoire pour les élèves des classes inférieures (les deux premières à Bâle, les trois premières à Frauenfeld, à Trogen) ou pour ceux qui sont âgés de moins de 16 ans (à Saint-Gall, Coire, etc.). Il est donné dans ce dernier cas par un professeur titulaire de l'école. Pour les élèves âgés de plus de 16 ans, il est facultatif et donné par un pasteur, parfois dans l'établissement.

2° *L'action morale collective des maîtres.*

Il ne faut pas trop s'étonner que dans une enquête sur l'éducation morale nous nous soyions préoccupé de l'existence d'une organisation de la collectivité des maîtres, et de l'étendue de ses pouvoirs. C'est qu'il y a un rapport étroit entre la marche générale d'un collège et les prérogatives disciplinaires plus ou moins grandes que possède le groupe de ses professeurs. Alors, en effet, aux impulsions d'une seule tête dirigeante et à des efforts individuels dispersés se substitue l'action d'une force globale et coordonnée; alors, il est nécessaire de délibérer, c'est-à-dire d'introduire de la réflexion et de la discussion entre le moment où une faute grave d'écolier s'est produite et celui où on applique la sanction; alors enfin l'échange régulier d'appréciations sur les élèves, de vues sur les méthodes d'enseignement, éclaire et instruit chacun des maîtres. Plus la vie d'un tel groupe est intense, plus l'institution scolaire suit un développement normal, et pour mieux dire rationnel.

Nous pensions trouver, au cours de notre enquête, des initiatives hardies, des établissements où le groupe fût véritablement le détenteur de l'autorité, des sortes de « coopératives pédagogiques » auxquelles cette autorité ne serait pas octroyée partiellement et précairement. Nous avons été déçu sur ce point. En revanche, nous avons constaté que dans quelques établissements des droits très importants et clairement déterminés étaient reconnus aux assemblées de professeurs. Mais suivons l'ordre des questions que nous avons indiquées.

a) La réponse est facile et courte en ce qui concerne la première. Dans tous les établissements dont nous nous sommes occupé, l'assemblée des professeurs existe, généralement sous le nom de « conférence des maîtres » (*Lehrer Konferenz*). — Dans les petits collèges, elle a une existence de fait, et le règlement n'en prévoit pas le fonctionnement. Les nécessités et l'usage l'ont établie peu à peu; la confiance mutuelle des maîtres et du directeur la maintient. — Dans les grandes institutions où le nombre des professeurs atteint parfois une cinquantaine (53 à Zurich, en comptant les maîtres auxiliaires), cela ne serait pas suffisant. Aussi le règlement comporte-t-il une définition minutieuse des attributions de cet organe scolaire. Sur ce point particulier, la France aurait quelque chose à apprendre. Les Assemblées des professeurs dans nos lycées et collèges n'ont jamais eu de réglementation précise. De rares circulaires, inconnues le plus souvent des intéressés, leur ont donné quelques attributions. Même l'arrêté fondamental du 5 juillet 1890 relatif au régime disciplinaire et aux récompenses dans les lycées et collèges ne les mentionne pas ou seulement d'une façon indirecte dans son article 18. — A côté de la conférence générale des maîtres de l'établissement, existent aussi des conférences de section (réunissant tous les maîtres de la section littéraire ou de la section réale ou de la section pédagogique), des conférences de classe, et des conférences des professeurs enseignant la même spécialité. Toutes ces institutions ont également leurs attributions bien déterminées par le règlement (par exemple à Berne).

b) La conférence des maîtres se réunit en général tous les trimestres, et, supplémentairement, sur convocation du directeur ou sur la demande d'un nombre déterminé de membres (deux ou trois). Elle est présidée par le recteur ou directeur de l'établissement. Elle nomme un vice-président qui le remplace en cas d'absence et un secrétaire. — Les pouvoirs de cette assemblée sont variables avec les cantons. On peut cependant en distinguer deux ordres. C'est d'abord une assemblée consultative à laquelle des organes supérieurs tels que le Conseil des recteurs des diverses sections d'un même établissement ou la *Schulkommission* (commission scolaire cantonale nommée par les citoyens ou par le Conseil d'État) ou le département cantonal de l'Instruction publique, demandent un avis préalable sur des questions d'organisation scolaire (règlements intérieurs, manuels, programmes, etc.). C'est d'autre part une assemblée qui juge les fautes des élèves contre la discipline et décide par endroits en dernier ressort de leur exclusion temporaire ou définitive, de leur admission à la suite d'examens et de leur promotion à une classe supérieure, tandis que dans d'autres cantons, sa décision est soumise à l'approbation du recteur du collège, ou de la commission scolaire ou du département de l'Instruction publique.

Les devoirs des professeurs en tant que membres de la conférence des maîtres sont aussi très nettement déterminés. Leur principale obligation, inscrite dans tous les règlements, est celle d'assister aux séances de la conférence. En outre, ils sont tenus d'accepter la fonction du secrétariat lorsque, le règlement prévoyant l'élection pour cette charge, ils y sont appelés par le vote de leurs collègues (1).

(1) A Genève, l'obligation de la présence aux séances du Conseil du Gymnase est inscrite dans la loi cantonale sur l'Instruction publique du 5 juin 1886, article 127. — Les fonctions de secrétaire ne sont pas soumises à l'élection. C'est le maître le plus récemment

c) Les collèges et gymnases suisses sont des externats. Mais, dans nombre d'établissements, à l'externat est annexé un internat officiel. Sans compter les internats des collèges monastiques d'Einsiedeln et d'Appenzell, le premier tenu par les PP. Bénédictins, le second par les PP. Capucins, il y a 10 internats qui reçoivent les élèves des collèges externats, savoir, à : Aarau, Fribourg, Coire, Schaffhouse, Soleure, Mendrisio, Frauenfeld, Sarnen, Saint-Maurice et Sion. Ce pensionnat, appelé ordinairement « convict » dans les pays de langue allemande, n'est pas dirigé, comme en France, par le recteur du collège-externat ; celui-ci a simplement un droit de surveillance, concurremment avec la commission scolaire cantonale. La plupart du temps la direction de l'internat officiel est confiée à un professeur (*der Konviktführer*). Ces internats sont en régie. Les maîtres du collège ou du gymnase n'y ont aucunement affaire ; et ils n'ont pas par conséquent place dans leurs Conseils d'administration. On sait qu'en France le droit de faire partie des Conseils d'administration a été une des principales réclamations des professeurs des établissements d'enseignement secondaire, et qu'il y a été fait droit depuis quelque temps, en ce qui concerne les professeurs des lycées nationaux. La question ne se pose pas encore en Suisse. — Remarquons-le d'ailleurs : là où l'internat officiel existe, il ne jouit d'aucun monopole. Il n'est pas rare de voir chacun des professeurs, et le recteur lui-même, tenir un pensionnat privé et concurrencer ainsi l'établissement public. C'est le cas par exemple à Trogen, dans le canton d'Appenzell.

3° *L'influence individuelle des maîtres.*

a) Si les règlements des gymnases ne prévoient pas un enseignement direct d'une morale laïque, s'ils ne donnent qu'un rôle, peu important en définitive, au groupe des maîtres, cette double lacune est-elle au moins comblée par des dispositions qui obligeraient le professeur, tout en donnant l'instruction, à l'orienter de façon à assurer la formation du

nommé qui en est chargé. Si plusieurs maîtres ont été nommés en même temps, ces fonctions sont dévolues au plus jeune d'entre eux (art. 25 du règlement organique du 1ᵉʳ octobre 1901 et du 7 juin 1907).

caractère des élèves et à leur donner des habitudes morales ? Non. Les règlements indiquent bien en général le droit et le devoir du maître de surveiller la conduite des élèves à l'école, et aussi hors de l'école, de maintenir l'ordre dans la classe, d'exiger l'assiduité et la parfaite exécution des tâches scolaires, d'appliquer les peines disciplinaires de sa compétence et de demander l'application des autres. Mais ce sont là plutôt des droits que des devoirs, et dans la mesure où ce sont des devoirs, on peut dire que ce sont des devoirs négatifs. Et le règlement les considère surtout comme des moyens destinés à permettre aux élèves d'acquérir l'instruction dans les meilleures conditions et au maître de la donner.

b) Est-ce à dire que les maîtres des collèges suisses, ne se préoccupant aucunement de l'éducation morale, se contentent d'enseigner et non d'élever ? Nous pensons le contraire. Dans un pays dont les habitants, parmi tant de mérites, possèdent en général éminemment celui de s'acquitter de leur tâche professionnelle avec conscience et dans une saine entente de leur intérêt individuel combiné avec l'intérêt général, il serait surprenant que l'élite la plus instruite méconnaisse l'importance et la vraie nature de la fonction pédagogique. Les professeurs suisses en demeurent persuadés, et nous sommes certain au moins que les directeurs des établissements ont une telle conception de leur tâche propre et de celle de leurs collaborateurs (1).

(1) « L'éducation morale dans notre établissement, écrit le P. Préfet du collège d'Einsiedeln, est principalement la tâche du préfet et de ses collaborateurs les sous-préfets — un peu aussi de tous les professeurs qui s'occupent de leurs élèves pas seulement en classe, mais aussi dans la récréation. Nous tâchons à avoir la confiance de chaque élève afin qu'il nous découvre librement ses doutes, ses inquiétudes, etc. De cette manière, nous voudrions arriver à une éducation morale adaptée à chaque individu... Le fondement de toute éducation morale doit être, d'après notre conviction, une éducation profondément religieuse. Sans cela, nous n'aurons que très rarement — chez les caractères très autonomes — une moralité persévérante. » — Et il ajoute : « Jamais nous n'approuverons cette *Sexuelle Aufklärung* donnée en public qu'on a recommandée si vivement ces dernières années. » (On verra plus loin à quoi fait allusion cette affirmation et quelle en est la portée.)
— « Outre l'enseignement religieux, dit M. le Recteur de la Kan-

Cependant, et c'est là le malheur, en Suisse comme en France, il n'existe aucune indication précise, aucune circulaire impérative ou même « parénétique » sur les conditions qui donnent à l'enseignement de l'histoire, des littératures ou de la philosophie une efficacité morale, sur les événements particuliers de la vie scolaire auxquels il importe de prêter attention afin de les faire servir à la formation des caractères ou de les consigner dans un rapport au directeur qui s'en occupe, ni enfin sur les limites entre lesquelles l'action exemplaire du maître doit se proposer ou s'imposer. L'absence de règles, à défaut de règlements, est dangereuse. D'autant plus que la préparation pédagogique reçue par les maîtres eux-mêmes dans les séminaires, gymnases classiques ou universités ne comporte pas une initiation suffisante à ces méthodes. En sorte que les professeurs, et à plus forte raison les débutants, peuvent seulement mettre de l'inexpérience au service de leur bonne volonté.

D'ailleurs, même ceux qui sont d'avis que la tâche de pro-

tonschule de Soleure, chaque maître oriente son enseignement vers l'éducation morale des élèves, spécialement dans les classes d'histoire, de philosophie, d'explication de textes allemands. Il est vrai que, plus que tout enseignement, c'est l'exemple du maître qui est efficace. »

— « Les professeurs, affirme M. le Recteur du Gymnasium de Berthoud, doivent exercer par l'enseignement et la discipline une influence morale sur leurs élèves, chacun selon sa méthode personnelle. »

— « La question de l'éducation morale des élèves, reconnaît M. le Directeur du Gymnase de Lausanne, est laissée au tact des professeurs qui en cherchent individuellement la solution en s'efforçant d'établir entre leurs élèves et eux des rapports de confiance réciproque. »

— « Cette question de l'influence du personnel enseignant — si importante, — écrit M. le Directeur du Gymnase de Neuchâtel, ne figure pas dans le règlement du gymnase. Nous cherchons, mes collègues et moi, à y veiller (à l'éducation morale) par des entretiens fréquents sur nos élèves, par des entrevues avec les parents, parfois par une action directe sur l'élève. Toutes les six semaines, chaque professeur me présente un « rapport » sur la marche des classes et remplit la rubrique « Élèves à signaler ». C'est un moyen de me rendre compte de la marche de chaque élève, et ce détail d'organisation — je n'ose l'appeler une méthode — m'a déjà rendu de nombreux services. »

fesseur n'est pas seulement d'enseigner estiment au fond que l'éducation morale est une tâche complémentaire et non principale de l'école. C'est la famille qui apparaît comme appelée à la remplir, d'abord, et avant toute institution sociale (1). Et c'est une des raisons pour lesquelles, sans qu'il s'en rende bien compte, le professeur fait passer le souci de former l'esprit avant celui de former le caractère. Aussi la bonne volonté inexpérimentée fait elle-même parfois défaut.

B. — *Les tentatives privées.*

Les critiques n'ont pas été épargnées à l'enseignement officiel sur la question nous occupe. Elles ne se sont pas d'ailleurs produites seulement en Suisse, le mal étant commun à plusieurs pays. Et partout, en France, en Angleterre, aux États-Unis, elles répètent l'accusation suivante : L'enseignement officiel, trop occupé de la culture intellectuelle, néglige à la fois l'éducation physique et l'éducation morale, la première étant d'ailleurs indispensable pour la réussite de la seconde.

Des tentatives ont été faites, principalement aux États-Unis et en Angleterre, pour créer des institutions scolaires exemptes des défauts reprochés aux établissements officiels. Les écoles ainsi fondées sont désignées souvent sous le nom d'Écoles Nouvelles. Et cette expression indique nettement leur tendance révolutionnaire, tout comme le titre de *Novum Organon* signifiait la volonté de rompre avec les traditions aristotéliciennes. Ces écoles sont généralement établies à la campagne, précisément pour permettre dans de bonnes conditions la pratique des sports et des travaux physiques estimés indispensables à la formation du caractère. Les Allemands qui en ont établi plusieurs (notamment à Ilsenbourg dans le Harz et à Haubinda en Thuringe) les appellent des « Lauderziehungsheime » (Institutions d'enseignement à la campagne).

(1) « Au reste, écrit M. le directeur du Gymnase de Lausanne, comme la plupart des élèves vivent chez leurs parents ou très près, l'école ne saurait intervenir avec fruit dans un domaine où l'influence de la famille est infiniment plus utile. »

En Suisse, on en trouve plusieurs. Les principales sont : l'École Nouvelle d'Oberkirch, entre Uznach et Kaltbaum (canton de Saint-Gall), près du lac de Zurich ; l'École Nouvelle de Glarisegg, près de Steckborn, sur les bords du lac de Constance ; l'École Nouvelle de la Châteigneraie, près de Coppet, canton de Vaud ; l'École Nouvelle de la Suisse Romande à Chailly-sur-Lausanne, sur les hauteurs dominant cette ville ; et le Hochalpines Lyceum à Zuoz, dans la Haute-Engadine. — Nous avons eu le plaisir de visiter les trois premières où nous avons été très aimablement reçus. Nous n'avons pu joindre le directeur de l'École de Chailly-sur-Lausanne, ni nous rendre dans la Haute-Engadine (1). Toutes ces écoles se présentent comme destinées à combler les lacunes de l'enseignement officiel (2). Voyons ce qu'elles ont tenté dans ce but.

Au point de vue matériel, ces écoles sont de vastes entreprises exécutées d'après un plan qui a été réalisé tel qu'il fut conçu. Leurs auteurs n'attendirent pas le succès pour

---

(1) Sur le *Hochalpines Lyceum*, on peut lire un article très enthousiaste de M. A. Leclère paru dans *l'Éducateur moderne* en novembre 1910.

(2) « La création de cette École Nouvelle, écrit le directeur de l'École d'Oberkirch dans son prospectus, est due au sentiment des imperfections que l'œil le moins perspicace peut observer dans les écoles officielles. Elle veut remplacer le surmenage imposé aux élèves dans bien des écoles publiques et privées par une éducation harmonique de tout l'être moral, intellectuel et physique de l'enfant. Elle compte former ainsi une génération d'hommes vaillants, joyeux de vivre, énergiques et bons, et qui seront capables d'affronter la vie et ses exigences toujours croissantes... L'éducation physique, trop négligée dans les écoles officielles, est l'objet d'une vigilance particulière. »

Et le directeur de l'École de la Châteigneraie met, au début de de la Notice fort intéressante qu'il a publiée sur son œuvre, les deux citations suivantes : « L'éducation s'adresse à tout le développement de l'enfant ; elle doit donc porter sur sa vie tout entière ; l'école, si elle est appelée à être un vrai moyen d'éducation, doit être non seulement un lieu d'instruction, mais bien plus un lieu d'adaptation ; elle doit avoir pour but non pas uniquement l'enseignement, mais la vie. » (J.-H. Badley.) — Et: « Nous voulons une jeunesse heureuse, saine de corps et d'esprit, des jeunes gens dont la pensée soit claire et juste, dont le cœur sache vibrer et dont la volonté soit forte et courageuse. » (Docteur Lietz.)

perfectionner leur œuvre; ils sont allés de l'avant, sans redouter les pertes de capitaux et d'efforts — et le succès est venu. C'est très beau, et un peu américain. Mais il ne faudrait pas s'attendre à ne trouver que tentatives de théoriciens pour réaliser un rêve aventureux. La plupart des directeurs ont une longue pratique de l'enseignement officiel ou privé, et ont même acquis une grande expérience d'un séjour à l'étranger dans des établissements similaires. Ils savent exactement ce qu'ils veulent. Ils connaissent les moyens à employer pour faire naître et faire vivre leur entreprise. Ils rédigent des prospectus et des réclames intelligentes, avec d'heureuses illustrations, sans mauvais goût et sans tapage. Sur les routes qui conduisent à l'école, dans la campagne, souvent un poteau indicateur portant le nom de l'œuvre avertit le passant indifférent de son existence, et renseigne avec à propos le touriste qui est à sa recherche.

Ces écoles sont généralement installées près d'un hameau, à flanc de coteau, parfois près d'un lac. Glarisegg est ainsi au bord du lac de Constance et la Châteigneraie domine le lac Léman. — Les bâtiments sont construits et aménagés avec tout le confort moderne : pièces claires, larges ouvertures, vastes couloirs, chauffage central, éclairage électrique, chambres de bains et de douches, etc. Les classes reçoivent le jour en abondance. A Oberkirch, les murs de chacune d'elles sont recouvertes d'un enduit de couleur différente, « pour éviter la monotonie », explique le directeur. A la Châteigneraie, les élèves ont des pupitres mobiles qui s'adaptent à leur taille et au genre de travail qu'ils doivent exécuter. — Une place importante est réservée à la salle de gymnastique qui sert parfois de salle de théâtre et de réception, et qui est munie de tous les appareils modernes, recommandés par les partisans de la gymnastique suédoise. — A côté des bâtiments sont les terrains de sport, et aussi une grande ferme, ce qui donne aux élèves l'occasion de s'intéresser et de prendre part à certains grands travaux agricoles.

Les élèves sont admis de préférence assez jeunes, de 8 à 14 ans. Les directeurs estiment ne pouvoir réaliser complètement leur œuvre d'éducation qu'en prenant les enfants avant l'âge de la puberté et qu'en étant assurés de les garder pendant plusieurs années. On ne reçoit pas d'enfants malades ou anormaux : on laisse ce soin aux sanatoria pédagogiques. Les élèves d'origine suisse sont la majorité, et les directeurs souhaitent qu'il en soit ainsi. Nos écoles, disent-ils, prétendent rester suisses par leurs tendances comme par leur personnel et leurs élèves. C'est là une caractéristique qui n'est pas à négliger.

La vie scolaire, dans ces établissements, est donc orientée vers l'éducation morale. On n'y fait et on n'y veut faire ni des intellectuels ni des athlètes, mais des corps sains et robustes, et des esprits souples au service d'un caractère ferme. Éducation physique et éducation intellectuelle sont des moyens en vue d'assurer la fin qui est l'éducation morale.

Cette éducation physique revêt des traits spéciaux. L'existence, ici, se déroule le plus possible en plein air. Lorsque le temps le permet, les leçons même se donnent dans la campagne. A l'ombre des arbres, on transporte un tableau noir, quelques chaises ; et maîtres et élèves, en bras de chemise, à leur aise, remplissent leur fonction respective. La propreté la plus rigoureuse est en outre exigée et observée. Les élèves, sans se faire prier, font usage de la douche chaque matin et même dans la journée après les travaux manuels et les jeux. La nourriture comporte peu de viande et pas de boissons alcoolisées, seulement de l'eau pure. Les exercices physiques sont exécutés pendant l'après-midi. Ils comportent, soit des leçons régulières de gymnastique, soit des exercices sportifs, soit des travaux manuels. La gymnastique est inspirée, comme nous l'avons dit, du système suédois. — Les sports d'été et les sports d'hiver sont également en honneur. En été, le canotage et la natation dans les écoles à proximité des lacs, le tennis partout ; en hiver le ski, la luge, le patinage ; toute l'année, des excursions à pied le plus souvent, à bicyclette parfois dans la montagne qui est proche. Aux vacances, lorsque les élèves restent au pensionnat, de longues excursions sont entreprises, comme des expéditions militaires. On part sac au dos, on fait sa cuisine soi-même et on campe sous la tente. Et tout cela n'est point compris comme une simple distraction, mais comme une série de leçons d'initiative, d'énergie et d'endurance. D'autre part, on ne cultive pas le sport pour lui-même, et dans le but d'établir ou de battre des records, comme il arrive trop souvent dans certains collèges anglais et américains. « Ennemis de tout surmenage physique autant qu'intellectuel, écrit le directeur de la Châteigneraie, nous attribuons une place raisonnable aux sports, persuadés que, pratiqués avec mesure et intelligemment dirigés, ils ont une valeur éducative considérable. Nous y recourons pour développer chez l'enfant ce sang-froid courageux, cette maîtrise de soi-même, cette énergie persistante et cette endurance, souvent aussi cet esprit d'active coopération qui feront de lui, pour l'avenir, un noble et vaillant lutteur. »

Les travaux manuels sont exécutés également dans cet esprit. Ils sont d'abord considérés comme un parfait moyen de conservation pour la santé et d'aguerrissement pour le corps. Quand nous nous sommes présenté à Glarisegg, les élèves, rentrés depuis quelques jours, travaillaient au jardin envahi par les mauvaises herbes pendant leur absence. Nous fûmes assez surpris de voir toute une équipe, sous la direction d'un maître, travailler le buste entièrement nu, comme des boulangers au pétrin. Et il est bien vrai qu'en cette fin de mois d'août 1911, la chaleur excessive de l'été aurait suffi à justifier ce costume sommaire. Mais il nous fut expliqué que l'application d'un principe hygiénique, plus que la chaleur accidentelle, en était la cause, et que la santé des élèves trouvait grand profit à cette mesure. — En outre, de grands avantages moraux sont espérés de l'exécution de ces travaux manuels : exactitude, persévérance, développement de l'esprit d'observation, d'initiative, goût du travail bien fait, etc. « Nous tâchons, nous disait le directeur d'Oberkirch, de faire entreprendre à nos élèves un travail de longue haleine. Ils sont amenés à s'y intéresser davantage et à goûter le plaisir d'un long effort accompli. Ainsi, l'an dernier, nous avons creusé et cimenté une vaste piscine de bains en plein air, et canalisé l'eau destinée à l'alimenter. L'an prochain, nous nivellerons une partie du coteau de façon à faire un « court » de tennis ». — Et pareillement on se livre à des travaux de menuiserie pratique, à la construction de poulaillers, de pigeonniers, de bancs rustiques, au jardinage, aux travaux agricoles de la ferme, etc.

L'éducation intellectuelle se présente aussi comme une école du caractère. La préparation des examens — bien qu'elle n'y soit pas dédaignée — n'est pas le but unique imposé aux efforts des maîtres ni proposé à ceux de l'élève. On se préoccupe, en instruisant, de développer l'esprit d'observation de l'enfant, de perfectionner ses sens, de donner un enseignement concret. On fait aussi en sorte que l'enseignement de l'histoire ait une portée morale. Et par la faculté laissée à certains jours à l'enfant de se consacrer librement à des travaux scientifiques ou artistiques, on lui permet de parfaire ses aptitudes personnelles. Encore une fois, ce ne sont pas là de pures théories de pédagogues, mais de la pratique courante. Nous avons constaté par nous-même l'existence des classes mobiles (chaque élève étant placé, pour une branche déterminée, dans la classe qui convient le mieux à ses connaissances) — des classes avec horaires variables dans le courant de l'année pour chaque branche d'enseignement. Nous avons vu, à Oberkirch, un cabinet d'histoire naturelle à peu près entièrement composé par les élèves eux-mêmes qui ont capturé les oiseaux et les insectes de la région, et collectionné les végétaux et les minéraux. Nous avons aussi pris plaisir, à la Châteigneraie, à feuilleter toute une collection de dessins libres faits par de petits enfants, dessins qui dénotent un esprit d'observation déjà très développé et une originalité assez vive. Et on ne les avait point choisis et réunis en vue de notre visite qui était absolument inattendue.

Outre les profits que l'éducation physique et l'éducation intellectuelle ainsi comprises permettent d'espérer, l'éducation morale est entreprise avec la pleine conscience de son importance et de ses difficultés.

Elle a, en dernière analyse, une base religieuse. Bien que ces écoles soient ouvertes à toutes les confessions, elles sont d'esprit nettement chrétien, avec, particulièrement, des tendances protestantes. On ne l'y rattache point, il est vrai, en général, à des dogmes déterminés, mais on tient à ne pas négliger et à cultiver le sentiment religieux. La Bible apparaît par suite comme le juge en dernier ressort des difficultés morales, et la vie du Christ comme le modèle suprême à imiter ou l'idéal dont il faut s'approcher.

On ne peut point dire qu'il y a dans ces écoles un enseignement de la religion. Mais il y a un enseignement conscient et volontaire d'une morale qui est une morale à base religieuse. Un reste de culte d'ailleurs subsiste. Chaque dimanche, à la Châteigneraie par exemple, les élèves sont réunis par le directeur ou par un des maîtres, et écoutent un exposé des faits bibliques. Une heure par semaine, depuis quatre ans, et sur la demande des parents, le directeur d'Oberkirch fait une leçon de morale (Sittenlehre), obligatoire pour tous, dans laquelle, tout en écartant les considérations confessionnelles, il présente souvent le Christ comme un exemple. Et, malgré l'affirmation qu'on en parle comme d'un homme éminent, il est bien sous-entendu, et tout le monde le comprend ainsi, qu'il s'agit d'un homme divin.

Au reste, cet enseignement de la morale ne veut d'aucune façon être systématique et ressembler à un cours. On ne s'astreint pas à un ordre rigoureux dans l'exposé des questions morales et on profite plutôt des multiples incidents de la vie journalière de l'école. De plus on se défie d'un enseignement purement théorique et verbal. On n'oublie pas que l'essentiel n'est pas de faire connaître aux enfants leurs devoirs, mais de les faire agir conformément à leurs devoirs. On compte pour cela sur l'exhortation du maître, et aussi sur la confiance de l'élève en lui, l'abstention de toute apparence de défiance de la part de ce dernier. On compte enfin sur l'influence des grands exemples. C'est ce qui a amené les fondateurs des écoles nouvelles à instituer les lectures du soir. Chaque soir, élèves, professeurs et dames de professeurs se réunissent dans le salon ou dans la bibliothèque, et écoutent ensemble la lecture de quelques belles œuvres, en général de biographies d'hommes illustres qui se sont distingués surtout par leurs qualités d'énergie et de persévérance. — Et pour ne rien négliger, on fait appel également à l'influence même du groupe scolaire sur l'enfant. « J'ai remarqué, nous disait le directeur de la Châteigneraie, qu'au lieu de faire des réunions de tous les élèves et de les y exhorter à une action déterminée, on obtient davantage si l'on convainc d'abord en particulier les plus grands ou les plus populaires d'entre eux. L'école est une petite société démagogique. On agit sur la masse en agissant sur les chefs. »

On sait néanmoins que la connaissance des devoirs, si elle n'est pas une condition suffisante, est une condition nécessaire de la moralité. Aussi estime-t-on qu'il faut éclairer l'enfant sur ses obligations morales au point de vue sexuel. C'est là une des plus graves questions pédagogiques. Il nous est même arrivé souvent, au cours de notre enquête, de nous apercevoir que nos interlocuteurs songeaient seulement à elle quand nous les interrogions sur l'enseignement de la morale en général. Dans les Écoles Nouvelles, les enfants sont initiés depuis l'âge de 14 ans aux conséquences dangereuses que présentent les satisfactions morbides et accidentellement les satisfactions normales des instincts naturels. Le mode d'initiation varie avec les lieux. A la Châteigneraie, la question sexuelle ne fait pas l'objet d'entretiens publics, mais seulement particuliers lorsque le directeur a des inquiétudes sur un enfant. — La crise de la puberté est d'ailleurs moins grave dans ces établissements de plein air que dans nos internats français, précisément à cause de la dépense physique qu'exigent les exercices sportifs et les travaux manuels. Certaines coutumes d'ailleurs empêchent de se développer cette curiosité niaise et obsédante pour les organes sexuels et en même temps cette honte du corps que nos mœurs et nos préjugés tendent à faire naître chez l'enfant. En effet, les élèves prennent leurs douches, parfois par groupes d'une demi-douzaine dans la même salle. Et nous avons vu, à Glarisegg, tous les élèves se baigner dans le lac de Constance dans la tenue la plus rationnelle possible. On n'y craignait ni le garde champêtre, ni les condamnations pour outrages publics à la pudeur.

La culture des sentiments sociaux n'est pas plus négligée que la morale personnelle. D'abord les travaux manuels ont déjà fait connaître à l'enfant le prix de l'effort et l'ont habitué à ce respect des travailleurs qui est une des principales formes de la justice. Et de plus les tendances charitables sont sollicitées à l'action. A Oberkirch, si un pauvre vient, ce sont les élèves qu'on envoie lui porter une aumône. Si un élève commet une petite faute contre le règlement, il est puni d'une amende légère (0 fr. 05 le plus souvent). Les amendes forment une caisse d'assistance pour les indigents qu'on secourt ainsi par des dons en nature ou des bons de vivres.

L'éducation du futur citoyen est également entreprise en utilisant les ressources importantes que fournit le groupement scolaire, image réduite du groupement politique. A la Châteigneraie et à Oberkirch comme à Glarisegg, on a introduit la pratique si recommandée par les Anglais et les Américains du « self-government », c'est-à-dire du gouvernement du groupe scolaire par lui-même. Le directeur d'Oberkirch nous a minutieusement expliqué le fonctionnement de cette institution dans son établissement. Les 50 élèves choisissent parmi leurs camarades une demi-douzaine de « chefs ». L'élection se fait au bulletin secret. Le Directeur se réserve le droit de sanctionner l'élection, mais il n'a jamais eu à opposer un refus, les élèves choisissant généralement les meilleurs d'entre eux pour les élever aux dignités scolaires. Un stage est même exigé pour être chef titulaire, mais lorsqu'il l'a accompli, le chef titulaire reste élu définitivement pour toute la durée de son séjour à l'école. C'est un grand honneur d'être chef, et la grande ambition de chaque élève est de le devenir. L'octroi de cette fonction est d'ailleurs la seule récompense scolaire. Elle a l'heureux effet de maintenir une émulation dans la bonne observation des règles de la discipline. La révocation pour indignité est, d'un autre côté, la plus grande des punitions. Cette mesure, prononcée par le Directeur, ne s'est produite que deux fois depuis que l'institution est établie. — Les « chefs » ont un rôle multiple. Ce sont eux qui font observer les règles de discipline dont les élèves eux-mêmes ont reconnu la nécessité, qu'ils ont établies par une délibération et votées dans leurs assemblées. Ils sont les intermédiaires entre le groupe et le Directeur avec lequel ils discutent les questions concernant la vie intérieure de l'école. Enfin ils sont les délégués du Directeur (ma main gauche, dit pittoresquement ce dernier, alors que les professeurs sont ma main droite) dans l'accomplissement de certaines fonctions exigées par l'internat. Ce sont eux notamment qui surveillent le dortoir ou plutôt les dortoirs et dispensent de demander aux professeurs de remplir ce rôle. — Jusqu'à présent, cette institution n'a présenté que des avantages. Le Directeur corrigerait d'ailleurs les inconvénients d'un régime démocratique qui tendrait vers la démagogie en nommant certains chefs qui seraient ainsi indépendants de la masse.

Enfin l'éducation du membre futur du groupe domestique se poursuit en même temps. Et d'abord l'enfant trouve à l'École un prolongement du foyer familial par la présence de la femme du directeur et de celles des professeurs, par leurs soins maternels, par la communauté constante de vie avec le personnel enseignant. — Il y a plus. Ce foyer familial, pour être complet, doit encore comprendre des jeunes filles. Aussi certaines Écoles Nouvelles, sont, délibérément, des écoles mixtes. L'exiguïté des locaux a seule empêché de tenter l'expérience à Oberkich. Mais elle a été réalisée à la Châteigneraie. Voici comment son directeur justifie la tentative qu'il a faite : « Notre propre expérience, corroborée par celles d'écoles similaires, nous autorise à affirmer les heureux effets de la coéducation. Contrairement à une opinion surannée et fort répandue, elle est, entre les mains d'éducateurs circonspects et sans cesse préoccupés d'agir avec tact, un des meilleurs garants de la bienséance et de la distinction morale. L'un et l'autre sexe ont à gagner en se rapprochant. La jeune fille y perd peu à peu ce qu'elle pourrait avoir de trop maniéré et de trop sensible; elle devient plus généreuse, plus réfléchie, plus positive, moins timorée, sans rien perdre de la grâce ni de la réserve qui font le charme de son sexe. De son côté, le jeune garçon perd de sa brusquerie et de sa rudesse; il surveille avec plus de soin son langage et ses manières; il devient plus discipliné, plus prévenant; il s'affine de toute façon, et dans ses mœurs et dans son caractère. Il remarque aussi, pendant les heures d'études, l'application plus constante, la réceptivité plus ouverte et les succès de la jeune fille. Il en conçoit une émulation salutaire. Il ne considère plus la force physique comme étant une marque indiscutable de supériorité, et le dédain qu'il professait naguère pour le « sexe faible » se mue bientôt en un respect déférent. Bien plus, il comprend que cette force même lui impose des obligations qu'il ne saurait éluder sans se déconsidérer à ses propres yeux et aux yeux de ceux dont l'approbation lui est précieuse, et, certain côté chevaleresque de sa nature se développant, il devient le défenseur du faible, le protecteur de l'opprimé, et professera désormais ce vrai respect de la femme, sans lequel il n'y a pas d'homme accompli... Enfin la fréquence et le naturel des relations exclut chez les uns et chez les autres toute illusion lointaine, toute admiration sentimentale à distance, et leur impose une connaissance réciproque exacte, une estime fondée sur la valeur personnelle quotidiennement constatée. » Évidemment, les jeunes filles, à la Châtaigneraie, sont logées à part; mais elles vivent le reste de la journée continuellement avec les garçons, prenant également part aux jeux qui ne demandent pas une dépense de force hors de proportion avec celle que leur sexe leur permet de fournir. — Nous demandons au directeur, avec quelque anxiété en songeant à ce que sa tentative représente de hardiesse pour nous, habitant d'un pays qui la condamnerait peut-être par ses tribunaux correctionnels, si les résultats ont répondu à ses espérances et à ses affirmations théoriques. Avec une absolue loyauté, il nous dit qu'il ne peut nous donner une réponse définitive : l'école n'est fondée que depuis trois ans; il a pris des fillettes toutes jeunes; et l'expérience n'a pas assez duré pour être affirmatif à son égard. Il faudrait d'ailleurs, pour qu'elle se poursuive dans de bonnes conditions, que le nombre des jeunes filles soit plus nombreux qu'il n'est. Souhaitons que ces conditions soient réalisées, que l'expérience réussisse et les similaires également. Il se créerait alors peut-être en France un mouvement d'opinion favorable sinon à la coéducation, mais du moins à la coinstruction. C'est une mesure que nous avons réclamée dans le corps de cet ouvrage et qui est, on se le rappelle, officiellement en usage dans quelques cantons suisses.

Enfin, le lien entre les parents et l'école reste, dans ces établissements, plus étroit qu'ailleurs. Ils y sont reçus avec empressement, ils peuvent y séjourner quelque temps, assister aux leçons, etc. A Oberkirch, le directeur a l'habitude de les réunir chaque année en un véritable congrès pédagogique. Ils s'y rendent et y discutent avec enthousiasme. En 1910, ils ont délibéré sur la coéducation et ce sont eux-mêmes qui prirent la résolution qu'elle devait être tentée à Oberkirch. Cette année, ils se sont occupés de l'influence des sports sur la vie scolaire. — Il y a là une tentative extrêmement intéressante. Si elle se développait, au régime de la délégation permanente par les parents de la puissance domestique se substituerait celui de la collaboration sollicitée d'eux et apportée par eux à la marche de l'école. Et, dans cette voie, on trouverait peut-être pour la France une solution du conflit qui divise, au point de vue scolaire, l'État et la famille.

Tels sont les efforts et les résultats que nous avons constatés. Ils ont une valeur considérable pour le théoricien de la pédagogie. Mais quelle est leur portée en ce qui concerne l'enseignement donné dans des écoles nationales ? Deux remarques vont nous permettre de répondre à cette question. Ces écoles d'abord coûtent fort cher. Le taux de la pension est de 2.000 à 2.400 francs pour 9 mois d'année scolaire, sans compter de nombreux frais accessoires. De plus, de l'aveu même des directeurs, le régime de ces établissements ne peut fonctionner convenablement que si le nombre des élèves n'est pas trop étendu. Le chiffre de cinquante leur apparaît, sauf exception, comme un maximum. Un tel enseignement ne s'adresse donc qu'à un petit groupe d'élèves, et à des élèves très riches. Et voilà un double caractère qui le distingue fortement de l'enseignement officiel.

Mais il faut remarquer que le prix élevé et le petit nombre des élèves possibles tiennent plutôt à la façon dont son comprises l'éducation physique et l'éducation intellectuelle qu'à l'application des méthodes d'éducation morale. Ne pourrait-on, par conséquent, tenter de transposer quelques-unes de ces méthodes dans l'enseignement officiel ?

C. — *Les théories.*

De bons esprits se le demandent en Suisse. Et, dans ces dernières années, plusieurs ouvrages ont paru sur ces questions de pédagogie pratique, dont les auteurs appartiennent à l'enseignement universitaire. Sans vouloir nous étendre ici sur l'analyse de leurs livres, nous pouvons citer les travaux de MM. Albert Leclère, professeur à l'Université de Berne ; *L'Éducation morale rationnelle* (1) ; — W. Förster, privat-docent à l'Université de Zurich : *L'École et le Caractère* (2) ; — R. Nussbaum, ancien professeur à la Kan-

---

(1) Hachette, Paris, 1909. — Nous avons déjà dit dans la première partie de cet ouvrage que M. A. Leclère présentait l'enseignement juridique comme constituant la forme propre et exclusive de l'éducation morale que l'État est tenu de dispenser. Nous avons marqué à ce propos les différences de son point de vue avec le nôtre. Cf. pp. 44-45.

(2) Traduit en français par P. Bovet, professeur à l'Académie de Neuchâtel. — Saint-Blaise, éd. du *Foyer solidariste*, 1910. — D'après M. Förster, l'école doit se proposer de former le caractère, cette formation étant indispensable pour l'utilisation convenable de la culture intellectuelle et pour son acquisition également. Même, remarque-t-il (nous avons fait au début de notre livre une remarque analogue), quand l'école ne voudrait donner qu'une préparation professionnelle, elle devrait attacher plus d'importance qu'elle ne le fait à l'éducation morale (p. 14). — Pour l'assurer, M. Förster préconise : 1º des entretiens occasionnels sur les travaux et les événements quotidiens de la vie de l'école ; 2º des leçons spécialement consacrées à des éclaircissements moraux, qui ne prendraient pas la place de l'instruction religieuse, mais qui la compléteraient par des applications pratiques et qui permettraient aux maîtres de développer chez leurs élèves l'horreur du mensonge, le désir de résister aux impulsions mauvaises de leur nature (notamment au point de vue sexuel) et à l'entraînement du groupe ; 3º un effort de la part des maîtres pour pénétrer l'esprit moral des diverses branches d'enseignement (cf. l'appendice I contenant un résumé des considérations avancées dans la *Jugehdlehre* du même auteur, Berlin, Reimer, 1904, considérations assez étranges pour un esprit français sur les thèmes paraboliques auxquels peuvent don-

tonschule de Zurich : *Le Problème de l'École secondaire* (1).

Mais plus que les écrits, les pensées intimes des hommes nous intéresseraient. Nous avons eu un instant l'idée d'instituer une vaste enquête sur le problème de l'éducation morale en Suisse, une enquête comme celles dont l'usage s'est répandu depuis quelques années à travers les revues françaises. Nous avions préparé un questionnaire que nous aurions soumis aux principaux pédagogues et professeurs d'Universités, notamment MM. P. Bovet, professeur à l'Université de Neuchâtel ; Cellerier, privat-docent à l'Université de Genève ; Ed. Claparède, professeur à l'Université de Genève ; Dürr, professeur à l'Université de Berne ; Duproix, professeur à l'Université de Genève ; Ferrière, privat-docent à l'Université de Genève ; Flournoy, professeur à l'Univer-

---

ner lieu l'enseignement de la géographie, de la physique, des mathématiques, de l'orthographe et de l'écriture) ; 4° une réforme de la discipline scolaire qui substituerait au dressage et à la contrainte l'appel à l'obéissance libre de la part de l'élève, au sentiment de l'honneur, et la méthode du self-government de l'école, tout en se gardant des exagérations américaines. — Et comme l'application de tels moyens suppose une préparation professionnelle des maîtres plus approfondie qu'elle ne l'est actuellement, M. Förster donne à ce sujet de précieux conseils aux professeurs débutants qui veulent assurer la discipline dans leur classe.

(1) SAINT-BLAISE, éd. du *Foyer solidariste*, 1911. — L'ouvrage de M. Nussbaum est une critique, assez vive par endroits, de l'objet que se propose l'école secondaire (entendez : collèges et gymnases) en Suisse, des méthodes d'enseignement et de la conception courante de la discipline. Il indique, entre autres remèdes, les suivants : donner une liberté beaucoup plus grande au maître et faire en sorte que le gouvernement lui fasse confiance ; ne pas s'attacher à détruire son individualité en le forçant aveuglément à se soumettre aux méthodes et aux programmes officiels ; lui apprendre en même temps à coordonner ses efforts avec ceux de ses collègues ; adapter l'enseignement à l'élève ; faire, selon l'expression de M. Claparède, de « l'école sur mesure » ; instituer des classes mobiles ; établir dans chaque école des ateliers de travaux manuels donner au professeur la mission de former la moralité de l'adolescent ; le pénétrer de l'importance de l'éducation sociale de la classe qu'il dirige. L'école, dit M. Nussbaum en terminant, doit avoir en vue autre chose que l'instruction. Ce n'est pas une ambition « que de fabriquer des bacheliers ; c'en est une de préparer un adolescent à la virilité ; c'en est une d'instruire et d'armer un être humain pour le combat de la vie » (p. 143).

sité de Genève ; W. Förster ; Guex, professeur à l'Université, directeur des Écoles normales de Lausanne ; Leclère ; Lemaître, professeur au collège de Genève ; Millioud, professeur à l'Université de Lausanne ; Schneider, directeur des Écoles normales de Berne, etc. — Mais un sentiment de solidarité professionnelle nous a détourné d'imposer le supplice d'une interview pédagogique à des professeurs en vacances. Et d'ailleurs l'absence d'appui d'une grande revue rendait la tâche assez difficile. Nous nous sommes contenté de solliciter les réponses de MM. Guex et Millioud, professeurs à l'Université de Lausanne, deux autorités en matière de pédagogie suisse. Ils nous les ont aimablement données.

M. Guex (1) trouve notre enseignement de la morale trop théorique et trop abstrait. C'est, dit-il, « de la vertu en catalogue ». Il ne lui paraît donc pas souhaitable d'instituer dans les Écoles suisses un cours de morale suivi, comme en France. C'est d'une façon indirecte qu'il faut moraliser les enfants, en partant de faits tangibles et plus accessibles pour eux que les théories et les préceptes. Ces faits sont aussi bien des faits bibliques que des faits profanes. Et cette déclaration de M. Guex nous permet d'affirmer que dans son esprit il ne saurait y avoir d'enseignement moral que s'il est basé sur une morale religieuse. Car les faits profanes qu'on doit invoquer ne le sont, bien entendu, que s'ils complètent et ne contredisent pas les faits bibliques (2).

(1) M. Guex est le Directeur d'un *Annuaire de l'Instruction publique en Suisse*, dont une édition spéciale : *L'Éducation en Suisse* (annuaire des Écoles, Universités, Pensionnats) nous a rendus de précieux services et nous a permis de nous reconnaître au milieu de ce fouillis d'institutions scolaires dans les divers cantons.

(2) Dans un article intitulé : Pédagogie allemande et Pédagogie française, paru dans l'*Annuaire de l'Instruction publique en Suisse* (1911, Payot, éd., Lausanne), article où il s'inspire d'une analyse faite par M. A. Mourlet du rapport d'un Anglais, M. Dumvill, sur l'Enseignement dans les Écoles normales françaises (*Revue pédagogique*, 15 octobre 1908, p. 159), M. Guex écrit : « Sous prétexte de laïcité, l'enseignement religieux est remplacé en France par celui de la morale. Tous les étrangers qui visitent les écoles de nos voisins sont frappés par le caractère très intellectuel de cet enseignement qui ne contribue que faiblement à la culture du caractère. On est trop pénétré dans ce pays de la vieille idée socratique que la vertu peut être enseignée, et pourtant il y a longtemps que l'on sait que l'exemple est meilleur que le précepte.

Les indications de M. Millioud sont plus complètes et plus explicites (1). « D'une façon générale, nous écrit-il, on peut dire que la morale n'est pas enseignée dans nos écoles primaires (du canton de Vaud), à titre de matière distincte. D'abord parce que notre peuple ne la conçoit pas séparée de la religion. Il y a un enseignement de la religion : celui de « l'histoire sainte ». En second lieu l'enseignement moral se donne et doit être donné en toute occasion, notamment à propos de l'histoire suisse, de l'instruction civique et de l'enseignement du français. On peut dire sans exagérer, et particulièrement en ce qui concerne le canton de Vaud, que l'effort qu'on demande aux instituteurs est avant tout de faire l'éducation de l'élève autant que de l'instruire.

« Pour l'enseignement secondaire, il en est autrement. L'expérience de l'enseignement de la morale a été faite et continue à se faire. La religion et la morale sont portées concurremment au programme de nos établissements cantonaux à Lausanne, au Collège classique et au Collège scientifique. Ces cours sont d'ailleurs facultatifs pour l'élève : nous ne supporterions pas plus l'obligation pour la religion laïque que pour l'autre. J'ai introduit moi-même l'enseignement de la morale au collège scientifique, voici plus de dix ans...

« [J'estime] 1° qu'il n'y a pas lieu d'imposer aux élèves et

N'est-il pas préférable d'acquérir de bonnes habitudes de pensée et d'action que de posséder des idées claires sur la moralité ? » Sans sacrifier l'acquisition des idées claires, nous avons essayé, dans le corps de cet ouvrage, de dire pour notre compte quelles étaient ces bonnes habitudes à acquérir et de quelle façon elles pouvaient le mieux être acquises.

(1) Cf. plus haut, p. 11. — M. Millioud nous a obligeamment communiqué avec sa lettre deux brochures dont il est l'auteur. La première est intitulée : *De l'Enseignement de la morale à l'École industrielle cantonale* (aujourd'hui Collège scientifique), Lausanne, 1900. C'est le rapport présenté par lui à la Conférence des maîtres de cette école au sujet de l'introduction du cours de morale dans les programmes de l'établissement. — La seconde est la reproduction d'un article paru en 1902 dans la *Revue internationale de l'Enseignement supérieur*, sous le titre : Un essai d'éducation morale à l'École Vaudoise. Il y indique la nature du but poursuivi par l'institution d'un cours de morale au Collège scientifique, le programme adopté, les méthodes appliquées, le régime disciplinaire établi en même temps, et les résultats obtenus après deux années d'expériences.

indirectement aux parents une morale qui n'est peut-être pas la leur ; 2° que la leçon de morale peut être utile plus ou moins selon que le maître qui la donne est qualifié pour cela, ou l'est peu, ou ne l'est pas.

« Le cours, c'est-à-dire l'enseignement théorique est de nul effet, à moins qu'on n'en fasse un instrument de guerre contre les Églises ou contre une classe sociale. Nous ne voulons de cela à aucun prix. Mais la leçon théorique et pratique, le commentaire d'un fait, d'un exemple, d'un souvenir, peut agir fortement quand le maître est connu comme un homme de mérite et qu'il a des rapports personnels avec les élèves. Le reste n'est que façade. Surtout, pas de métaphysique, pas de prêche, des exemples, des faits, des applications.

« Tout le système des sanctions devrait d'ailleurs être remanié. On ne punit pas ce qu'il faut punir, on ne punit pas comme il faut punir, et on néglige les encouragements. Ce mode de faire est heureusement corrigé dans la pratique par l'initiative de certains maîtres et de quelques directeurs. Il y a deux points essentiels : *a*) réprimer tout ce qui touche au mensonge ; *b*) encourager tout ce qui est effort, bonne volonté, même avec peu de talent. Par là on peut obtenir beaucoup, et la leçon peut être le commentaire de cette pratique. Tous les incidents de la vie scolaire peuvent être l'occasion d'encourager ou de corriger par l'exemple, par le fait ou par la parole... »

Conclusion.

Quelles conclusions pouvons-nous tirer des réflexions précédentes, des visites que nous avons faites aux Écoles Nouvelles, des conversations que nous avons eues avec les recteurs des établissements secondaires, des tentatives partielles dont nous avons parlé ?

Il nous apparaît d'abord ceci : La Suisse prend de jour en jour conscience de l'importance qu'il y a à assigner comme objet aux écoles nationales de former le caractère et non pas seulement de développer l'intelligence des enfants. Cette importance devient de plus en plus grande, en premier lieu pour les internats en tant qu'ils remplacent la famille. Or les internats suisses sont plus nombreux qu'un étranger non averti le croirait. Et nous pensons même que ce nombre augmentera, car les paysans suisses voudront de plus en plus faire instruire leurs enfants et recourront à l'internat officiel plutôt qu'aux internats privés, ou en demanderont la création s'il n'en existe pas, parce qu'il est plus économique qu'eux. Et les internats privés eux-mêmes, parce qu'ils exigent une énorme dépense et un émiettement considérable des efforts pédagogiques, disparaîtront ou diminueront peu à peu, la concentration des forces apparaissant comme supérieure (1). — On ne tardera pas non plus à s'apercevoir de l'importance de l'éducation morale à l'école pour les externes eux-mêmes, au fur et à mesure que la vie de famille suisse perdra ce cachet d'intimité qu'elle a encore, et deviendra moins intense. Et elle le deviendra, ou du moins les élèves futurs des collèges suisses appartiendront à des groupes domestiques moins fermés, moins repliés sur eux-mêmes, parce que l'éducation se démocratisera, et qu'elle s'adressera à des enfants de classes sociales moins élevées, de familles moins riches où la femme, obligée de travailler pour vivre, peut moins s'occuper des enfants.

En somme, et pour généraliser ces conclusions, il y a deux grandes lois qu'il ne faut pas oublier quand on s'occupe de pédagogie pratique, et qui s'appliquent d'ailleurs à la France comme à la Suisse : 1° l'éducation morale apparaît d'autant plus nécessaire que le régime de l'internat prend de l'extension ; 2° elle est également nécessaire pour les externats dans la mesure où s'accentue la désagrégation et où diminue l'importance du groupe domestique.

On s'en est aperçu en France depuis longtemps ; nous répétons qu'on ne tardera pas à s'en apercevoir en Suisse.

Restent les questions relatives à la base de l'éducation morale et aux méthodes.

---

(1) Ajoutons même une vue aventureuse. La Suisse, par sa situation, par la douceur de son climat sur les bords des lacs, par la variété des exercices physiques possibles pendant chaque saison par les facilités d'acquisition des langues française et allemande, par le renom de ses institutions pédagogiques, le sérieux et la haute tenue morale des professeurs et directeurs, apparaît à beaucoup de parents étrangers comme le pays idéal où peut se poursuivre l'éducation de leur fils. Et la proportion des élèves étrangers est en effet déjà très forte. Il ne serait pas surprenant que cette proportion augmentât. Or la condition de ces adolescents étrangers ne saurait être que celle de l'internat. Et il est probable que les organisations cantonales ne négligeraient pas cette source de profits, dès qu'elle se présenterait importante.

Sur la première, la divergence est manifeste entre les deux pays. Les Suisses sentent bien l'insuffisance d'un cours d'histoire religieuse, mais ils ne veulent pas entendre parler d'une éducation morale qui n'aurait pas d'attaches religieuses. Et, dans l'état actuel de la Suisse, il se pourrait qu'un tel système d'éducation eût quelque succès, du moins dans les cantons où une seule confession est répandue. Mais qu'arriverait-il dans les autres? Et qu'arrivera-t-il si l'esprit religieux diminue, et lorsque le fédéralisme politique actuel sera remplacé par un état plus centralisé? — En France, nous voulons d'un enseignement laïque. La chose souffre des difficultés. Et encore, comme nous l'avons indiqué dans le corps de cet ouvrage, peut-être y a-t-il dans notre programme officiel plus de survivances religieuses qu'on ne croit. Dans la première partie de ce travail, nous avons proposé un programme entièrement laïque à tous les points de vue : c'est de son application que nous attendrions l'apaisement des querelles qui divisent la France sur cette difficulté pédagogique.

Sur la question des méthodes, nous aurions peut-être beaucoup à apprendre de la Suisse. Il est très curieux que les professeurs suisses soient tout prêts à donner une éducation que les règlements scolaires n'imposent pas encore en général. Ils sont moralisateurs sans efforts, de naissance, dirions-nous, si nous n'avions nié par ailleurs l'hérédité psychologique. Du moins le milieu social les forma tels qu'il y a, dans beaucoup d'entre eux, l'âme d'un pasteur. Aussi possèdent-ils presque tous la quadruple conviction — que l'instruction ne suffit pas pour moraliser — que le maître chargé de l'éducation morale doit avant tout être un homme moral — que les efforts incohérents et inhabiles d'un groupe de maîtres appartenant à un même établissement sont funestes à la réussite de l'éducation morale — et qu'enfin il est souhaitable pour l'assurer de réaliser une meilleure organisation et un fonctionnement plus moderne du groupe formé par les écoliers, c'est-à-dire de l'école tout entière ou de chaque classe. — Il ne serait pas inutile que l'opinion publique en France fût amenée à être persuadée de la valeur de ces conditions et tout au moins des trois dernières, car nous pensons bien que, pour la première, l'unanimité est acquise depuis quelque temps.

BIBLIOGRAPHIE (1)

Bain. — *La Science de l'Éducation.* (F. Alcan, éd.)
Bernès. — L'éducation religieuse de l'enfant. *Revue de Métaphysique et de Morale*, 1905.
Berthelot. — La science éducatrice. *Revue des Deux-Mondes*, 15 mars 1891.
Berthelot. — *Science et Éducation.*
Boisse. — La méthode catéchétique dans l'enseignement de la morale. *Revue Pédagogique*, 1908.
Boisse. — La méthode directe et vivante dans l'enseignement de la morale. *Revue Pédagogique*, 1908.
Boutroux. — L'Éducation morale des jeunes Français. *Revue Pédagogique*, 1909.
Boutroux. — Morale et religion. *Revue des Deux-Mondes*, 1er septembre 1910.
Brunetière. — Éducation et instruction. *Revue des Deux-Mondes*, 15 février 1895.
Buisson. — *Dictionnaire de Pédagogie.*
— *Les Conflits de la Religion, de la Science et de la Morale dans l'éducation.*
Compayré. — *L'Évolution intellectuelle et morale de l'enfant.*
— L'Éducation morale. *Revue Pédagogique*, 1908.

---

(1) Nous ne mentionnons dans cette bibliographie, à part quelques œuvres fondamentales, que les ouvrages ou articles parus récemment et qui se rapportent à notre sujet. Pour qu'elle fût complète, il faudrait l'augmenter des innombrables ouvrages pédagogiques parus avant la fin du dix-neuvième siècle.

COUSINET. — L'autorité du maître dans sa classe. *Éducateur moderne*, 1910.

DARLU. — Morale chrétienne et conscience moderne (dans *Questions de Morale*, chez Alcan, 1900).

DARLU. — Quelques réflexions sur l'enseignement de la morale. *Revue Pédagogique*, 1908.

DELVAILLE. — *La Vie sociale et l'Éducation.*

DEVOLVÉ. — Les conditions d'une doctrine morale éducative. *Revue de Métaphysique et de Morale*, 1908.

DOLIVEUX. — L'enseignement de la morale à l'école primaire. *Revue Pédagogique*, 1907.

DURKHEIM. — *La Division du Travail social.* (F. Alcan, éd.)

Éducation (L') dans l'Université. — (Bibliothèque générale des Sciences sociales, F. Alcan, éd.).

Éducation (L') de la Démocratie. — (Bibliothèque générale des Sciences sociales, F. Alcan, éd.).

FOUILLÉE. — *La Conception morale et civique de l'enseignement.*

FOUILLÉE. — *La France au point de vue moral.* (F. Alcan, éd.)

— Les erreurs sociologiques et morales des démocraties. *Revue des Deux-Mondes*, 15 novembre 1909.

GRÉARD. — *L'Éducation des femmes par les femmes.*

— L'esprit de discipline dans l'éducation (mémoire publié dans la *Revue Pédagogique*, 1883).

HAMELIN. — *L'Éducation par l'instruction* (Conférence faite à la Jeunesse laïque de Bordeaux).

JACOB. — *Devoirs.*

LALANDE. — Les principes universels de l'éducation morale. *Revue de Métaphysique et de Morale*, 1901.

LALANDE. — La moralité et les formules morales. *Revue Pédagogique*, 1908.

LALANDE. — En quel sens l'enseignement de la morale peut-il être raisonné ? *Revue Pédagogique*, 1908.

LANSON. — Questions d'éducation. *Revue Bleue*, avril 1908.

LECLÈRE. — *L'Éducation morale rationnelle.*

— Le même enseignement moral convient-il aux deux sexes ? *Revue de Métaphysique et de Morale*, 1903.

LIARD. — *Le Nouveau Plan d'études de l'enseignement secondaire*, 1903.

MALAPERT. — *Aux jeunes gens.*

MARGERON. — L'art de l'éducation. *Revue Philosophique*, 1910.

MARCERON. — L'éducation des éducateurs. *Éducateur Moderne*, 1910.
MARION. — *L'Éducation dans l'Université.*
— *De la Solidarité morale.* (F. Alcan, éd.)
PAYOT. — *L'Éducation de la volonté.* (F. Alcan, éd.)
— *La Morale à l'école.*
PÉCAUT. — *L'Éducation publique et la Vie nationale.*
— Lettres à Gréard (publiées par Hemon dans la *Revue Pédagogique*, 1909).
PÉREZ (Bernard). — *L'Éducation morale dès le berceau.* (F. Alcan, éd.)
PÉRIÉ. — L'instituteur et l'éducation morale. *Revue Pédagogique*, 1906.
QUEYRAT. — *Les Caractères et l'Éducation morale.*
Revue Pédagogique, 15 mars 1909. — L'éducation morale au Congrès de Londres.
RICHET. — *Essai de psychologie générale.*
SPENCER (Herbert). — *L'Éducation intellectuelle.* (F. Alcan, éd.)
THAMIN. — *Éducation et Positivisme.* (F. Alcan, éd.)
THOMAS. — *Morale et éducation.* (F. Alcan, éd.)
— *L'Éducation dans la famille. Les péchés des parents.* (F. Alcan, éd.)
WEBER. — La morale d'Épictète et les besoins présents de l'enseignement moral. *Revue de Métaphysique et de Morale*, 1905, 1906, 1907, 1909.

TABLE DES MATIÈRES

Pages.
INTRODUCTION 1

PREMIÈRE PARTIE

LA PLACE DE LA MORALE AUX DIVERS DEGRÉS DE L'ENSEIGNEMENT PUBLIC

CHAPITRE PREMIER. — L'ÉTAT ET L'ÉDUCATION MORALE . . 5
  I. La nature de l'Éducation morale 5
  II. La nécessité de l'Éducation morale 10
  III. L'Éducation morale par l'État 15
CHAPITRE II. — LES BASES NÉCESSAIRES DE L'ÉDUCATION MORALE DONNÉE PAR L'ÉTAT 24
  I. Introduction 24
  II. Faut-il donner à l'Éducation morale une base religieuse ? 25
  III. Faut-il donner à l'Éducation morale une base philosophique ? 26
  IV. Faut-il donner à l'Éducation morale une base scientifique ? 32
  V. Les bases sociales et juridiques de l'Éducation morale donnée par l'État 38
CHAPITRE III. — LE PROGRAMME GÉNÉRAL DE L'ÉDUCATION MORALE ET LES PROGRAMMES SPÉCIAUX A CHAQUE DEGRÉ DE L'ENSEIGNEMENT PUBLIC 54
  I. Le programme général 54
  II. Les programmes spéciaux 65

DEUXIÈME PARTIE

LES MÉTHODES D'ÉDUCATION MORALE AUX DIVERS DEGRÉS DE L'ENSEIGNEMENT PUBLIC

CHAPITRE PREMIER. — LES CONDITIONS GÉNÉRALES DE L'ÉDUCATION MORALE 71
  I. Les conditions générales de l'action 71
  II. Les conditions générales de l'éducation de l'action . 86

	Pages.
III. Les procédés d'Éducation morale	88
IV. La méthode négative	90
V. L'éducation par le dressage	92
VI. L'éducation par l'exemple	93
VII. L'Éducation morale par la contrainte morale.	99
VIII. L'Éducation morale par la motivation de l'acte	107
IX. Dans quelles mesures les méthodes étudiées précédemment peuvent-elles servir à l'Éducation morale ?	121
X. L'Éducation morale par l'acquisition des vertus individuelles : formation du caractère et tempérance. Critique.	127
XI. L'Éducation morale par l'acquisition des vertus individuelles (*suite*): Sagesse et augmentation des connaissances. Critique.	133
XII. Conclusion	140

CHAPITRE II. — LES CONDITIONS PRATIQUES DE L'ÉDUCATION MORALE. 142
    I. La collaboration de la famille dans l'Éducation morale. 142
    II. L'éducation religieuse et l'Éducation morale 152
    III. La vie scolaire et l'Éducation morale 157

CHAPITRE III. — LES CONDITIONS DE L'ÉDUCATION MORALE PARTICULIÈRES A CHAQUE DEGRÉ DE L'ENSEIGNEMENT PUBLIC . . . 179
    I. L'Éducation morale à l'école primaire 179
    II. L'Éducation morale dans l'enseignement secondaire . 184
    III. Le régime de l'internat et l'Éducation morale . . . 190
    IV. L'Éducation morale des jeunes filles 197
    V. L'Éducation morale dans l'enseignement supérieur. . 203

CONCLUSION. 215

ANNEXES

    I. La morale à l'école primaire. 221
    II. La morale à l'école primaire supérieure 229
    III. La morale dans l'enseignement secondaire des garçons 237
    IV. La morale dans l'enseignement secondaire des jeunes filles 240
    V. L'éducation des éducateurs 243
    VI. L'enseignement de la morale dans les États étrangers 259
        a) L'État et l'enseignement de la morale en Allemagne, aux États-Unis, en Italie, au Japon 259
        b) L'Éducation morale dans les Écoles suisses d'après une enquête personnelle 268

BIBLIOGRAPHIE. 299

3082. — Tours, imprimerie E. ARRAULT et Cⁱᵉ.

www.ingramcontent.com/pod-product-compliance
Lightning Source LLC
Chambersburg PA
CBHW071259160426
43196CB00009B/1355